WordPress für Entwickler

Crashkurs

David Remer

WordPress für Entwickler

Crashkurs

Bibliografische Information der Deutschen Nationalbibliothek:
Die Deutsche Nationalbibliothek verzeichnet diese Publikation
in der Deutschen Nationalbibliografie; detaillierte bibliografische
Daten sind im Internet über http://dnb.dnb.de abrufbar.

© 2015/2019 David Remer
2. überarbeitete Auflage
Herstellung und Verlag:
BoD – Books on Demand, Norderstedt

ISBN: 978-3-7494-2908-0

Für Niko.
Dir verdanke ich dieses Buch.

Einführung ... 13
Vor dem Start ... 17
Dokumentationen und Informationsquellen ... 18
Coding Tipp ... 19
Ändern Sie niemals die Core-Files! ... 20
Lesen Sie die Core-Files! ... 20
Grundlegende Konzepte von WordPress ... 21
Plugin oder Theme? ... 21
Haken Sie sich ein: Hooks ... 22
Shortcodes ... 24
Ein erstes Plugin ... 27
Die Plugin Grundstruktur ... 27
Fehler ausgeben lassen ... 28
Sicherheitstipp: !defined(ABSPATH) ... 29
Entwicklung unserer spezifischen Funktion ... 29
Exkurs – Der Weg zum Plugin: plugins_url() ... 31
Styles und Scripte registrieren und aktivieren ... 32
Die zentrale Nebensache: Widgets ... 35
Reinigen und Escapen ... 41
Themes erstellen ... 45
Die style.css ... 45
Dummy-Data ... 46
Die Theme-Grundstruktur ... 47
Aufbau einer Template-Datei ... 50
Der Seitenkopf: header.php ... 51
Der Seitenfuß: footer.php ... 54
Sidebars erstellen ... 55
Einen Beitrag darstellen: Die single.php ... 57
Arbeiten mit Template-Teilen ... 61
Kommentare einbinden ... 63
Arbeiten mit Seiten: page.php ... 69
Übersichtsseiten ... 70
Das Suchformular einbinden ... 73
Theme-Funktionalität: Die functions.php ... 73
add_theme_support() ... 74
Beitragsformate ... 74
Beitragsbilder ... 76
Benutzerdefinierter Hintergrund ... 81
Den Seitenkopf ändern ... 83
HTML5-Unterstützung ... 84
Standardfarbpalette ... 86
Weitere Blockimplementation unterstützen ... 88
RSS-Feed-Links ... 89

  Prüfen, ob ein Theme eine bestimmte Eigenschaft unterstützt 89
  Child Themes entwickeln 90
Die Datenbank 93
 Die Tabellen 94
  wp_posts und wp_postmeta 94
  wp_comments und wp_commentmeta 94
  wp_users und wp_usermeta 95
  wp_terms, wp_termmeta, wp_term_taxonomy, wp_term_relationships 95
  wp_options 95
  wp_links 95
 Zugriff auf die Datenbank: $wpdb 95
  $wpdb->query() 97
  Resultate erhalten: get_results(), get_row(), get_col() 97
  SQL-Abfragen präparieren: prepare() 99
  $wpdb->insert(), update(), replace() und delete() 100
Der Loop: Darstellung von Seiten und Posts 103
 WP_Query 108
  Die Argumente für den WP_Query 110
  Seitennavigation 114
  Öffentliche Variablen: Query Vars 119
 In den WP_Query einhaken 120
Benutzerdefinierte Felder für Beiträge und Seiten 125
 Auf benutzerdefinierte Felder zugreifen: get_post_meta() 126
 Plugin: Unsere kleine Weltkarte 127
 Benutzerdefinierte Felder aktualisieren: update_post_meta() 129
 Ein benutzerdefiniertes Feld löschen: delete_post_meta() 130
 Benutzerdefinierte Felder reinigen 130
 Weitere Funktionen für benutzerdefinierte Felder 132
  the_meta() 132
  get_post_custom() 132
  get_post_custom_values() 132
  get_post_custom_keys() 132
 Benutzerdefinierte Felder und der Loop 132
  Nach einem Feld sortieren 133
  Nach bestimmten Werten suchen 134
Taxonomien 137
 Mit Kategorien arbeiten 137
 Mit Schlagworten arbeiten 143
  Schlagwort-Wolken 145
 Eigene Taxonomien entwerfen 148
 Taxonomien im WP_Query 152
 Mit Termmeta-Daten arbeiten: Einer Kategorie ein Bild zuordnen 154
  Den Mediendialog integrieren 157

Der einzelne Post **159**
   Eigene Posttypen entwickeln 159
      Mit Blocktemplates arbeiten... 163
   Einen neuen Beitrag anlegen: wp_insert_post() 170
   Einen Beitrag aktualisieren: wp_update_post() 173
   Einen Beitrag löschen: wp_delete_post().. 174
   Medien und Anhänge 174
      Medien hochladen: media_handle_upload() 174
      Medien von einer URL registrieren.. 177
      Anhänge verstehen 179
Wo bin ich: Konditionale Abfragen **183**
   Blog und Startseite: is_home() versus is_front_page() 183
   Im Admin: is_admin()... 184
   Einzelne Seiten 184
      is_single() 184
      is_sticky() 185
      is_page() 185
      is_page_template() 186
      is_attachment() 186
      is_singular().. 186
   Übersichtsseiten 186
      is_category() 186
      is_tag()... 187
      is_tax().. 187
      is_author().. 188
      is_date(), is_year(), is_month(), is_day(), is_time()............................. 188
      is_archive().. 188
   Suchergebnisseite: is_search() 188
   NOT FOUND: is_404() 188
   SSL-Verbindungen: is_ssl() 188
Menüs erstellen... **189**
   Eine Menüposition registrieren 189
   Menüs ausgeben 190
   Den Navigationsprozess filtern 194
Errormeldungen abfangen und erstellen... **196**
Einstellungen speichern und auslesen **199**
   Eigene Einstellungen speichern: update_option()...................................... 199
   Eigene Einstellungen auslesen: get_option() 200
   Eine Einstellung löschen: delete_option() 200
   Standard Optionen.. 200
WordPress Benutzerverwaltung... **202**
   Rollen und Fähigkeiten erklärt 202
   Wer bin ich: wp_get_current_user() 204

Das WP_User Objekt 205
Berechtigungen abfragen: current_user_can() und user_can() 206
Kurze Liste der Fähigkeiten, welche WordPress mitbringt..........................208
Eigene Rollen anlegen..208
Fähigkeiten von Rollen verwalten: add_cap(), remove_cap() 210
Metadaten für Benutzer 211
Neue Benutzer registrieren..211
    Die Standard-Registrierung anpassen..212
    Einen eigenständigen Registrierungsprozess erstellen.......................214
    Änderungen am Standardlogin 218
    Beispiel-Plugin: Eine Sicherheitsabfrage für den Login erstellen 221
    Das Login-Formular: wp_login_form() 226
    Einen Benutzer einloggen: wp_signon() 228
    Einen Benutzer ausloggen: wp_logout() 229

Sicherheit erhöhen mit WordPress Nonces 230
Nonces für URLs..231
Nonces validieren 232
Nonces für Formulare 233

Den Admin erweitern 236
Eigene Optionsseiten...236
Admin Styles und Scripte registrieren 239
Die Settings-API 240
    Einstellungen registrieren: register_setting() 240
    Einstellungs-Sektionen und -Felder 241
Blöcke 247
    Einen Block mit Hilfe von JSX, webpack und npm erstellen 252
    Blöcke editierbar machen 258
    Richtext und Medien-Upload 264
    Die Toolbar erweitern 269
    Der Block Inspektor 274
    Dynamische Blöcke 277
    Blöcke vor der Ausgabe im Frontend manipulieren.............................281
Den Editor erweitern 282
    Das Datenmanagement...282
    Einen Block neu rendern, wenn sich externe Daten ändern 288
Metaboxen...294
    Eine Metabox hinzufügen: add_meta_box() 295
    Die Metabox rendern 296
    Speichern der Daten 298
Dashboard Widgets 298
    Das Dashboard-Widget rendern 299
    Das Dashboard-Widget konfigurieren 300
Der WordPress Customizer 303

Eine neue Option registrieren	304
Eine neue Sektion registrieren: add_section()	305
Eine neue Einstellung registrieren: add_setting()	305
Eingabefelder hinzufügen: add_control()	307
Einstellungen abfragen	309
Besondere Eingabefelder erzeugen	311
Internationalisierung	**313**
Übersetzungsfunktionen in WordPress	314
_() und _e()	314
Variable Strings: Arbeiten mit printf() und sprintf()	315
Arbeiten mit Singular und Plural: _n()	317
Begriffe kontextualisieren: _x() und _ex()	317
Dem Übersetzer eine Nachricht hinterlassen	318
Die Übersetzungen registrieren	319
Javascript übersetzen	320
Übersetzungen anfertigen	323
Einen Katalog anlegen	323
Benennung der Übersetzungsdateien	325
Besonderheiten für Javascript Übersetzungen	326
Die REST API und Ajax Requests	**327**
Eigene Endpoints definieren	328
Das Client Plugin	333
Argumente an einen Endpoint übergeben	334
Authentifizierung	338
Die WordPress Endpoints	343
Daten auslesen	344
Gerenderte Werte und der Abfragekontext	346
_links und _embed	347
Pagination	348
Weitere Parameter	348
Daten schreiben	351
Einen neuen Beitrag erstellen	351
Einen Beitrag aktualisieren	352
Die WordPress Endpoints erweitern	353
Benutzerdefinierte Posttypen zugänglich machen	353
Benutzerdefinierte Taxonomien zugänglich machen	353
Benutzerdefinierte Felder zugänglich machen	354
Einen Metawert aktualisieren	355
Weitere Felder registrieren	355
Die alte Schnittstelle für Ajax Anfragen: admin-ajax.php	357
Die PHP-Schnittstelle	357
Die WordPress-Action Hooks	358
Das Script	362

Weitere Konzepte **364**
  WordPress Cronjobs 364
    Sicherstellen, dass der WordPress Cron regelmäßig ausgeführt wird 364
    Einen Cronjob anlegen 365
    Ein einmaliges Ereignis registrieren 368
    Beispielplugin: Erinnerungsmail verschicken 368
    Weitere hilfreiche Funktionen und Filter 369
  Objektorientierte Programmierung in WordPress 370
  Walk the tree: Die Walker Klasse 374
    walk() und display_element() 374
    start_el() 375
    start_lvl() 375
    end_lvl() 376
    end_el() 376
    Beispiel: Unser eigener Menüwalker 376
  Mit dem Web kommunizieren: Die HTTP-API 378
  Rewrite Rules und Endpoints 380
    Eine neue Rewrite Regel anlegen 380
    Einen neuen Endpoint anlegen 385

Einführung

Dieses Buch wendet sich in erster Linie an PHP Entwickler, welche sich für WordPress interessieren und überlegen, sich auf dieses Content Management System zu konzentrieren. Dafür sprechen viele gute Gründe. Etwa ein Drittel aller Seiten im Internet laufen auf WordPress,[1] die Community ist riesig, es gibt eine hervorragende Dokumentation und es macht einfach Spaß mit WordPress zu entwickeln.

Vorausgesetzt wird, dass Sie sich schon ein wenig in PHP, HTML und Javascript auskennen und eventuell auch schon die eine oder andere Webseite selbst entwickelt haben. Darüber hinaus sollten Sie auch selbst schon einmal als Anwender Erfahrungen mit WordPress gemacht haben. Falls Sie diese noch nicht gesammelt haben, ist es ratsam sich im Verlaufe dieses Buches eine WordPress Anwendung zur eigenen Anschauung lokal zu installieren. Ausgehend von diesen Voraussetzungen beschränkt sich das Buch darauf, die Beispielcodes stets nur im Hinblick auf WordPress Funktionalitäten zu kommentieren. Die Bedeutung einzelner PHP-Kommandos wird meist möglichst knapp erläutert. Natürlich kann es vorkommen, dass Sie einzelne PHP-Befehle nicht kennen. Sollten sich Ihnen diese nicht aus dem Zusammenhang erschließen, sei Ihnen die PHP Dokumentation ans Herz gelegt.[2] Ziel des vorliegenden Buches ist, Ihnen aufbauend auf Ihren Kenntnissen schnell den Weg zur Entwicklung mit WordPress zu ebnen. Das Buch soll Sie in die verschiedenen Konzepte von WordPress einführen und verschiedene WordPress-spezifische Funktionen erläutern. Nach der Lektüre sollten Sie erstens in der Lage sein, selbstständig Plugins oder Themes für beinahe alle Herausforderungen zu schreiben und zweitens fähig sein, für Probleme, deren Lösungen hier nicht besprochen wurden, schnell Lösungen zu finden.

Viele Codebeispiele werden von kleineren Plugins begleitet. Unter https://github.com/websupporter/wordpress-fuer-entwickler finden Sie ein Repository, welches sämtliche Beispiele enthält. Im Buch finden Sie dann unterhalb der Codeblöcke den Pfad zu der jeweils besprochenen Datei.

Nachdem wir kurz einige Voraussetzungen sowie Tipps und Tricks besprochen haben, werden Sie in die grundlegenden Konzepte von WordPress eingeführt.

---

1. Siehe https://w3techs.com/technologies/details/cm-wordpress/all/all
2. http://php.net/manual/de/

Schon im Anschluss daran entwickeln wir ein erstes kleines Plugin und sehen uns an, wie man ein Widget für Sidebars erstellt. Wir konzentrieren uns dabei vor allem auf Plugins, da vor allem diese der Funktionserweiterung dienen, während Themes stärker auf das Layout einer Seite ausgerichtet sind. Nichtsdestotrotz benötigt auch die Entwicklung von Themes PHP, weshalb wir uns nach unserem ersten Plugin und Widget zunächst auf die Struktur von Themes konzentrieren werden.

Danach machen wir uns mit der WordPress Datenbank vertraut und lernen, wie man mit WordPress Datenbankinformationen erhalten, beziehungsweise manipulieren kann. Im Verlaufe dieses Buches wird sich zeigen, dass Sie normalerweise kaum auf der Ebene der Datenbank operieren müssen, da WordPress eine Vielzahl von Befehlen bereithält, welche diese Aufgaben für Sie übernehmen.

Nachdem wir uns mit der Datenbank vertraut gemacht haben, können wir nun endlich ans Eingemachte gehen und einzelne Konzepte, auf denen WordPress basiert, näher erörtern. Dazu gehört der Loop, benutzerdefinierte Felder, sowie Taxonomien und Posttypen. Mit Hilfe des WordPress Loops strukturiert WordPress die Ausgabe von Beiträgen und anderen Inhalten auf der Webseite. Benutzerdefinierte Felder dienen dazu, Beiträge mit Meta-Informationen anzureichern. Sie stellen gerade für die Plugin-Entwicklung eine zentrale Schnittstelle dar. Wir werden deshalb ein Beispielplugin erstellen, mit dessen Hilfe Beiträge um Längen- und Breitengrade ergänzt werden können, um aus diesen eine Landkarte zu generieren. Taxonomien sind das Klassifikationsschema von WordPress. Mit Hilfe dieses Konzepts werden Beiträge Kategorien zugeordnet und verschlagwortet. Sie lernen, wie man mit diesen Schemata arbeiten und auch selbst neue Taxonomien anlegen kann. Posttypen wiederum sind bestimmte Arten von Seiten. So gibt es beispielsweise den Typ `post`, welcher ganz generell Blogbeiträge bezeichnet. Der Typ `page` repräsentiert statische Seiten, wie Impressums- oder Kontaktseiten. In dem Kapitel „Eigene Posttypen entwickeln" werden Sie lernen, wie Sie selbst solche Typen generieren können, um beispielsweise für einen Onlineshop Produkte anlegen zu können.

Das nächste Kapitel beschäftigen sich damit, herauszufinden welche Seite gerade angezeigt wird. Mit Hilfe simpler konditionaler Abfragen können Sie so herausfinden, ob gerade eine einzelne Beitragsseite oder aber das Archiv einer Kategorie dargestellt wird. Sie werden schnell lernen, dass diese Abfragen Gold wert sind. Danach besprechen wir, wie man dem Administrator einer WordPress-Seite die Möglichkeit an die Hand gibt, ein Menü zu erstellen und auf der Seite darzustellen.

Wenn Sie sich bis hierhin durchgeschlagen haben, verfügen Sie bereits über ausreichende Kenntnisse, um recht komplexe Anwendungen zu realisieren. Solche komplexen Anwendungen machen es immer wieder erforderlich, dass beispielsweise der Administrator bestimmte Einstellungen für ein Plugin ändern und speichern kann. Wir widmen uns deshalb zunächst dem Thema, wie man mit WordPress auf der Ebene der Programmlogik überhaupt Einstellungen speichern und abrufen kann, um daraufhin in die Benutzerverwaltung einzusteigen. Darüber hinaus werden Sie mit dem WordPress Nonces Konzept vertraut gemacht, um die Sicherheit Ihrer Anwendung zu erhöhen und schließlich werden Sie im Kapitel „Den Admin erweitern" lernen, wie Sie dem Administrator, oder einem anderen registrierten Benutzer, eine Oberfläche zur Verfügung stellen können, in der er Ihr Plugin oder Ihr Theme modifizieren kann.

Seit WordPress 5.0 hat „Gutenberg", der neue Editor, Einzug in WordPress gehalten. Im Administrationskapitel besprechen wir die Möglichkeit diesen zu erweitern und Blöcke zu entwickeln ab Seite 247. WordPress ist bekannt für seine „Backwards-Compatibility", also dafür, dass Versionsänderungen nur äußerst selten bedeuten, das man ein Plugin aktualisieren muss. Im Falle von „Gutenberg" zeichnet sich ab, dass dies zumindest für die Zeit, bis das Projekt komplett implementiert ist, etwas holpriger werden könnte.[3] Natürlich wird das vorliegende Buch entsprechend aktualisiert werden. Um sich auf dem Laufenden zu halten sei ein Blick in das Handbuch unter https://wordpress.org/gutenberg/handbook/ dennoch ans Herz gelegt.

Damit haben Sie nun endgültig einen umfangreichen Blick auf die Möglichkeiten erhalten, welche WordPress Ihnen als Entwickler bietet. Es stellt sich die Frage, wie Sie Ihr Plugin einem großen Kreis von Anwendern zur Verfügung stellen können. Wir werden uns deshalb mit der Internationalisierung Ihrer Anwendung beschäftigen, das heißt, wie Sie Ihr Plugin befähigen in verschiedene Sprachen übersetzt zu werden.

---

[3]. Weitere Informationen zur aktuellen Roadmap von WordPress finden Sie unter https://de.wordpress.org/about/roadmap/

Abschließend führen wir noch kurz in verschiedene weitere Konzepte ein. Sie lernen mit der REST API von WordPress zu arbeiten, erfahren, wie WordPress Cronjobs funktionieren und wie man auch objektorientiert mit WordPress programmieren kann. Sie werden in die Walker-Klasse zur strukturierten Ausgabe hierarchischer Elemente eingeführt, erfahren, wie Sie mit der WordPress eigenen HTTP-API arbeiten und wie Sie sich das Rewrite-System zu Nutze machen können.

Vor dem Start

In diesem Kapitel wollen wir nur kurz verschiedene Tipps und Empfehlungen aussprechen, welche Ihnen während Ihrer Arbeit mit WordPress hilfreich sein werden.

Einrichtung Ihrer Entwicklungsumgebung

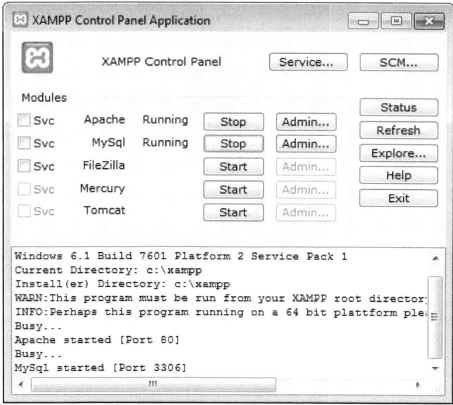

Abbildung 1: Das XAMPP Control Panel

Wie eigentlich immer, wenn es um die Entwicklung von Webseiten geht, sollten Sie Ihre Anwendung auch bei WordPress lokal entwickeln. Dazu müssen Sie zunächst eine Serverumgebung auf Ihrem Computer einrichten. Für Windows hat sich hier über die Jahre XAMPP (https://www.apachefriends.org/de/) als eine schnelle und einfache Möglichkeit etabliert, eine solche Umgebung aufzusetzen. Wenn Sie das Control Panel öffnen und sowohl Apache als auch MySQL starten, können Sie loslegen. Geben Sie nun in Ihrem Browser http://localhost/ ein, erreichen Sie das Root-Verzeichnis Ihres Servers, unter einer Windows Installation ist dies meist *C:/xampp/htdocs/*.

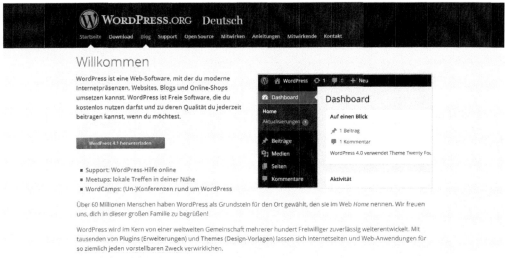

Abbildung 2: Die WordPress Webseite

Laden Sie sich nun die neuste Version von WordPress herunter[4] und entpacken Sie diese in das *htdocs/* Verzeichnis. Nachdem Sie nun alle Dateien entpackt haben, müssen Sie noch eine Datenbank bereitstellen, mit welcher WordPress arbeiten kann. Wenn Sie auf http://localhost/phpmyadmin gehen, können Sie dort eine Datenbank anlegen. Anschließend wechseln Sie in Ihrem Browser auf http://localhost/wordpress und folgen den Installationsanweisungen. Sobald Sie dies getan haben, verfügen Sie über ein komplett installiertes WordPress System auf Ihrem Rechner mit dem Sie arbeiten können.

Dokumentationen und Informationsquellen

Im Internet finden Sie zahlreiche wunderbare Dokumentationen, Tutorials, Blogs und Code-Snippets rund um WordPress. Die wichtigste Anlaufstelle für Sie als Programmierer ist dabei sicherlich das WordPress Handbuch, welches Sie unter

---

4. Download: https://de.wordpress.org/

der Adresse https://developer.wordpress.org/ finden. Natürlich können Sie nicht immer alle Funktionen und deren Parameter im Kopf behalten. Sie werden sicherlich die wichtigsten kennen, andere aber eher rudimentär und manche – auch nach der Lektüre dieses Buches – überhaupt nicht. Im Codex, der Dokumentation von WordPress, werden Sie fündig werden! Vergessen Sie Google nicht! Umschreiben Sie – am besten in Englisch – was Sie suchen und ergänzen Sie „WordPress". Sie werden in beinahe 100% der Fälle fündig, schließlich hat irgendjemand sicherlich schon einmal Ihre Frage in irgendeinem Forum gestellt.

Womit wir bei einer der wichtigsten Quelle wären. Neben den Foren von WordPress (http://de.wordpress.org/support ist das zentrale deutschsprachige WordPress-Forum und https://wordpress.org/support/ das zentrale englischsprachige) ist vor allem WordPress StackExchange (http://wordpress.stackexchange.com/) ein unverzichtbares Forum, wenn es um Fragen rund um die Entwicklung mit WordPress geht. Seiten wie WP Beginner (http://www.wpbeginner.com) sind vor allem für Anfänger immer wieder eine Quelle für Tipps und Tricks. Aber auch im deutschsprachigen Raum finden sich viele interessante Blogs rund um WordPress. Der bekannteste Blog für Webworker ist dabei sicherlich Dr. Web (http://drweb.de). Dr. Web ist zwar nicht auf WordPress spezialisiert, doch wird hier auch immer wieder über WordPress gebloggt. Hervorragende Quellen für deutschsprachige WordPress-News sind KrautPress (https://krautpress.de/) oder auch der Blog von Florian Brinkmann (https://florianbrinkmann.com/). Beide bloggen regelmäßig über WordPress Neuerungen, Themes, Plugins und alles rund um WordPress. Auch der Perun-Blog (http://www.perun.net/) des Autoren und WordPress-Spezialisten Vladimir Simovic sollten Sie aufsuchen. Unter den Newslettern ist vor allem der WP-Letter (https://wpletter.de/) zu erwähnen.[5] Im englischsprachigen Raum sei Ihnen vor allem WP Tavern (http://wptavern.com/) ans Herz gelegt. Ich werde hier nun allerdings nicht damit beginnen, all die großartigen Blogs aufzuführen, sondern verweise Sie hier an die Suchmaschine Ihres Vertrauens. Sie werden sehen, die WordPress Community ist riesig!

Coding Tipp

Die Community von WordPress ist auch deshalb so riesig, weil tausende von Plugin-Entwicklern rund um den Globus WordPress täglich um neue Funktionen bereichern. Genau zu dieser Gruppe werden auch Sie schon sehr bald gehören.

---

5. Eine kurarierte Liste finden Sie auch unter https://de.wordpress.org/der-planet-feed/planet-feed-websites/.

Damit stellt sich jedoch ein besonderes Problem. Überlegen Sie gut, wie Sie Ihre Funktionen und globalen Variablen (falls Sie welche benutzen) benennen. Wenn Sie die zentrale Funktion Ihres Plugins `init()` nennen, wundern Sie sich nicht, wenn Sie häufig Beschwerden bekommen, das Ihr Plugin nicht funktioniert, weil schon ein anderes, aktives Plugin, eine Funktion namens `init()` besitzt. Wenn Ihre Software nach wie vor auch unter PHP 5.2 laufen soll, suchen Sie sich einen originellen Präfix, dem Sie jeden Funktionsnamen voranstellen. Manche Entwickler arbeiten dabei sogar mit Zahlenketten und nennen Ihre Funktion beispielsweise `wp12345_init()`. Besser ist es natürlich, mit Namespaces zu arbeiten, welche mit PHP 5.3 eingeführt wurden. Sehen Sie auf Seite 23, wie Sie Ihre Funktionen entsprechend im WordPress System registrieren.

Ändern Sie niemals die Core-Files!

Die ganze Idee von Themes und Plugins ist letzten Endes, dass Sie mit WordPress ein System haben, welches Sie beliebig erweitern können, ohne jemals die System-Dateien selbst ändern zu müssen. Dadurch können Administratoren das System ständig aktualisieren, ohne dass Ihre Software davon betroffen wäre. Änderungen, die Sie an den System-Dateien vornehmen werden hingegen mit dem nächsten WordPress Update überschrieben. Wenn Sie das Gefühl haben, es geht nicht anders, dann liegen Sie schlicht falsch. Es gibt immer eine Lösung, welche die System-Dateien unberührt lässt.

Lesen Sie die Core-Files!

Die Aufforderung die System-Dateien nicht zu ändern heißt aber nicht, diese nicht gründlich zu studieren. Sie werden auf jede Menge Action- und Filter-Hooks stoßen, die nirgends richtig dokumentiert sind, aber vielleicht gerade für Ihr Problem die Lösung darstellen. Wenn Sie das Gefühl haben, jetzt müssten Sie die System-Dateien ändern, lesen Sie diese erst einmal. Die Lösung finden Sie meistens genau darin. Dieses Buch ist als Einstieg in die WordPress-Programmierung gedacht. Einige Schnittstellen werden hier – obwohl Sie für eines Ihrer Projekte durchaus zentral sein könnten – überhaupt nicht besprochen. Neben den Ressourcen, welche WordPress auf wordpress.org bereitstellt sind die Core-Files natürlich die erste Quelle, um zu verstehen, wie das System, in welchem Sie arbeiten, funktioniert.

Grundlegende Konzepte von WordPress

Plugin oder Theme?

Wenn Sie für WordPress entwickeln sind die ersten beiden Konzepte, welche Sie auseinanderhalten müssen „Plugin" und „Theme". Sie können entweder ein Plugin entwickeln oder ein Theme. Als grobe Richtlinie kann man sagen, Plugins sollen die Funktionalität einer Webseite erweitern, während Themes das Aussehen einer Webseite definieren. Als WordPress Administrator kann man also immer nur ein Theme aktivieren, während man andererseits beliebig viele Plugins aktiviert haben kann.

Wenn Sie also beispielsweise eine Datumsanzeige entwickeln möchten, welche immer die aktuelle Uhrzeit auf dem Blog einblendet, so handelt es sich hierbei eher um eine funktionale Erweiterung des Systems als um ein grundlegendes Layout. Insofern sollten Sie hierfür ein Plugin entwickeln. Möchten Sie hingegen WordPress die Möglichkeit geben, so auszusehen, wie Pinterest, dann sollten Sie ein Theme entwickeln. Diese Entscheidung ist grundlegend, denn sie beeinflusst nicht nur, wo Sie am Ende Ihre Dateien abspeichern müssen, sondern mit dieser Entscheidung fallen auch unterschiedliche Design-Konzepte zusammen. Nur ein Beispiel (wir werden darauf in einem späteren Abschnitt ausführlicher zu sprechen kommen): Wenn Sie ein Theme entwickeln, können Sie unterschiedliche Seitentemplates festlegen. Jedes Seitentemplate ist dann eine eigene PHP-Datei. Entwickeln Sie ein Plugin, können Sie solche Templates nicht festlegen. Auch werden Sie je nachdem, ob Sie ein Plugin oder ein Theme entwickeln verschiedene Befehle gebrauchen. So werden Sie sehr schnell den Befehl `plugins_url()` benötigen, wenn Sie ein Plugin schreiben. Dieser Befehl gibt Ihnen die URL zu Ihrem Plugin zurück. `plugins_url()` funktioniert allerdings nicht bei Themes, wo Sie froh über `get_template_directory_uri()` sein werden.

Haken Sie sich ein: Hooks

Ruft man eine WordPress-Seite auf, so aktiviert sich das gesamte System und läuft verschiedene Etappen durch. Das System wird initialisiert, der Header ausgegeben, der Content, die Sidebars, der Footer der Seite und so weiter. Mit Hilfe sogenannter „Hooks" kann der Entwickler sich in diese verschiedenen Prozesse einklinken und seinen eigenen Code ausführen.

Es gibt zwei Typen von Hooks: Actions und Filter. Actions werden bei bestimmten Ereignissen, zum Beispiel dem Speichern eines neuen Posts ausgeführt. Durch sogenannte Filter werden Daten durchgeleitet, beispielsweise um danach ausgegeben zu werden.

Adam Brown führt auf seiner Webseite eine Liste aller Hooks,[6] welche von WordPress ausgeführt werden. Hier listet er über 1.800 verschiedene Filter- und Actionhooks auf, welche zu bestimmten Zeitpunkten im System aktiviert werden..

Doch, wie funktioniert ein Hook jetzt im Allgemeinen? Nehmen wir uns zunächst den wohl berühmtesten Filter vor: `'the_content'`. Über diesen wird der Inhalt eines Posts (nicht der Titel, sondern nur der Text) gefiltert. Das System holt also den Inhalt aus der Datenbank und bevor WordPress diesen Inhalt nun auf dem Bildschirm des Benutzers ausgibt, wird er mit Hilfe von `'the_content'` gefiltert. Ihr Plugin[7] kann sich nun in diesen Filter einklinken und den Inhalt verändern, bevor er ausgegeben wird:

```php
<?php
add_filter( 'the_content', 'change_content' );
function change_content( $content ){
    $add = '<p>Abruf des Blogposts: ';
    $add .= date( 'd.m.Y h:i:s', time() ) . '</p>';
    $content = $add . $content;
    return $content;
}
```

plugins/3-the-content/code.php

---

6. http://adambrown.info/p/wp_hooks/hook
7. Auf Seite 27 erfahren Sie, wo Sie diesen Code abspeichern müssen, und welche Vorkehrungen Sie treffen müssen, damit aus dem Code ein Plugin wird, welches WordPress ausführen kann.

Zunächst klinken wir uns mit `add_filter()` in den Prozess ein. Dazu müssen wir mindestens zwei Parameter angeben: In welchen Filter wir uns einklinken (`'the_content'`) und wie die Funktion heißt, die sich in den Filter einklinkt (in unserem Beispiel: `change_content()`). Man kann noch zwei weitere Parameter an `add_filter()` übergeben: Die Priorität und die Anzahl der Argumente, welche Ihre Funktion akzeptiert. Da mehrere Plugins auf den gleichen Filter zugreifen können, kann man mit dem dritten Parameter die eigene Priorität bestimmen und sich so in der Schlange nach vorne oder nach hinten einreihen. Die normale Priorität ist 10, je kleiner die Zahl (dabei handelt es sich um einen Integer) ist, desto früher wird der eigene Filter ausgeführt. Über die akzeptierten Argumente kann man festlegen, wie viele Argumente die eigene Funktion als Parameter akzeptiert. Der Standard ist hier 1. Je nachdem welcher Hook ausgeführt wird, können aber auch mehr als ein Argument übergeben werden. Filter übergeben dabei im ersten Parameter immer den Wert, welcher gefiltert werden soll. Die weiteren Parameter geben Ihnen Informationen über den aktuellen Kontext.

Action Hooks funktionieren ganz ähnlich. Statt mit `add_filter()` werden diese mit `add_action()` aufgerufen:

```php
<?php
add_action( $hook, $function, $priority, $args );
```

Wenn Sie Namespaces benutzen, so sollten Sie dies natürlich berücksichtigen. Statt einfach den Funktionsnamen zu registrieren, müssen Sie den kompletten Pfad zu Ihrer Funktion angeben:

```php
<?php

namespace Websupporter\AwesomePlugin;

add_filter( 'the_content', __NAMESPACE__ . '\change_content' );
function change_content( $content ){
    $add = '<p>Abruf des Blogposts: ';
    $add .= date( 'd.m.Y h:i:s', time() ) . '</p>';
    $content = $add . $content;
    return $content;
}
```

Statt `__NAMESPACE__` können Sie natürlich auch den Namespace ausschreiben: `\Websupporter\AwesomePlugin`. Dies ist sinnvoll, wenn Sie auf eine Funktion in einem anderen Namensraum referenzieren müssen.

Eine gute Übersicht über Action- und Filterhooks bietet natürlich auch der WordPress Codex,[8] den man bei solchen Fragen immer wieder aufsuchen sollte.

Shortcodes

Ein weiteres interessantes Konzept, gerade für Plugin Entwickler, sind die sogenannten Shortcodes,[9] über welche WordPress seit Version 2.5 verfügt. Shortcodes sind im Wesentlichen Makro Codes, welche der Autor über den Texteditor eingeben kann. Gibt man beispielsweise den Shortcode [gallery] im Editor ein, so wird an dieser Stelle in der Folge eine Galerie dargestellt. Shortcodes werden mit Hilfe von add_shortcode() erzeugt.

So können Sie ein Plugin erstellen, welches einen neuen Shortcode für den Benutzer bereithält. Sagen wir, Sie möchten einen Shortcode bereitstellen, welcher das aktuelle Datum im Text ausgibt:

```php
<?php
add_shortcode( 'angesehen', 'mein_shortcode' );
function mein_shortcode( $attr ){
    $string = '<p>Angesehen am: ';
    $string .= date( $attr['format'], time() );
    $string .= '</p>';
    return $string;
}
```

plugins/3-first-shortcode/code.php

Schreiben Sie nun einen Blogpost und geben dort den Shortcode [angesehen format="Y-m-d H:i:s"] an, so wird an dieser Textstelle nun der Shortcode ausgeführt. Sie sehen auch schon eine sehr interessante Möglichkeit bei Shortcodes: Der Autor kann im Texteditor Attribute übergeben! In diesem Fall gibt der Autor das Datumsformat an, indem er format="Y-m-d H:i:s" angibt. Er könnte also beispielsweise auch format="d.m.Y H:i" angeben und würde so statt 2014-12-01 16:41:23 folgende Datumsausgabe sehen: 01.12.2014 16:41

---

8. http://codex.wordpress.org/Plugin_API/Filter_Reference
9. Seit WordPress 5.0 setzt man in vielen Fällen, wo man zuvor Shortcodes eingesetzt hatte, heute lieber auf die Entwicklung sogenannter Blöcke. Mehr zur Entwicklung von Blöcken für den Editor erfahren Sie auf Seite 247.

Doch Shortcodes können noch mehr! Sagen wir, wir wollen einen Shortcode bereitstellen, der einen bestimmten Textabschnitt in einer vom Autoren bestimmten Farbe hinterlegt. Der Autor soll einfach sagen können von hier bis da, da will ich einen roten Hintergrund:

Wir definieren also einen Shortcode [hintergrund], der das Attribut 'farbe' kennt, in welcher der Autor eine HEX-Farbe definieren kann. Jetzt kann man Shortcodes auch ganz ähnlich verwenden wie HTML-Tags, man kann sie öffnen und schließen:

```
[hintergrund farbe="#f00"]
Dieser Text soll rot werden
[/hintergrund]
```

Abbildung 3: Shortcode Eingabe im Texteditor

Man schließt einen Shortcode genauso wie man HTML-Tags schließt. Sehen wir uns nun an, wie unsere Shortcode Funktion sich ändern muss, um hier zu funktionieren:

```php
<?php
add_shortcode( 'hintergrund', 'mein_shortcode' );
function mein_shortcode( $attr, $content ){
    $string = '<span style="background-color:'.$attr['farbe'].'">';
    $string .= $content;
    $string .= '</span>';
    return $string;
}
```

plugins/3-background-shortcode/code.php

Unsere Funktion mein_shortcode() akzeptiert diesmal neben dem $attr-Parameter noch einen zweiten Parameter: $content. Diese Variable enthält alles zwischen [hintergrund] und [/hintergrund]. Nun können wir unseren $content also mit einem <span> umschließen und diesem eine Hintergrundfarbe zuweisen. Wir haben damit schon einen ersten guten Überblick über WordPress und sollten nun einfach beginnen ein erstes Plugin zu entwickeln. In einem späteren Kapitel werden wir tiefer in die Datenbank Struktur, in Posttypen, benutzerdefinierte Felder und Taxonomien einsteigen, um schließlich die ganze Power von WordPress ausnutzen zu können.

Ein erstes Plugin

Es ist an der Zeit für unser erstes Plugin. Im ersten Schritt werden wir zunächst die Grundstruktur eines Plugins kennenlernen. Im Zweiten dann die Funktionalität von WordPress um einen Shortcode erweitern. Mit Shortcodes ist das so eine Sache. WordPress ist eine große Community und zu fast jeder Frage oder Funktion gibt es die unterschiedlichsten Auffassungen. Manche lieben Shortcodes und nutzen diese extensiv, bis man im Editor vor lauter Shortcodes den Text nicht mehr lesen kann. Andere verteufeln Shortcodes gerade deswegen und verweisen seit WordPress 5.0 darauf, dass man für die meisten Shortcode Anwendung besser auf selbst definierte Blöcke zurückgreifen sollte.[10] Mit derartigen Überzeugungen – ich selbst verwende sie eher zurückhaltend – wollen wir uns hier allerdings erst einmal nicht aufhalten. Shortcodes haben nämlich einen großen Vorzug für uns Programmierer: Sie sind schnell mal entwickelt und eignen sich daher wunderbar, um in die Programmierung von Plugins einzusteigen. Damit beginnen wir jetzt.

Die Plugin Grundstruktur

Ein WordPress Plugin muss über eine bestimmte Grundstruktur verfügen, um von WordPress erkannt zu werden. Sie kennen sicher schon die Darstellung von Plugins in Ihrem WordPress Admin:

Abbildung 4: Ein Plugin im WordPress Admin

Sie sehen einen Namen, eine Beschreibung, die Versionsnummer, den Autoren, erhalten einen Link zur Plugin Webseite und so weiter. In der WordPress-Grundeinstellung sind alle Plugins in einem Ordner zusammengefasst, welchen Sie unter */wp-content/plugins* finden. Meist sind diese dort in einem eigenen Unterordner platziert. Wenn Sie sich nun also daran machen ein neues Plugin

---

10. Wenn Sie statt eines Shortcodes lieber einen Block definieren möchten, sollten Sie sich mit der Erstellung von Blöcken im Allgemeinen (S. 247) und insbesondere mit der Erstellung dynamischer Blöcke (S. 277) beschäftigen.

zu entwickeln, müssen Sie zunächst ein neues Verzeichnis anlegen. Überlegen Sie sich am besten einen eigenständigen Namen, damit Ihr Plugin nicht möglicherweise irgendwann mit einem anderen kollidiert.

In unserem Beispiel werden wir nun einen Shortcode erzeugen, der einen Textabschnitt verbirgt, welcher mit Hilfe von Javascript sichtbar wird, sobald der Leser auf einen „Lesen Sie mehr"-Text klickt. Wir nennen dieses Plugin „Inline Read More" und unser Verzeichnis *inline-read-more/*. In diesem Verzeichnis legen wir nun auch eine PHP Datei ab, welche wir *inline-read-more.php* nennen. Dies ist unsere Root-Datei. Um von WordPress richtig erkannt zu werden, benötigt diese Datei nun einen ganz bestimmten Header, der von WordPress ausgelesen werden kann:

```
<?php
/**
 * Plugin Name: Inline Read More
 * Plugin URI: http://www.plugin-url.com
 * Description: Beschreibung
 * Version: 1.0
 * Author: Websupporter
 * Author URI: http://www.websupporter.net/
 * License: GPL2
 */
```

Dies sind die gängigsten Angaben, welche hinterlegt werden können. Sie müssen einen Pluginnamen angeben, eine URL zum Plugin, eine Beschreibung, eine Version, den Autoren, die URL zur Webseite des Autoren, sowie eine Lizenz. Aus diesen Angaben wird dann die Plugindarstellung aus Abbildung 4 generiert.

Fehler ausgeben lassen

Um ein solides Plugin zu programmieren, müssen Sie WordPress anweisen, Fehlermeldungen auszugeben. Normalerweise unterdrückt WordPress PHP-Fehler, was natürlich gute Praxis für offen zugängliche Webseiten ist, denn damit verhindern Sie, dass jeder sofort sehen kann, wo Schwachstellen in Ihrer Webseite sein könnten.

Zum Entwickeln eines Plugins oder Themes sollten Sie sich jedoch ständig jeden noch so kleinen Fehler ausgeben lassen, um ihn sofort zu beseitigen, so dass es möglichst zu keinen Problemen kommt. Im Root-Verzeichnis von WordPress finden Sie die *wp-config.php*. In ihr werden zentrale Einstellungen, wie der Zugang zur Datenbank und ähnliches vorgenommen. Dort sollten Sie folgende Konstante definieren: `define('WP_DEBUG', true);`. Ab sofort werden in dieser WordPress Version Fehler angezeigt und nicht mehr unterdrückt.

Sicherheitstipp: !defined(ABSPATH)

Fehleranfällige Plugins sind immer wieder einer der Gründe, weshalb eine WordPress-Anwendung gehackt werden kann. Im Internet finden Sie zahlreiche Tipps und Hinweise, wie Sie Ihr Plugin sicherer machen können. Dazu gehört in erster Linie natürlich immer wieder die eingehenden Daten zu validieren. Ein weiterer, recht simpler Trick ist es, den direkten Zugriff auf Ihr Plugin zu verhindern. Ihr Plugin liegt ja in dem Plugin-Verzeichnis und der Pfad zu den einzelnen Dateien ist relativ schnell herausgefunden, insbesondere, wenn Sie Ihr Plugin über das Repository zur Verfügung stellen. Verhindern Sie deshalb den direkten Zugriff auf diese PHP-Dateien und stellen Sie sicher, dass diese nur innerhalb von WordPress zur Anwendung kommen. Ihre PHP-Dateien können Sie vor einem außerhalb von WordPress stattfindenden Zugriff mit Hilfe des folgenden Codes schützen:

```php
<?php
if ( ! defined( 'ABSPATH' ) ) exit;
```

Die Konstante `ABSPATH` wird zentral in der *wp-load.php* definiert und bezeichnet den Root-Pfad der Anwendung. Ist diese nicht definiert, so wurde Ihr Script nicht von WordPress sondern von außerhalb aufgerufen. In diesem Fall sollten Sie das Script einfach beenden.

Entwicklung unserer spezifischen Funktion

Doch machen wir uns nun endlich an die Entwicklung unseres Shortcodes. Wir haben im vorherigen Abschnitt schon gelernt, wie man einen neuen Shortcode anlegt. Im ersten Schritt müssen wir dazu den Shortcode definieren. Der Autor soll in der Lage sein mit dem Shortcode `[read_more_inline]` einen Textabschnitt zu definieren, welcher erst aufscheint, wenn der Leser einen bestimmten „Link"-

Text geklickt hat. Diesen soll der Autor natürlich auch festlegen können, weshalb wir das Attribut `'title'` verwenden. Ein vollständig konfigurierter Shortcode soll demnach wie folgt aussehen:

```
[read_more_inline title="Mehr"]
Dieser Text ist verborgen.
[/read_more_inline]
```

Im ersten Schritt werden wir also unseren Shortcode definieren:

```php
<?php
/**
 * Plugin Name: Inline Read More
 * Plugin URI: http://www.websupporter.net/plugin/
 * Description: Beschreibung des Plugins
 * Version: 1.0
 * Author: Websupporter
 * Author URI: http://www.websupporter.net/
 * License: GPL2
 */

add_shortcode( 'read_more_inline', 'rm_inline' );
function rm_inline( $attr, $content ){
    $string  = '<span class="read_more_inline">';
    $string .= '<a class="read_more_title">';
    $string .= $attr['title'];
    $string .= '</a><span class="read_more_body">';
    $string .= $content;
    $string .= '</span></span>';

    return $string;
}
```

plugins/4-read-more-link/index.php

Wir erzeugen also ein `span.read_more_inline`, welches ein `span.read_more_title` mit dem Titel enthält und ein `span.read_more_body`, welches den Inhalt enthält, der allerdings zunächst verborgen sein wird. Was natürlich vollkommen fehlt ist die Funktionalität, welche wir über Javascript herstellen möchten. Wir könnten nun einfach den Javascript Code in der `$string`-Variablen mit übergeben. Dies hätte allerdings einige Unannehmlichkeiten zur Folge und deshalb werden wir hier lieber über einen Hook ein neues Script registrieren. Außerdem fehlt uns ein schönes Stylesheet, mit dem wir unseren .read_more_body verbergen können. Statt also Inline-Styles und -Scripte zu verwenden werden wir den Action Hook 'wp_enqueue_scripts' nutzen. Über diesen Hook kann man seine eigenen Stylesheets und Scripte in WordPress einhaken. Das hat einige interessante Aspekte, die wir an folgendem Beispiel erörtern werden:

```php
<?php
add_action( 'wp_enqueue_scripts', 'irm_scripts' );
function irm_scripts() {
    $plugin_url = plugins_url( '/', __FILE__ );
    wp_enqueue_style(
        'irm-style',
        $plugin_url . 'style.css'
    );

    wp_enqueue_script(
        'irm-script',
        $plugin_url . 'script.js',
        array( 'jquery' ),
        '1.0.0',
        true
    );
}
```
plugins/4-read-more-link/enqueue-scripts.php

So definieren wir zunächst die Funktion irm_scripts(), welche im Action Hook 'wp_enqueue_scripts' ausgeführt wird. In dieser Funktion ermitteln wir als erstes den Pfad zu unseren Scripten. Das ist für gewöhnlich *wp-content/plugins/pluginname/*. Doch dieser Verzeichnispfad kann auch ein anderer sein, je nachdem wie WordPress konfiguriert wurde. Deshalb sollte man diesen Pfad auf keinen Fall „hard coden", sondern auf die Funktion plugins_url() zurückgreifen, welche die URL zum Plugin ausgibt.

Exkurs – Der Weg zum Plugin: plugins_url()

Diese Funktion gibt die absolute URL zum Plugin aus und akzeptiert zwei Parameter, welche allerdings optional sind. Normalerweise nimmt man diesen Befehl, um die URL zu einer bestimmten Datei unseres Plugins, ein Script, ein Bild oder ein Stylesheet, zu bestimmen. Mit dem ersten Parameter kann man den relativen Pfad zu dieser Datei von *plugins/*-Verzeichnis aus angeben. Mit der PHP Konstanten __FILE__ kann man – im zweiten Parameter – den ersten relativen Pfad in Abhängigkeit der ausführenden PHP-Datei erstellen. Ein Beispiel: Nehmen wir an, Sie haben in Ihrem Plugin das Unterverzeichnis *inc/* und in diesem befinden sich eine PHP Datei *styles.php*, sowie ein weiteres Unterverzeichnis *css/*. Dort existiert eine *style.css*. Den Pfad zu dieser *style.css* können Sie in der *styles.php* nun wie folgt ermitteln:

```php
<?php
echo plugins_url( '/css/style.css', __FILE__ );
```

Doch kehren wir zu unserem vorherigen Script zurück, in welchem wir unser Stylesheet und unser Javascript registrieren möchten. Dort nutzen wir `plugins_url()`, um die URL zu unserem Plugin in die Variable `$plugin_url` zu laden.

Anschließend benutzen wir den Befehl `wp_enqueue_style()`, um unser Stylesheet zu registrieren, und anschließend registrieren wir unser Script mit `wp_enqueue_script()`. Natürlich werden wir später die entsprechenden Dateien auch erstellen und einbinden.

Styles und Scripte registrieren und aktivieren

In unserem Beispiel verwenden wir ausschließlich die enqueue-Befehle. Der Vollständigkeit halber muss allerdings erwähnt werden, dass Styles und Scripte auch registriert werden können, um sie zu einem späteren Zeitpunkt mit den enqueue-Befehlen zu aktivieren.[11] Wenn das Script zuvor nicht registriert war, übernimmt das auch der enqueue-Befehl.

Dazu sind zumindest zwei Paramter zu übergeben. Zum einen das sogenannte Handle, ein eindeutiger Bezeichner des Scripts (mit Hilfe dessen es später auch wieder deaktiviert werden kann), zum anderen den absolute Pfad zum Script.

Unserem Stylesheet weisen wir das Handle `'irm-style'` zu und geben die URL an. Unserem Script weisen wir das Handle `'irm-script'` zu und geben ebenfalls die URL an. Darüber hinaus geben wir allerdings noch drei weitere Parameter an. Der dritte Parameter ist ein Array und enthält Scripte die aktiv sein müssen, damit

---

11. Wenn Sie mehr über die Registrier-Funktionen erfahren wollen, empfehle ich Ihnen die entsprechenden Einträge im WordPress Codex: http://codex.wordpress.org/Function_Reference/wp_register_style, http://codex.wordpress.org/Function_Reference/wp_register_script

unser Script funktionieren kann. Dort geben wir 'jquery' an, das Handle für jQuery, welches nativ von WordPress unterstützt wird. Sollte es aus irgendeinem Grund deaktiviert sein, so weiß WordPress nun, das wir dieses Script benötigen und es aktiviert werden muss. Dahinter geben wir noch eine Versionsnummer an. Und mit dem Boolean true, welchen wir als letzten übergeben, erklären wir, dass wir dieses Script erst im Footer laden möchten (was sich positiv auf die Ladezeiten der Webseite auswirkt).

Nun können wir also in Ruhe unsere beiden Dateien *style.css* und *script.js* anlegen und dort unser Plugin ein wenig stylen und die Javascript-Funktionalität gestalten.

Die *style.css*:

```css
.read_more_title{
    cursor: pointer;
    text-decoration: underline;
    font-weight: bold;
}
.read_more_body{
    display: none;
}
```

plugins/4-read-more-link/style.css

Die *script.js*:

```js
jQuery( document ).ready( function(){
    jQuery( 'a.read_more_title' ).click( function(event){
        event.preventDefault();
        jQuery( this ).
        parent().
        children( '.read_more_body' ).
        slideToggle();
    });
});
```

plugins/4-read-more-link/script.js

Ich setze an dieser Stelle voraus, dass Sie sich schon ein wenig in CSS und Javascript respektive jQuery auskennen. Nur kurz möchte ich das Script etwas kommentieren. Darin legen wir lediglich fest, dass, sobald auf .read_more_title geklickt wird, der Text in .read_more_body entweder angezeigt wird, oder – falls er schon sichtbar ist – wieder unsichtbar gemacht wird.

Sie sehen auch, dass wir jQuery(document) schreiben und nicht die Kurzschreibwiese $(document). Neben den jQuery-Bibliotheken unterstützt WordPress auch andere Frameworks, darunter Prototype[12], welches auch im Admin Verwendung findet. Auch Prototype setzt auf die Kurzschreibweise $, weshalb es hier zu einem Konflikt zwischen den beiden Bibliotheken kommt. WordPress unterstützt deshalb das Dollarzeichen als Kurzschreibweise für jQuery nicht.

Wenn Sie auf die $-Schreibweise nicht verzichten möchten, können Sie wie folgt vorgehen:

```
(function($) {
    //Nun koennen Sie statt jQuery $ schreiben!
    $( document ).ready( function(){
        console.log( $ );
    });
})( jQuery );
```

In diesem Script erzeugen wir eine anonyme Funktion, welche als Parameter $ aufnimmt. In der letzten Zeile sehen Sie, dass wir diese anonyme Funktion ausführen und dabei jQuery übergeben. Dadurch können wir nun innerhalb der Routine jQuery über die Kurzschreibweise $ nutzen. Wenn Sie also beispielsweise jQuery-Bibliotheken verwenden möchten, die komplett auf der Kurzschreibweise basieren, können Sie diese innerhalb einer solchen Funktion ausführen statt den kompletten Quellcode der Bibliothek umzubauen.

---

12. http://prototypejs.org/

Die zentrale Nebensache: Widgets

Abbildung 5: Widgets in der Sidebar

Ein zentrales, bisher noch nicht erörtertes Konzept sind die Widgets in der Sidebar. Sie kennen sicherlich schon die Standard Kategorien-Ansicht, welche bei vielen Blogs in der Sidebar zu sehen ist, oder das Archiv, die Blogroll und so weiter. Als Plugin Entwickler können Sie auch selbst sogenannte Widgets entwickeln, welche dann vom WordPress Administrator in der Sidebar eingepflegt werden können. Auch Widgets werden über einen Action Hook eingebunden: `'widgets_init'`

```php
<?php
add_action( 'widgets_init', 'mein_widget' );
function mein_widget(){
    register_widget( 'Mein_Widget' );
}
```

plugins/5-widget/index.php

In der Funktion `mein_widget()` registrieren wir nun unser neues Widget mit Hilfe von `register_widget()`. Dabei übergeben wir dieser Funktion den Namen einer Klasse, welche wir noch definieren werden. Diese enthält dann alle weiteren Definitionen für unser Widget und erweitert die von WordPress gelieferte Klasse `WP_Widget`. Betrachten wir zunächst den grundlegenden Aufbau dieser neuen Klasse:

```php
<?php
class Mein_Widget extends WP_Widget {
  function __construct() {}
  function widget( $args, $instance ) {}
  function update( $new_instance, $old_instance ) {}
  function form( $instance ) {}
}
```

Im Wesentlichen besteht diese aus vier Methoden:

- die __construct() Methode
- widget()
- update()
- form()

Wir gehen nun Schritt für Schritt diese vier Funktionen durch. Die erste Funktion enthält grundlegende Informationen zu dem Widget, wie Titel und Beschreibung.

```php
function __construct() {
    parent::__construct(
        'widget-id',
        'Widget Titel',
        array(
            'description' => 'Beschreibung'
        )
    );
}
```

plugins/5-widget/widget.php

Mit dieser Funktion wollen wir uns nicht so lange aufhalten. Sie geben hier einfach die grundlegenden Werte an. Auch einen eindeutigen Bezeichner, eine ID, müssen Sie (siehe Zeile drei) angeben.

Die Funktion widget() dient der Ausgabe des Widgets und rendert den HTML-Code, welcher schließlich in der Sidebar erscheinen soll. Zwei Argumente werden hier übergeben: $args und $instance. Die erste Variable ($args) enthält Informationen von der Sidebar. Wie beispielsweise ein Widget umschlossen wird (ob als <div> oder als <li>) und wie der Widget-Titel umschlossen wird (ob als <h1>, <h2> oder <p>). Diese Informationen werden hinterlegt, wenn eine Sidebar registriert wird.[13] Die Variable $instance enthält Informationen, welche

---

[13] http://codex.wordpress.org/register_sidebar, siehe dazu den entsprechenden Abschnitt im Kapitel „Themes erstellen" (S. 55).

speziell für das Widget hinterlegt wurden. Sie werden später in der Funktion form() lernen, wie Sie über die $instance das Erscheinungsbild Ihres Widgets konfigurierbar machen können. Eine simple Widget Ausgabe könnte also wie folgt aussehen:

```php
function widget( $args, $instance ) {
    echo $args['before_widget'];
    if ( ! empty( $instance['title'] ) ) {
        echo $args['before_title'] .
        apply_filters(
            'widget_title',
            $instance['title']
        ).
        $args['after_title'];
    }
    echo 'Hallo Welt';
    echo $args['after_widget'];
}
```

plugins/5-widget/widget.php

In Zeile zwei geben wir zunächst den HTML-Code aus, welcher vor einem Widget ausgegeben werden soll. Wir prüfen dann, ob über $instance ein Titel übergeben wurde und wenn ja, geben wir zunächst den HTML-Code aus, welcher vor dem Titel kommen soll ($args['before_title']) um anschließend den Titel auszugeben. In Zeile fünf passiert noch etwas interessantes: apply_filters(). Sie wissen ja schon, wie man mit Hilfe von Hooks Daten filtern kann. Mit apply_filters() können Sie nun selbst Daten durch Filter durchlaufen lassen. In diesem Fall möchten wir unseren Titel über 'widget_title' filtern lassen. An dieser Stelle sei erwähnt, dass Sie Action Hooks mit der Funktion do_action() ausführen. Beide übergeben als ersten Parameter den Bezeichner des Hooks, der auszuführen ist. Danach folgt eine beliebige Anzahl von Argumenten, welche an die eingehakten Prozesse übergeben werden. Bei apply_filters() dient das erste Argument dabei als Wert, der gefiltert werden soll. So können Sie sich in sämtliche Filter des WordPress-Systems quasi nicht nur an dem einen, sondern auch an dem anderen Ende einklinken. Sie können Daten filtern oder Ihre Daten filtern lassen! Schließlich schließen wir unseren Titel mit $args['after_title'] ab, geben noch einmal ein „Hallo Welt" aus und schließen das Widget mit $args['after_widget'] ab.

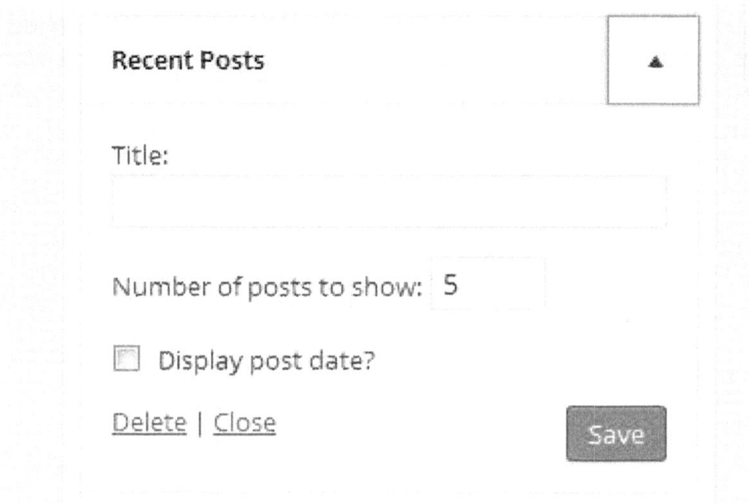

Abbildung 6: Ein Widget im Dashboard konfigurieren

Nun ist es aber wirklich an der Zeit, dass Sie ein Widget auch konfigurierbar machen können! Dazu dienen update() und form(). Die Funktion form() dient der Ausgabe der Konfigurationsform im Admin. update() übernimmt im Anschluss das Speichern dieser Daten in der Datenbank. Machen wir uns mit dem Prinzip vertraut: Im ersten Schritt werden wir dem Administrator die Möglichkeit geben, unserem Widget einen Titel zu geben, den wir dann im zweiten Schritt speichern und mit dem obigen Code ausgeben können.

```php
function form( $instance ) {
    $defaults = array( 'title' => 'Titel' );
    $instance = wp_parse_args( (array) $instance, $defaults );
    ?>
    <p>
        <label
            for="<?php echo $this->get_field_id( 'title' )?>">
            Titel:
        </label>
    </p>

    <input
        id="<?php echo $this->get_field_id( 'title' ); ?>"
        name="<?php echo $this->get_field_name( 'title' ); ?>"
        value="<?php echo $instance['title']; ?>">
    <?php
}
```

plugins/5-widget/widget.php

Über `$instance` werden die aktuellen Werte übergeben. In Zeile zwei definieren wir jedoch erst einmal Standard-Werte. Wir legen fest, dass der Standard-Titel immer „Titel" ist, es sei denn, der Administrator ändert ihn. Dazu „verschmelzen" wir `$instance` in Zeile drei mit `$defaults` unter Zuhilfenahme der WordPress-Funktion `wp_parse_args()`.

In diesem Beispiel habe ich mich dazu entschlossen PHP mit `?>` abzubrechen und einfaches HTML einzufügen und dort, wo PHP wieder notwendig ist, den Parser wieder einzuschalten. Wir fügen also ein `<p><label>Titel</label></p> <inputgt;` ein. Am Ende möchten wir eine `$instance`, welche einen Titel mit sich führt, der über `$instance['title']` abgerufen weden kann. Dazu muss das Input-Feld natürlich einen Namen tragen, der zum Schluss sicherstellt, dass WordPress den Wert dieses Feldes an den entsprechenden Platz speichert. Deshalb überlassen wir es WordPress, diesen Namen festzulegen und teilen dem System lediglich den eindeutigen Bezeichner `'title'` mit, um den Inhalt zuzuordnen. Das erreichen wir mit Hilfe von `$this->get_field_name('title')`. WordPress gibt uns über diese Funktion, welche Teil der Klasse `WP_Widget` ist, den korrekten Namen zurück, damit wir später über `$instance['title']` darauf zugreifen können. Damit auch unser `<label>` wie vorgesehen funktioniert, geben wir dem Input-Feld eine eindeutige ID (erzeugt über `$this->get_field_id('title')`), auf welche wir im `for`-Attribut des Labels verweisen.

Sobald wir das also gemacht haben, ist unsere Konfigurations-Oberfläche vollständig eingerichtet und wir können uns daran machen, WordPress zu erläutern, wie genau die Daten gespeichert werden sollen. Dies funktioniert über `update()`.

```php
function update( $new_instance, $old_instance ){
  $instance = $old_instance;
  $instance['title'] = sanitize_text_field($new_instance['title']);
  return $instance;
}
```

plugins/5-widget/widget.php

Die Funktion `update()` nimmt zwei Variablen auf, die neuen Daten, welche wir speichern müssen, sowie die zuvor gespeicherten Daten. In Zeile zwei erzeugen wir zunächst ein neues Array, welches wir mit den Daten aus `$old_instance` überschreiben. Schritt für Schritt können wir nun die einzelnen Daten aus

$new_instance in $instance übertragen. Wie Sie sehen, wird unser Titel in $new_instance['title'] übertragen. Wie Sie sehen, verwenden wir dazu die Funktion sanitize_text_field(), welche die Benutzereingabe noch einmal reinigt. Mehr dazu erfahren Sie im nächsten Kapitel auf Seite 41. Im Wesentlichen haben wir damit schon unser erstes Widget geschrieben. Würden wir die oben angegebenen Codebeispiele zusammenfügen, so hätten wir ein Widget, welches für den Besucher der Webseite in der Sidebar in etwa das folgende anzeigen würde:

```
<div class="widget">
    <h2>Titel</h2>
    <p>Hallo Welt</p>
</div>
```

Reinigen und Escapen

Häufig arbeiten Sie mit Daten, die Sie nicht kennen, beispielsweise, wenn Sie Benutzereingaben von $_GET abfangen, oder auch, wenn Sie einfach eine Variable mit echo ausgeben. Da Sie den Inhalt nicht kennen, sollten Sie einige Vorsichtsmaßnahmen treffen. So sollten Sie bei einer ID sichergehen, dass es sich um einen Integer handelt:

```php
<?php
$id = ( isset( $_GET['id'] ) ) ? (int) $_GET['id'] : 0;
```

WordPress stellt zahlreiche Helferfunktionen bereit, um Daten zu reinigen und zu escapen. Als Daumenregel kann gelten: Man reinigt Daten, wenn man Sie vom Nutzer erhält und man „escaped" Daten, bevor man sie an den Nutzer weitergibt.

Einen guten Überblick finden Sie im WordPress Codex (https://codex.wordpress.org/Validating_Sanitizing_and_Escaping_User_Data) und auch im WordPress Theme Handbook (https://developer.wordpress.org/themes/theme-security/data-sanitization-escaping/). Doch selbstverständlich werden wir auch hier die wichtigsten Helferfunktionen kurz besprechen.

sanitize_text_field() und sanitize_textarea_field()

Zum Reinigen von Daten, welche Sie von Benutzern erhalten, hat PHP eine ganze Reihe an Filtern zur Verfügung. Dennoch hält auch WordPress einige Funktionen bereit. Wir möchten uns hier die viel genutzten `sanitize_text_field()` und `sanitize_textarea_field()` näher ansehen. Beide prüfen auf invalide UTF8-Zeichen, transformieren Zeichen wie < in < und entfernen sämtliche HTML-Tags (Wozu Sie auch `wp_strip_all_tags()` verwenden können).

Darüber hinaus entfernt `sanitize_text_field()` Zeilenumbrüche, Tabulatoren und ähnliche Zeichen. Diese bleiben bei `sanitize_textarea_field()` erhalten. Letztere Funktion eignet sich also, um Daten aus einer Textarea zu reinigen, während die erste Funktion vor allem für Daten aus normalen Inputfeldern geeignet ist.

```php
<?php
echo sanitize_text_field( '> Das ist mein Input
< <script>alert();</script>' );
// Ausgabe: "> Das ist mein Input &lt;"
```

```php
<?php
echo sanitize_textarea_field( '<script>alert();</script> >
Das ist mein Input
<' );

/**
Ausgabe:
>
Das ist mein Input
&lt;
*/
```

Bedenken Sie immer, trauen Sie keinen Benutzereingaben und reinigen Sie diese immer, bevor Sie mit diesen weiter arbeiten! Auch PHP stellt Ihnen hier mit `filter_input()`[14] oder `filter_var()` wichtige Funktionen bereit, welche Sie verwenden sollten.

Escaping

Bevor wir Daten mit `echo` oder anderweitig an den Nutzer ausspielen, sollten wir diese „escapen". Dies bedeutet, man entfernt sämtliche nicht gewünschten Zeichen beziehungsweise Daten aus einem Datensatz. Dies hilft unter anderem gegen XSS Attacken.

esc_html()
Sämtliche HTML-Zeichen wie < werden in ihre HTML-Entsprechung < umgewandelt. Verwenden Sie diese Funktion, wenn kein HTML-Code verwendet werden soll, beispielsweise folgendermaßen:

```php
<?php
/**
 * Der Titel könnte alles mögliche sein, es könnte aber auch
 * der folgende sein.
 */
$title = 'Wie man <title> in HTML richtig verwendet';
echo '<h1>' . esc_html( $title ) . '</h1>';
```

---

14. https://secure.php.net/manual/de/function.filter-input.php

`wp_kses()` und `wp_kses_post()`
Wenn Sie HTML zulassen möchten, können Sie diesen mit Hilfe von `wp_kses_post()` auf jene Elemente beschränken, die auch in Beitragsinhalten erlaubt sind. Mit `wp_kses` können Sie selbst bestimmen, welche HTML-Elemente und Attribute Sie zulassen möchten:

```php
<?php
$text = '
<h1>Meine Überschrift</h1>
<p>
        Folge diesem
        <a href="http://example.com">Link</a>
        auf meine Seite.
</p>';
echo wp_kses( $text,
  array(
    'a' => array(
      'href' => array(),
    ),
    'p' => array()
  )
);

/**
Ausgabe:

Meine Überschrift
<p>
Folge diesem
<a href="http://example.com">Link</a>
auf meine Seite.
</p>
 */
```

Mit dem Array übergeben Sie zum einen die HTML-Tags, welche erlaubt sind und darüber hinaus, welche Attribute in diesem Tags erlaubt sind. In unserem Beispiel erlauben wir `<p>`, sowie `<a>`, wobei das Link-Element auch ein `href`-Attribut besitzen darf. Die Überschrift `<h1>` erlauben wir hingegen nicht.

`esc_url()`
Verwenden Sie diese Funktion, um URLs beispielsweise in Links zu escapen. Optional können Sie als zweiten Parameter einen Array mit erlaubten Protokollen übergeben, also beispielsweise `array( 'https' );`

```
<a
   href="<?php echo esc_url( $link ); ?>"
>
   <?php echo esc_html( $title ); ?>
</a>
```

esc_attr( )
Nutzen Sie diesen Befehl um Inhalte in HTML-Attributen zu escapen. Würde $title beispielsweise ein Anführungszeichen wie $title = 'Der Unterschied zwischen " und "'; enthalten, so würde dieses in den entsprechenden HTML-Code übersetzt und das Attribut bliebe intakt.

```
<a
   href="<?php echo esc_url( $link ); ?>"
   title="<?php echo esc_attr( $title ); ?>"
>
   <?php echo esc_html( $title ); ?>
</a>
```

esc_js( )
Diese Funktion sollten Sie für Inline-Javascript nehmen.

esc_textarea( )
Um Inhalte in einem Textarea-Element zu escapen nutzen Sie diese Funktion.

Themes erstellen

Bisher haben wir uns fast ausschließlich mit der Entwicklung von Plugins befasst. Dies hat einen Grund: Themes dienen vor allem der Darstellung von Inhalten, während die Funktionserweiterung von WordPress vor allem Plugins vorbehalten sein soll. Daraus folgt, dass wir uns als Entwickler zunächst vor allem auf Plugins konzentrieren. Dennoch wird für die Erstellung von Themes PHP benötigt und je nach Anforderung nicht zu knapp und auch für Plugin-Entwickler ist es natürlich notwendig, zu verstehen, wie Themes funktionieren.[15] Im folgenden Kapitel widmen wir uns deshalb der Entwicklung von Themes. Dabei wird es hier und da notwendig sein auf Konzepte und Befehle vorzugreifen, welche erst in späteren Kapiteln ausführlicher behandelt werden. Dort, wo dies der Fall ist, werden Funktionsweisen nur kurz erläutert, damit ein Verständnis für das Wirken bestimmter Konzepte und Befehle vorhanden ist und des Weiteren auf die jeweiligen Kapitel verwiesen, in welchen Sie dann umfassend in die jeweiligen Konzepte eingeführt werden.

Während Plugins normalerweise im *wp-content/plugins*-Verzeichnis abgelegt werden, befinden sich die Theme-Dateien in *wp-content/themes*. Dort erhält jedes Theme einen eigenen Unterordner. In diesem finden Sie eine Reihe von Standard-Dateien, welche Themes benötigen, um zu funktionieren. Anhand dieser Dateien werden wir nun Schritt für Schritt in die Entwicklung einsteigen.

Die style.css

Schon daran, dass die Datei mit den wesentlichen Informationen eine CSS-Datei ist, kann man den thematischen Schwerpunkt erkennen, welcher bei Themes gesetzt wird: das Layout. Sie erinnern sich noch an die Grundstruktur unserer Plugins. Wir mussten einen Plugin-Namen, eine Beschreibung und so weiter angeben. Diese Informationen befinden sich diesmal nicht in einer PHP-Datei, sondern in der obligatorischen *style.css*. Auch hier werden diese Informationen als Kommentar an den Anfang der Datei gestellt:

---

[15]. Eine umfassende Dokumentation bietet hier auch WordPress an unter der URL https://devcloper.wordpress.org/themes/.

```
/*
Theme Name: Twenty Nineteen
Theme URI: https://github.com/WordPress/twentynineteen
Author: the WordPress team
Author URI: https://wordpress.org/
Description: A new Gutenberg-ready theme.
Requires at least: WordPress 4.9.6
Version: 1.0
License: GNU General Public License v2 or later
License URI: LICENSE
Text Domain: twentynineteen
Tags: custom-background, custom-logo, custom-menu
This theme, like WordPress, is licensed under the GPL.
*/
```

themes/twentynineteen/style.css

Aus diesen Informationen wird die Darstellung unter Design > Themes im WordPress-Admin erstellt. Das Themebild, welches dort meist auch zu sehen ist, kann als *screenshot.png* im Root-Verzeichnis des Themes hinterlegt werden. Als Größe des Screenshots wird von WordPress 880x660 Pixel vorgeschlagen.

Mit der Zeile `tags` kann man das Theme verschlagworten. Möchten Sie Ihr Theme über das WordPress Repository anbieten, gewährleisten Sie mit der Verwendung von Schlagworten eine bessere Auffindbarkeit Ihres Themes. Wenn Sie auf die Webseite des Repositories gehen, so finden Sie dort einen „Feature Filter".[16] Hier können Sie Themes suchen, indem Sie bestimmte Schlagworte, wie beispielsweise „Two Column" anklicken. Alle Themes die nun erscheinen, haben in ihrem Stylesheet den Tag „two-columns" hinterlegt. Unter https://make.wordpress.org/themes/handbook/review/required/theme-tags/ finden Sie eine Liste der Schlagworte, welche Sie verwenden können.

Dummy-Data

Eine kurze, aber hilfreiche Anmerkung, bevor wir vollends in das Theme-Design einsteigen: WordPress liefert zum „Theme Unit Test" eine XML-Datei mit Dummy-Daten aus.[17] Diese sind bei der Entwicklung von WordPress-Themes eine großartige Hilfe. Im WordPress-Admin kann man über Werkzeuge > Import die XML-Daten einspielen. Damit haben Sie sofort einen Blog mit jeder Menge Artikeln, mit deren Hilfe Ihr Theme getestet werden kann. Viele Beiträge

---

16. https://wordpress.org/themes/
17. https://codex.wordpress.org/Theme_Unit_Test

enthalten besondere Situationen, so dass Sie Ihr Theme auch auf Probleme wie überlange Titel, Beiträge mit jeder Menge Schlagworten und Kategorien und so weiter überprüfen können. Importieren Sie diese Datei deshalb, Sie werden sehen, dass sie Ihnen das Leben erleichtern wird.

Die Theme-Grundstruktur

Grundlegend wird von WordPress die Idee verfolgt, dass die einzelnen Sektionen einer WordPress-Seite von bestimmten PHP-Dateien verarbeitet werden, den sogenannten Template-Dateien. So ist die *single.php* im Theme-Verzeichnis beispielsweise für die Darstellung von Blogbeiträgen verantwortlich. An dieser Grundstruktur werden wir uns in unserer Darstellung orientieren. Ein Theme besteht demnach aus folgenden Dateien:

Datei	Funktion
style.css	Das Stylesheet des Themes.
rtl.css	Wird eingebunden, sobald die Schrift von rechts nach links läuft (beispielsweise Hebräisch).
index.php	Die zentrale Template-Datei. Diese bildet, zusammen mit der *style.css* die Mindestvoraussetzung für ein funktionierendes Theme.
header.php	Übernimmt die Darstellung des Seitenkopfs.
footer.php	Übernimmt die Darstellung des Seitenfußes.
comments.php	Das Kommentar-Template.
front-page.php	Das Startseiten-Template.
home.php	Die Blog-Startseite.
single.php	Das Template für die einzelnen Blogbeiträge.
single-{post-type-slug}.php	Wenn Sie benutzerdefinierte Posttypen verwenden, so werden diese mit Hilfe der jeweiligen *single-{post-type-slug}.php* gerendert. Dabei ersetzen Sie {post-type-slug} natürlich durch den Bezeichner Ihres Posttypen.
page.php	Übernimmt die Darstellung von Seiten.

Datei	Funktion
category.php	Übernimmt die Darstellung von Kategorie-Übersichten.
tag.php	Übernimmt die Darstellung von Schlagwort-Übersichten.
taxonomy.php	Übernimmt die Darstellung von Taxonomien.
author.php	Übernimmt die Darstellung der Autoren-Seiten, auf welchen die Beiträge eines einzelnen Autors dargestellt werden.
date.php	Wird genutzt, wenn ein bestimmtes Datum oder eine bestimmte Uhrzeit abgefragt wird.
archive.php	Übernimmt die Darstellung des Archivs.
search.php	Übernimmt die Darstellung von Suchergebnissen.
attachment.php	Übernimmt die Darstellung von Medienanhängen.
image.php	Handelt es sich bei dem Medienanhang um ein Bild, kann man dieses auch mit der *image.php* darstellen lassen.
404.php	Übernimmt die Darstellung, wenn eine Seite nicht gefunden wurde.
sidebar.php	Übernimmt die Darstellung der Sidebars.
sidebar-{sidebar-slug}.php	Übernimmt die Darstellung einer bestimmten Sidebar, welche im Theme registriert wurde.
functions.php	Dient der Registrierung von Theme-Funktionen wie Menüs, Sidebars und so weiter.

Prinzipiell benötigen Sie für ein funktionierendes Theme allerdings nur zwei Dateien: die *style.css*, sowie die *index.php*. Sie werden allerdings schnell feststellen, dass Sie damit nur sehr begrenzte Layouts generieren können oder aber einen ziemlich unübersichtlichen Quellcode produzieren müssen, der sich in unzähligen `if( )`-Verschachtelungen zergliedert.

Um kurz zu erläutern, wie es möglich ist, dass zwei Dateien zur kompletten Darstellung eines Themes ausreichen, sollten Sie wissen, dass die Template

Dateien in einer hierarchischen Ordnung zueinanderstehen. Sagen wir, Sie haben Beiträge vom Posttyp `produkte`[18]. Wenn der Besucher nun auf eine solche Beitragsseite kommt, wird WordPress prüfen, ob eine Datei *single-proukte.php* im Themeverzeichnis existiert. Ist dies der Fall, so wird die Seite über diese Datei gerendert. Existiert diese Datei nicht, so wird geprüft, ob eine *single.php* vorhanden ist. In diesem Fall würde die Seite dann über die *single.php* gerendert. Ist auch diese nicht vorhanden, so würde die Seite schließlich über die *index.php* gerendert. Dasselbe gilt für die unterschiedlichen Übersichtsseiten. Nehmen wir an, Ihr Posttyp `produkte` verfügte über ein eigenständiges Klassifikationsschema[19] `produktkategorie`. Sagen wir, es gibt die Produktkategorie `rotweine`. Wenn der Besucher nun die Übersicht aller Rotweine aufruft, so wird WordPress zunächst prüfen, ob eine *taxonomy-produktkategorie-rotweine.php* existiert, danach, ob eine *taxonomy-produktkategorie.php* existiert, danach, ob eine *taxonomy.php* existiert, danach, ob eine *archive.php* existiert und schließlich, ob eine *index.php* existiert. Die letzte Prüfung ist also immer, ob eine *index.php* existiert. Aus diesem Grund reichen zwei Dateien aus, um ein komplettes Theme zu realisieren.

Einbinden des Seitenkopfs	
Durchlaufen des WordPress Loops	Einbinden der Sidebar
Einbinden des Seitenfußes	

Abbildung 7: Aufbau einer Template-Datei

---
18. Mehr zum Posttyp Konzept erfahren Sie in dem entsprechenden Kapitel ab Seite 159.
19. Dieses Konzept wird näher im Taxonomien-Kapitel ab Seite 137 erläutert.

Aufbau einer Template-Datei

Eine typische WordPress-Seite besteht aus vier Teilen: Dem Seitenkopf, dem Seitenkörper, der Sidebar und dem Seitenfuß. Der Kopf wird in der *header.php* generiert, der Fuß in der *footer.php* und die Sidebar in der *sidebar.php*.

Der jeweilige Körper schließlich wird innerhalb der eigentlichen Template-Datei gerendert. Daraus ergibt sich der Aufbau aus Abbildung 7. Bis auf den Seitenkörper werden die restlichen Bestandteile dabei über Template-Tags eingebunden: get_header( ), get_sidebar( ) und get_footer( ).

So könnte die *index.php* also wie folgt aussehen:

```php
<?php
get_header();
if( have_posts() ):
    while( have_posts() ):
        the_post();
        ?>
        <h2>
            <a href="<?php the_permalink(); ?>">
                <?php the_title(); ?>
            </a>
        </h2>
        <?php the_content();
    endwhile;
endif;

get_sidebar();
get_footer();
```

themes/basic-theme/index.php

Im ersten Schritt binden wir den Seitenkopf ein. Im nächsten Schritt durchlaufen wir den WordPress-Loop, um danach unsere Sidebar einzubinden und schließlich den Fuß der Seite. In den nächsten Abschnitten wenden wir uns dem Seitenkopf, dem Fuß, sowie der Sidebar zu. Hier wollen wir uns zunächst noch ein wenig beim eigentlichen Inhalt einer Seite aufhalten. Egal, ob Sie sich auf der *single.php*, der *index.php* oder einer Archiv-Seite befinden, der Inhalt wird immer über den sogenannten WordPress Loop ausgegeben. Über dieses zentrale Konzept von WordPress werden sämtliche Inhalte ausgegeben. Deshalb werden wir im entsprechende Kapitel „Der Loop: Darstellung von Seiten und Posts" (S. 103) im Detail auf dieses Konzept eingehen, so dass wir den Loop hier nur kurz besprechen. Zunächst prüfen wir mit `have_posts()`, ob auf der Seite überhaupt Beiträge angezeigt werden. Dies ist eigentlich immer der Fall, es sei denn, der Besucher gibt eine URL ein, welche keine Inhalte enthält oder er führt eine Suche aus, die keine Beiträge findet. Solange nun Beiträge vorhanden sind (`while have_posts()`), möchten wir diese darstellen. Auf einer einfachen Beitragsseite, auf der nur ein Artikel angezeigt wird, wird diese Schleife also nur einmal durchlaufen. Auf Übersichtsseiten jedoch so lange, bis alle Beiträge der Übersicht dargestellt sind. Innerhalb der Schleife richten wir mit `the_post()` den aktuell darzustellenden Beitrag ein. Titel, Inhalt, Beitragsbilder, Schlagworte und vieles mehr werden wir mit sogenannten Template Tags darstellen. So wird `the_title()` den Titel des aktuellen Beitrags auf den Bildschirm schreiben, `the_permalink()` wird die URL zum aktuellen Beitrag ausgeben und so weiter. Mit `the_post()` wird der aktuelle Beitrag vorbereitet, damit diese Template Tags korrekt funktionieren.

Der obige Code wäre nicht nur für die *index.php* vollständig, sondern genauso für die *single.php*, obwohl dort nur ein einziger Beitrag zu sehen sein soll. Auch dort nutzt man die `while()`-Schleife, damit beispielsweise der Action-Hook `'loop_end'` am Ende aufgerufen wird.

Der Seitenkopf: header.php

Mit `get_header()` wird in den einzelnen Template-Dateien der Seitenkopf eingebunden. Dies bedeutet im Wesentlichen, dass die *header.php* eingebunden wird. Wenn Sie verschiedene Seitenköpfe haben, beispielsweise einen für die Startseite und einen anderen für eine 404 NOT FOUND Seite, so können Sie über einen Parameter spezifizieren, welchen Seitenkopf Sie einbinden möchten. Haben Sie beispielsweise eine *header-home.php* angelegt, würde diese mittels `get_header( 'home' );` eingebunden, eine *header-404.php* würden Sie über `get_header( '404' )` einbinden.

Doch, welche Informationen müssen in der Seitenkopf-Datei angelegt sein? Schauen wir uns dazu einen Ausschnitt aus der *header.php* des WordPress Themes „Twenty Fifteen" an:

```php
<?php
/**
 * The template for displaying the header
 */
?><!DOCTYPE html>
<html <?php language_attributes(); ?> class="no-js">
<head>
  <meta charset="<?php bloginfo( 'charset' ); ?>">
  <meta name="viewport" content="width=device-width">
  <link rel="profile" href="http://gmpg.org/xfn/11">
  <link rel="pingback" href="<?php bloginfo( 'pingback_url' ); ?>">
  <!--[if lt IE 9]>
  <script src="<?php
  echo esc_url( get_template_directory_uri() );
  ?>/js/html5.js"></script>
  <![endif]-->
  <script>
    (function(){document.documentElement.className='js'})();
  </script>
  <?php wp_head(); ?>
</head>
<body <?php body_class(); ?>>
```

themes/basic-theme/header.php

Zunächst kommentieren die Autoren die Datei, was natürlich optional ist, anderen Nutzern aber später ein besseres Verständnis gibt, was in dieser Datei passiert. Danach geht es direkt in den HTML-Code und der typische HTML-Kopf wird erstellt. Allerdings, schon hier, ist WordPress aktiv und greift mit Hilfe von PHP-Funktionen in die Gestaltung des Codes ein.

Zunächst finden wir `language_attributes()`. Je nachdem, welche Sprache während der Installation gewählt wurde, wird an dieser Stelle dann das entsprechende Sprachattribute gesetzt. Für eine deutsche Webseite würde hier also lang="de-DE" stehen und damit dem Browser und auch Suchmaschinen verdeutlicht, in welcher Sprache die Seite verfasst ist. Man kann dabei entweder 'xhtml' oder 'html' (Standard) an die Funktion übergeben. Im Falle eines XHTML-Dokuments wird noch das xml:lang-Attribut mit ausgegeben.

Das nächste Mal greift WordPress bei der Definition des Zeichensatzes ein. Dieser ist normalerweise, aber nicht zwingend, UTF-8. Mit `bloginfo( 'charset' );` wird der aktuelle Schriftsatz im `<meta charset="">`-Element ausgegeben.

Um den Pingback-Mechanismus korrekt funktionieren zu lassen wird als nächstes mitgeteilt, wie die URL zum Pingback lautet. Dies erfolgt mit
`<link rel="pingback" href="<?php bloginfo( 'pingback_url' ); ?>">`

Wenn ein anderer WordPress-Blog sich nun auf einen bestimmten Beitrag unserer Seite bezieht, so wird ein automatischer Ping an unsere Seite gesandt. Je nachdem, ob wir das zulassen oder nicht, wird in unseren Kommentaren automatisch ein Link auf den referenzierenden Blogbeitrag angelegt.

Danach erfolgt die Einbindung eines Scripts. Wie Sie sehen, wird dieses Script nicht einfach als URL eingebunden, sondern mit Hilfe von `get_template_directory_uri()`, welches den URL-Pfad zum Theme zurückgibt, konstruiert. Die gesamte URL wird dabei mit `esc_url()` ausgegeben.

Danach folgt die äußerst interessante Funktion `wp_head()`. Über diese Funktion werden sämtliche HTML-Elemente geladen, welche sich über den Action-Hook `'wp_head'` in das System einhaken. Dazu gehören beispielsweise auch die Scripte und Styles, welche mittels der `wp_enqueue_script()` und `wp_enqueue_style()` eingehakt wurden. Auch das `<title>`-Element wird hier generiert.

Damit WordPress den `<title>` selbstständig kreiert ist es notwendig, dass wir in unserem Theme in der *functions.php* WordPress dazu veranlassen. Vor WordPress 4.1 wurde dieses Element noch mit Hilfe von `<title><?php wp_title(); ?></title>` erzeugt. Damit der Titel aber besser über Plugins gesteuert werden kann, entschied man sich, den Titel komplett über WordPress zu erzeugen.[20] Sie sollten deshalb WordPress die Konstruktion des Titels überlassen und in der *functions.php* folgende Information hinterlegen:[21]

```
<?php
function title_tag_laden() {
    add_theme_support( 'title-tag' );
}
add_action( 'after_setup_theme', 'title_tag_laden' );
```
themes/basic-theme/inc/title.php

---

20. https://make.wordpress.org/core/2014/10/29/title-tags-in-4-1/
21. Wenn Sie in das Repository schauen, werden Sie sehen, dass wir die *inc/title.php* in der *functions.php* einbinden. Das ist natürlich auch möglich.

Auf die `add_theme_support()`-Funktion werden wir später noch näher eingehen (S. 74). Die `wp_head()`-Funktion sollten Sie direkt vor dem abschließenden `</head>` platzieren.

Im `<body>`-Tag finden wir abschließend noch die Funktion `body_class()`, welche die WordPress typischen Klassen für das Element erzeugt. Wenn Sie sich auf einer Blogbeitragsseite befinden, so wird das `<body>`-Element beispielsweise die Klasse `.single-post` erhalten.

Nach dem HTML-Head folgt nun für gewöhnlich die HTML-Struktur für den Seitenkopf, in welchem mit `bloginfo('name')` und `bloginfo('description')` der Blogname und seine Beschreibung auftauchen. Je nachdem, wie Sie Ihr Theme gestalten, können Sie hier natürlich auch ein Logo platzieren, Menüs und vieles mehr.

Der Seitenfuß: footer.php

Mit `get_footer()` wird die *footer.php* eingebunden. Wie schon bei der Einbindung des Seitenkopfes, können Sie hier auch den Namen eines Seitenfußes übergeben und sind so variabel in der Darstellung des Seitenfußes. Wenn Sie also eine *footer-home.php* für Ihre Startseite haben, können Sie diese in der *front-page.php* mit `get_footer('home');` einbinden.

Die *footer.php* schließt sämtliche offenen Elemente ab, setzt den Seitenfuß, beispielsweise mit den Credits, um welches Theme es sich handelt und das es „proudly by WordPress gepowered" wird und so weiter. Schließlich wird hier das HTML-Dokument beendet, indem das `<body>`- und das `<html>`-Element abgeschlossen werden. Direkt vor dem `</body>` wird dabei noch der Befehl `wp_footer()` eingebunden, mit dem sämtliche Aktionen ausgeführt werden, welche sich in den Action Hook `'wp_footer'` eingebunden haben. Dies sind beispielsweise Scripte, die erst am Ende der Seite eingebunden werden sollen, aber auch die Admin-Bar für eingeloggte User und anderes.

Eine minimale *footer.php* sieht demnach wie folgt aus:

```
<?php wp_footer(); ?>
</body>
</html>
```

themes/basic-theme/footer.php

Sidebars erstellen

Wir haben schon gelernt, wie man Widgets erstellt, um diese in einer Sidebar unterzubringen. In diesem Abschnitt möchten wir uns nun darauf konzentrieren, Sidebars in Themes einzubinden. Dazu müssen wir zunächst eine Sidebar registrieren. Zur Registrierung von Sidebars dient – neben anderem – die *functions.php* oder eine andere PHP-Datei, welche über die *functions.php* eingebunden wird.

Im Action-Hook `'widgets_init'` greift man dazu auf die Funktion `register_sidebar()`, beziehungsweise `register_sidebars()` zurück:

```php
<?php
function sidebar_registrieren() {
    register_sidebar( array(
        'name' => 'Haupt-Sidebar',
        'id' => 'sidebar-1',
        'description' => 'Beschreibung der Hauptsidebar.',
        'before_title' => '<h2>',
        'after_title' => '</h2>',
        'before_widget' => '<li>',
        'after_widget' => '</li>',
    ) );
}
add_action( 'widgets_init', 'sidebar_registrieren' );
```

themes/basic-theme/inc/register-sidebar.php

Dazu übergibt man der Funktion einen Array an Konfigurationsargumenten.

Parameter	Bedeutung
name	Der Name der Sidebar
id	Der Identifikator der Sidebar
description	Eine Beschreibung der Sidebar
class	Die CSS-Klasse der Sidebar
before_widget	HTML-Code vor dem Widget
after_widget	HTML-Code nach dem Widget
before_title	HTML-Code vor dem Widget Titel
after_title	HTML-Code nach dem Widget Titel

Wenn Sie gleich mehrere Sidebars auf einmal registrieren möchten, können Sie auf `register_sidebars()` zurückgreifen. Als erstes Argument übergeben Sie dabei die Anzahl der zu registrierenden Sidebars, das zweite Argument enthält die Konfigurationsargumente, wie Sie sie schon kennen:

```php
<?php
register_sidebars(
    2,
    array('name'=>'Sidebar %d')
);
```

%d wird dabei in jeder Sidebar durch deren Nummer ersetzt. Der Name 'Sidebar %d' wird also mit 'Sidebar 1' und 'Sidebar 2' übersetzt. Bei dem Argument 'id' wird die Nummer der Sidebar automatisch angehängt und die Verwendung von %d ist überflüssig.

Sagen wir, Sie möchten die Sidebar als eine Liste erstellen, wie beispielsweise hier:

```html
<ul class="sidebar">
    <li>
        <h2>Widget Titel</h2>
        Widget Inhalt
    </li>
    <li>
        <h2>2. Widget Titel</h2>
        Widget Inhalt
    </li>
</ul>
```

Um dies zu erreichen müssten Sie 'before_widget' mit '<li>' und 'after_widget' mit '</li>' ausweisen. 'before_title' würde '<h2>' und 'after_title' würde '</h2>' beinhalten. Nachdem Sie nun Ihre Sidebar registriert haben, geht es im nächsten Schritt darum, eine *sidebar.php* zu erstellen. Diese sähe für unsere unsortierte Liste oben im Wesentlichen so aus:

```php
<?php if ( is_active_sidebar( 'sidebar-1' ) ): ?>
    <ul class="sidebar">
        <?php dynamic_sidebar( 'sidebar-1' ); ?>
    </ul>
<?php endif; ?>
```

themes/basic-theme/sidebar.php

Zunächst prüfen Sie mit `is_active_sidebar()`, ob diese Sidebar aktiv ist. Die Funktion gibt also zurück, ob Widgets in der entsprechenden Sidebar platziert wurden. Wenn dies der Fall ist, geben Sie die Sidebar mit `dynamic_sidebar()` aus. Beide Befehle erwarten den Identifikator der Sidebar als Parameter.

Im letzten Schritt muss die Sidebar nun noch an den Stellen eingebunden werden, an welchen sie erscheinen soll. Dies kann in der *header.php*, der *footer.php* oder jeder anderen Template-Datei der Fall sein, indem dort einfach *get_sidebar();* gesetzt wird. Wie schon bei `get_header()` und `get_footer()` kann man auch an `get_sidebar()` einen Namen übergeben. Wenn Sie beispielsweise eine *sidebar-home.php* erstellt haben, in welcher ein bestimmter Code ist, welcher nur auf der Startseite zu sehen sein soll, dann würde es Sinn machen dies in der *front-page.php* mit Hilfe von `get_sidebar('home');` einzubinden.

Einen Beitrag darstellen: Die single.php

Die *single.php* dient der Darstellung von Beiträgen aber auch von benutzerdefinierten Posttypen. In der Hierarchie der Template-Dateien rangiert deshalb eine *single-{post-type}.php*-Datei vor der *single.php*. Wie auch alle anderen Template-Dateien enthält diese nun den kompletten HTML-Code, um die Seite eines einzelnen Beitrags zu rendern. Der Code für Kopf, Fuß und Sidebar der Seite werden dabei natürlich über die entsprechenden Template-Tags eingefügt, welche wir schon kennengelernt haben. Somit bleibt die Darstellung des eigentlichen Beitrags, welcher über den WordPress Loop dargestellt wird. Insofern ist folgender Code vollkommen ausreichend zur Darstellung eines Blogbeitrags:

```php
<?php
get_header();
if( have_posts() ):
        while( have_posts() ):
                the_post();
                ?>
                <h1><?php the_title(); ?></h1>
                <?php the_content();
        endwhile;
endif;

get_sidebar();
get_footer();
```

Doch ein wenig mehr Struktur und vielleicht auch zusätzliche Informationen wären natürlich wünschenswert. Folgender Code wird unsere HTML-Ausgabe etwas besser strukturieren und darüber hinaus noch einige Meta-Informationen zu dem Beitrag, wie das Veröffentlichungsdatum, den Autoren und die Kategorien, welchen der Beitrag zugeordnet ist, darstellen:

```php
<?php get_header(); ?>
<div id="container">
  <?php
  if (have_posts()) :
    while (have_posts()) : the_post(); ?>
      <article
            id="post-<?php the_ID(); ?>"
            <?php post_class(); ?>
      >
        <header>
          <h2><?php the_title(); ?></h2>
          <div class="meta">
            <p>
              erstellt am: <?php the_date('d.m.Y'); ?> |
              von: <?php the_author(); ?> |
              Kategorie(n): <?php the_category(', '); ?>
            </p>
          </div>
        </header>
        <div class="entry">
          <?php the_content(); ?>
        </div>
      </article>
    <?php endwhile;
  endif;
  ?>
</div>
<?php
get_sidebar();
get_footer();
```

themes/different-views/single.php

So wrappen wir hier unseren Beitrag in ein `article#post-$id`, wobei wir mit `the_ID()` die aktuelle Post ID ausgeben. Das `article`-Element erhält zusätzlich noch mit Hilfe von `post_class()` das `class`-Attribut mit einem Satz von CSS-Klassen, welche WordPress dem Beitrag zuordnet, beispielsweise wird der Posttyp als Klasse übergeben, die Kategorie und einige andere Informationen. Die Meta-Informationen werden in `div.meta` platziert, sowie der Text in `div.entry`. `the_date()` gibt das Veröffentlichungsdatum aus. Über einen Parameter können wir dabei das Format bestimmen. Die Formatierungsregeln sind dabei dieselben, die auch PHP bei `date()` entgegennimmt.[22] Wird kein Format bestimmt, greift WordPress auf die Regel zurück, welche der Administrator in Einstellungen > Allgemein hinterlegt hat. `the_author()` gibt den Beitragsautoren aus. Sie könnten auch `the_author_link()` verwenden und so den Autorennamen gleich mit der Autoren-Übersichtsseite verlinken, welche sämtliche Beiträge des Autors auflisten würde. `the_category()` gibt sämtliche Kategorien aus, welchen der Beitrag zugeordnet ist. Als Parameter übergeben wir dabei ', ', um diese unterschiedlichen Kategorien kommasepariert auszugeben. Die einzelnen Kategorien sind zugleich auf die Kategorie-Übersichtsseiten verlinkt.

Da Blogbeiträge in einer zeitlichen Abfolge erscheinen, hat es sich eingebürgert, in einem Blogbeitrag auf den vorangegangenen oder den nachfolgenden Beitrag zu verweisen. Lassen Sie uns unser Template deshalb entsprechend erweitern:

```php
<?php get_header(); ?>
  <div id="container">
    <?php
    if ( have_posts() ) :
      while ( have_posts() ) : the_post();
      /**
       * Code
       **/
      endwhile; ?>
      <div class="post-navigation">
          <?php the_post_navigation(); ?>
      </div> <?php
    endif;
    ?>
  </div>

<?php
get_sidebar();
get_footer();
```

themes/different-views/single.php

In WordPress 4.1 wurde dazu der Befehl `the_post_navigation()` eingeführt, welcher automatisch den vorangegangenen und nachfolgenden Post verlinkt. Man kann die Darstellung der Navigation dabei über einen Argumenten-Array steuern, welchen man an die Funktion übergibt:

---

22. http://php.nct/manual/de/function.date.php

Argument	Funktion
`prev_text`	Der Linktext für den vorangehenden Beitrag. Der Platzhalter `%title` wird dabei durch den Titel des Beitrags ersetzt.
`next_text`	Der Linktext für den nachfolgenden Beitrag. Der Platzhalter `%title` wird dabei durch den Titel des Beitrags ersetzt.
`screen_reader_text`	Die Navigation erhält standardmäßig die Überschrift „Beitragsnavigation", welche insbesondere für Screenreader interessant ist, bei denen sich die Bedeutung der Navigation nicht sogleich aus dem Layout erschließt. Hier können sie diese Überschrift ändern. Normalerweise, da sich die Funktion der Links über das Layout erschließt, blendet man diesen Text via CSS aus. `screen_reader_text`-Texte werden mit der Klasse `.screen-reader-text` ausgeliefert, welche man via CSS ausblendet.[23]
`in_same_term`	Wenn Sie diesen Boolean auf `true` setzen werden ausschließlich Beiträge aus einer der Kategorien gezogen, in welcher auch der aktuelle Beitrag eingeordnet ist.
`taxonomy`	Hier können Sie festlegen, auf welche Taxonomy `in_same_term` zurückgreift. Der Standard ist hierbei `category`
`exclude_terms`	Hiermit können Sie Beiträge aus bestimmten Kategorien ausschließen. Dazu übergeben Sie einen Array mit den Term-IDs.

---

[23] Beispiel:
```
.screen-reader-text{
  clip: rect(1px, 1px, 1px, 1px);
  position: absolute !important;
  height: 1px;
  width: 1px;
  overflow: hidden;
}
```

Wir könnten also unsere Navigation folgendermaßen individualisieren:

```php
<?php
the_post_navigation(
        array(
                'next_text' => '%title &raquo;',
                'prev_text' => '&laquo; %title',
                'screen_reader_text' => 'Weitere Beiträge',
        )
);
```

Arbeiten mit Template-Teilen

Häufig verwenden Sie in den unterschiedlichen Template-Dateien immer wieder den gleichen Code zur Darstellung von Inhalten. Hier die Überschrift, da der Text, hier den Autoren, da das Datum und so weiter und so fort. In WordPress 3.0 führte man deshalb `get_template_part()` ein. Dabei handelt es sich um den Verweis auf eine Datei, in welcher man sich wiederholende Codes zu einem einzigen Code zusammenfassen kann. Wenn also der Code, welcher innerhalb des Loops die Darstellung des Beitrags übernimmt auf den Übersichtsseiten identisch ist mit dem auf den Beitragsseiten, so böte es sich an, diesen in einer Template-Datei auszulagern, um ihn mit `get_template_part()` aufzurufen. Legen wir dazu unseren Code in der Datei *content.php* ab:

```php
<article
    id="post-<?php the_ID(); ?>"
    <?php post_class(); ?>
>
    <header>
        <h2><?php the_title(); ?></h2>
        <div class="meta">
            <p>
                erstellt am: <?php the_date('d.m.Y'); ?> |
                von: <?php the_author(); ?> |
                Kategorie(n): <?php the_category(', '); ?>
            </p>
        </div>
    </header>
    <div class="entry">
        <?php the_content(); ?>
    </div>
</article>
```

themes/get-template-parts/content.php

Nun könnten wir diesen Code in unseren Loops wie folgt einbinden:

```php
<?php
while( have_posts() ): the_post();
        get_template_part( 'content' );
endwhile;
```
themes/get-template-parts/index.php

Wenn wir den Code ändern möchten, müssen wir dies nur an einer einzigen Stelle machen und die Änderungen würden auf allen Seiten – sei es Kategorien- oder Beitragsseiten – automatisch übernommen.

Nehmen wir an, Sie würden mit unterschiedlichen Beitragsformaten[24] arbeiten, so könnten Sie für jedes Beitragsformat eine eigene *content.php* anlegen, beispielsweise *content-link.php*, *content-aside.php* und so weiter. get_template_part() kann zwei Parameter aufnehmen, der erste wird Slug genannt und der zweite Name. Der Slug bezeichnet den Teil des Dateinamens vor dem Bindestrich, der Name bezeichnet den Teil des Dateinamens nach dem Bindestrich. Sie könnten also mit get_template_part('content', 'aside'); auf die *content-aside.php* zugreifen. Eine beispielhafte Anwendung im Loop sähe so aus:

```php
<div id="container">
        <?php
        if (have_posts()) :
                while (have_posts()) : the_post();
                        get_template_part(
                                'content',
                                get_post_format()
                        );
                endwhile;
        endif;
        ?>
</div>
```

Mit get_post_format() erhalten Sie das Beitragsformat für jeden Post automatisch und hätten so dynamischen Zugriff auf die unterschiedlichen Darstellungsweisen.

---

24. Zu dem Thema Beitragsformate erfahren Sie mehr im theme_support()-Abschnitt (S. 74).

Kommentare einbinden

Was wären Blogs ohne eine Kommentarfunktion? Wie Sie sich denken können verfügt WordPress – da es als Blogsystem angefangen hat – über eine hervorragende Kommentarschnittstelle. In diesem Abschnitt wollen wir uns damit beschäftigen, in unserer *single.php* diese Kommentare einzubinden. Deshalb erweitern wir die Datei entsprechend:

```
<?php get_header(); ?>
  <div id="container">
    <?php
    if (have_posts()) :
      while (have_posts()) : the_post();
        get_template_part( 'content', get_post_format() );
        ?>
        <div class="post-navigation">
          <?php
          the_post_navigation(
            array(
              'next_text' => '%title &raquo;',
              'prev_text' => '&laquo; %title',
              'screen_reader_text' => 'Weitere Beiträge'
            )
          );
          ?>
        </div>
        <?php
        if ( comments_open() ) :
          comments_template();
        endif;
      endwhile;
    endif;
    ?>
  </div>
<?php get_sidebar();
get_footer();
```

themes/with-comments/single.php

Sie sehen unseren neuen Bereich unterhalb unserer Beitragsnavigation:

```
if ( comments_open() ) :
  comments_template();
endif;
```

Mit `comments_open()` fragen wir zunächst, ob der aktuelle Beitrag überhaupt Kommentare zulässt. Nur in diesem Fall möchten wir das Kommentar-Template anzeigen lassen, welches wir mit `comments_template()` aufrufen. Normalerweise ist das Template im Theme-Verzeichnis unter *comments.php* abgelegt. Wir können aber über den ersten Parameter auch eine andere Datei als Template-Datei benennen. Als zweiten – ebenfalls optionalen – Parameter können wir mit einem Boolean festlegen, ob die unterschiedlichen Kommentar-Typen (Kommentar, Trackback, Pingback) separiert dargestellt werden sollen (`true`) oder nicht (`false`, Standard). In unserem Beispiel lokalisieren wir unser Template also in der *comments.php*-Datei. Werfen wir einen Blick darauf:

```php
<div id="kommentare">
  <?php if ( have_comments() ) : ?>
    <h2 class="kommentar-titel">
      <?php
      echo get_comments_number(); ?> Kommentar(e)
    </h2>
    <ol class="kommentar-liste">
      <?php
      wp_list_comments( array(
        'style'       => 'ol',
        'short_ping'  => true,
        'avatar_size' => 56,
      ) );
      ?>
    </ol>
  <?php else: ?>
    <p class="keine-kommentare">
      Noch keine Kommentare vorhanden.
    </p>
  <?php endif; ?>

  <?php comment_form(); ?>
</div>
```
themes/with-comments/comments.php

Im ersten Schritt fragen wir mit `have_comments()`, ob der Post überhaupt Kommentare enthält. Sollte dies nicht der Fall sein, so geben wir eine kleine Textzeile aus, dass noch keine Kommentare vorhanden sind. Sollte dies hingegen der Fall sein, so erzeugen wir eine Überschrift, welche mit Hilfe von `get_comments_number()` ausgibt, wie viele Kommentare bereits vorhanden sind. Danach erstellen wir via `wp_list_comments()` eine Liste, in welcher die Kommentare erscheinen. Dabei übergeben wir (optional) einen Argumenten-

Array. Wir erläutern der Funktion, dass die Ausgabe innerhalb einer sortierten Liste (`'style' => 'ol'`) erfolgen soll, dass Pingbacks und Trackbacks dargestellt werden sollen (`'short_ping' => true`) und dass die Größe der Autorenbilder – sofern vorhanden – auf 56 Pixel begrenzt sein sollen (`'avatar_size' => 56`). Ein Autorenbild wird dann dargestellt, wenn der Kommentator die genutzte Email-Adresse auf gravatar.com mit einem Bild verknüpft hat. Gravatar ist ein Webservice von Automattic, der Firma, welche auch hinter wordpress.com steht. Der Name steht für Globally Recognized Avatar. Auf der Seite wird der Service wie folgt beschrieben: „Dein Gravatar ist ein Bild, das dich von Website zu Website begleitet. Es erscheint neben deinem Namen, wenn du Kommentare oder Beiträge in Blogs verfasst. Avatare helfen dabei, deine Beiträge in Blogs und Webforen zu identifizieren, warum also nicht auf jeder Website?"[25] WordPress nutzt Gravatar auch für weitere Funktionen wie beispielsweise `get_avatar()`. An diese Funktion können Sie eine Benutzer-ID (beispielsweise die von Autoren) oder eine Email-Adresse übergeben und erhalten dann das Bild als `<img>`-Tag zurück. So könnten wir auch unsere Beitrags-Metadaten wie folgt erweitern:

```
<div class="meta">
  <p>erstellt am: <?php the_date('d.m.Y'); ?> |
    von:
    <?php echo get_avatar( get_the_author_meta( 'ID' ), 32 ); ?>
    <?php the_author(); ?>|
    Kategorie(n): <?php the_category(', '); ?></p>
</div>
```

Nun würde nicht nur der Autorenname, sondern auch sein Avatar in der Größe von 32 Pixeln darstellen. Die ID des Autoren erhalten wir dabei, indem wir `get_the_author_meta()` verwenden. Mit dieser Funktion erhalten wir standardisierte Meta-Daten eines Autoren, wie seine ID (`'ID'`), oder auch seine Email (`'user_email'`), seinen anzuzeigenden Namen (`'display_name'`) oder seine Biographie (`'description'`).[26]

Kehren wir aber zurück zu `wp_list_comments()`, denn mit dem Argumenten-Array können Sie noch weitere Einstellungen vornehmen. Diese Tabelle zeigt Ihnen eine komplette Übersicht:

---

25. https://de.gravatar.com/, aufgerufen am 28.10.2018
26. http://codex.wordpress.org/Function_Reference/get_the_author_meta

Argument	Funktion
walker	Hier können Sie eine eigene Walker-Klasse hinterlegen, welche die Kommentare durchgeht. Vergleiche dazu den Abschnitt „Walk the tree" (S. 374).
max_depth	Da Sie Kommentare beantworten können, entsteht dadurch eine bestimmte Tiefe. Hier können Sie festlegen, bis zu welcher Tiefe die Kommentare dargestellt werden sollen. Der Standartwert 0 sieht keine Begrenzung vor.
style	Hier geben Sie an, welches HTML-Objekt die Kommentarliste umgibt. Mögliche Optionen sind `'div'`, `'ol'` oder `'ul'` (Standard).
callback	Mit Hilfe einer Callback-Funktion können Sie hier die HTML-Ausgabe grundsätzlich ändern. An diese Funktion, deren Namen Sie hier angeben können, wird jeder einzelne Kommentar zum rendern übergeben.
end-callback	Hier können Sie den Namen einer Funktion angeben, welche dann am Ende jedes Kommentars aufgerufen wird, um den HTML-Block eines Kommentars abzuschließen. Wenn Sie hierüber eine Funktion einbinden, wird WordPress die in `style` hinterlegte Angabe ignorieren.
type	Geben Sie an, welche Art von Kommentaren Sie anzeigen möchten: Mit `'all'` (Standard) zeigen Sie alle Typen an, `'comment'` ist für Kommentare reserviert, `'trackback'` für Trackbacks, `'pingback'` für Pingbacks und `'pings'`, zeigt sowohl Trackbacks als auch Pingbacks an.
reply_text	Geben Sie hier an, welcher Text für den „Auf den Kommentar antworten"-Link Verwendung finden soll.
page	Falls sie via `'per_page'` die Anzahl der angezeigten Kommentare begrenzen, können Sie hier festlegen, auf welcher Seite Sie sich befinden. Damit können Sie auch für Kommentare eine Seitennavigation erstellen.
per_page	Wie viele Kommentare werden pro Seite dargestellt?
avatar_size	Die Größe des Autorenbildes.

Argument	Funktion
reverse_top_level	Mit true werden die neusten Kommentare als erste angezeigt, mit false werden die ältesten Kommentare als erste angezeigt.
reverse_children	Mit true werden die neusten Antworten auf einen Kommentar als erste angezeigt, mit false die ältesten.
format	Mit 'html5' weisen Sie WordPress an HTML5-Code auszugeben, mit 'xhtml' wird XHTML-Code ausgegeben. Dies können Sie auch mit add_theme_support() steuern.
short_ping	Ob Pingbacks und Trackbacks dargestellt werden sollen (true) oder nicht (false, Standard).
echo	Ob die Liste gleich auf den Bildschirm ausgegeben werden soll (true, Standard), oder aber als String zurückgegeben werden soll (false).

Sie sehen, Sie haben also eine ganze Reihe von Möglichkeiten, in die Ausgabe der Kommentare einzugreifen. Am Ende unseres Scripts fügen wir schließlich mit comment_form() noch das Kommentar-Formular an. Auch an diese Funktion können Sie einen umfangreichen Argumenten-Array übergeben und optional, falls Sie die Kommentare eines anderen Beitrags anzeigen wollen, beziehungsweise sich nicht im WordPress Loop befinden, die ID des Beitrags:

```php
<?php
$post_id = 1;
$args = array(
        'label_submit' => 'Kommentar senden',
);
comment_form( $args, $post_id );
```

Der Argumenten-Array:

Argument	Funktion
label_submit	Der Text des Abschicken-Buttons.
cancel_reply_link	Der Text des „Antwort abbrechen"-Links.

Argument	Funktion
`title_reply_to`	Der „Antworten"-Link-Text: Der Standard ist hier `'Leave a reply to %s'`, wobei %s als Platzhalter für den Namen des Kommentators dient, dem Sie antworten möchten.
`title_reply`	Die Überschrift des Kommentar-Formulars.
`id_submit`	Die ID des Abschicken-Buttons.
`id_form`	Die ID des Formulars.
`comment_notes_after`	Nach dem Textfeld erscheint für gewöhnlich ein Text, welchen HTML-Code man verwenden kann. Mit diesem Argument können Sie diesen Text ersetzen.
`comment_notes_before`	Hier können Sie den Text vor dem Formular ändern.
`logged_in_as`	Wenn ein Nutzer eingeloggt ist, so muss er seinen Namen und so weiter nicht mehr angeben, stattdessen steht hier ein Text: „Eingeloggt als...". Diesen Text können Sie hier ändern.
`must_log_in`	Wenn man nur eingeloggt einen Kommentar hinterlassen kann, so erscheint dieser Text.
`comment_field`	Der komplette HTML-Code für das textarea-Feld

`fields`	Hier können Sie das Eingabefeld für den Namen (`'author'`), die Email (`'email'`), sowie die Webseite (`'url'`) ändern. Dabei handelt es sich um einen Array, welcher übergeben werden muss. Der Array-Schlüssel gibt an, welches Feld Sie ändern möchten. Beispiel:
	``
	array(
	  'author' => 'Dein Name
	<input name="author"/>',
	  'url' => 'Deine Webseite
	<input name="url"/>',
	);
	``

Arbeiten mit Seiten: page.php

Abbildung 8: Templates im Editor auswählen

Neben Beiträgen sind Seiten ein zweites wichtiges Element in WordPress. Während Beiträge (`'post'`) aktuelle Blogartikel enthalten, sind Seiten (`'page'`) eher für statische Inhalte wie Impressums-, oder Kontaktseiten gedacht. Diese werden mit *page.php* gerendert. Sie können dabei letztlich genau wie bei *single.php* vorgehen.

Interessant am Seitenkonzept ist allerdings, dass statischen Seiten bestimmte Templates zugewiesen werden können. Dabei ist *page.php* das Standard-Template. Sagen wir, dieses enthält eine Sidebar und Sie möchten auch die Möglichkeit bieten, eine Seite zu veröffentlichen, auf der keine Sidebar platziert ist. Sie sehen in Abbildung 8 in der Attributen-Leiste die Selectbox „Template". Hier kann der Autor zwischen verschiedenen Templates auswählen. Zwischen welchen er dabei auswählen kann obliegt dem Theme-Autoren, also Ihnen. Wir haben in unserem Beispiel ein Template vorbereitet, mit welchem keine Sidebar zu sehen sein soll. Dazu haben wir eine neue Datei erstellt, welche *template-ohnesidebar.php* genannt wurde. Auch diese ist ganz ähnlich aufgebaut wie die *single.php* oder auch die *page.php*, mit nur einem Unterschied: wir verzichten auf `get_sidebar()` und geben unmittelbar oben den Templatenamen an:

```php
<?php
/* Template Name: Seite ohne Sidebar */
get_header(); ?>
  <div id="container">
    <?php
    if (have_posts()) :
```

```
        while (have_posts()) : the_post(); ?>
          <article
            id="post-<?php the_ID(); ?>"
            <?php post_class(); ?>
          >
            <h2><?php the_title(); ?></h2>
            <div class="entry">
              <?php the_content(); ?>
            </div>
          </article>
          <?php
        endwhile;
      endif;
      ?>
    </div>
<?php get_footer();
```

themes/different-views/template-ohnesidebar.php

Jede PHP-Datei im Theme-Verzeichnis, welches als Kommentar einen solchen Template-Namen angibt, wird von WordPress als Template-Datei für Seiten erkannt. Mit Hilfe von Templates können Sie also verschiedene Layout-Vorlagen für statische Seiten zur Verfügung stellen. Beliebt sind dabei zum Beispiel Seiten ohne Sidebars, Seiten von 100 Prozent Breite und so weiter.

Wie Sie sehen verzichten wir auch auf die Meta-Angaben, welche wir in der *single.php* Verwendung finden. Insbesondere the_category() ist auf statischen Seiten ohne Nutzen, da Seiten (es sei denn, wir definieren das später anders – siehe dazu das Taxonomien-Kapitel ab Seite 137) nicht in Kategorien eingeordnet werden.

Übersichtsseiten

Dateien wie *taxonomy.php*, *tags.php*, *category.php*, *date.php* oder *archive.php* sind allesamt Übersichtsseiten. *category.php* gibt beispielsweise die Übersicht für bestimmte Kategorien aus, *tags.php* für bestimmte Schlagworte, *taxonomy.php* für bestimmte andere Taxonomien und so weiter. Wie können solche Übersichtsseiten nun aussehen? Nehmen wir dazu folgendes Beispiel:

```
<?php get_header(); ?>
    <div class="uebersicht">
        <?php if ( have_posts() ) : ?>
```

```
            <header>
                <h1><?php the_archive_title(); ?></h1>
                <div class="beschreibung">
                    <?php the_archive_description(); ?>
                </div>
            </header>
            <?php
            while ( have_posts() ) : the_post();
                get_template_part( 'content' );
            endwhile;
            the_posts_pagination();
        endif;
        ?>
    </div>
<?php get_sidebar();
get_footer();
```

themes/different-views/archive.php

Im Prinzip kennen wir schon 90 Prozent des Codes, wir binden den Kopf ein, Sidebar und Fuß und lassen den WordPress Loop durchlaufen, wobei wir hier auf Template-Teile verweisen. Drei Befehle haben wir allerdings noch nicht kennen gelernt: the_archive_title() gibt den Titel des Archivs zurück, the_archive_description() die Beschreibung des Archivs und the_posts_pagination() erzeugt eine Seitennavigation.

the_archive_title() kann optional über zwei Parameter das HTML vor und nach dem Titel bestimmen:

<h1><?php the_archive_title(); ?></h1>
können Sie demnach auch so erzeugen:
<?php the_archive_title('<h1>', '</h1>'); ?>

Was man aber leider nicht über einen Parameter steuern kann ist die Ausgabe des Titels. Für eine Kategorie gibt die Funktion immer „Kategorie: Kategorienname" zurück und nicht einfach nur den Kategoriennamen. Deshalb sollten Sie sich auch mit den einzelnen Befehlen vertraut machen. single_cat_title() gibt den Titel einer Kategorie zurück und Sie können auf diesen Befehl in der *category.php* zurückgreifen. Auf single_tag_title() können Sie in der *tags.php* zurückgreifen, um den Titel des aktuellen Schlagworts zu ermitteln. get_the_author() funktioniert für die Autorenseite. single_term_title() funktioniert für alle Taxonomien. Mit get_the_date('Y') können Sie das aktuelle Jahr eines Jahresarchivs ausgeben, mit `get_the_date( 'F Y' )` erhalten Sie beispielsweise „Dezember 2014" für das entsprechende Monatsarchiv zurück und so weiter. Da diese Befehle die Titel schlicht zurückgeben müssen Sie – im Gegensatz zu `the_archive_title( )` - mit echo ausgegeben werden. Sollte Ihnen `the_archive_title( )` nicht zusagen, können Sie in den jeweiligen Template-Dateien auf diese einzelnen Befehle zurückgreifen.

Mit dem Befehl `the_posts_pagination( )` können Sie schnell und unkompliziert eine Seitennavigation umsetzen. Über einen Argumenten-Array können Sie das Aussehen der Navigation steuern:

Argument	Funktion
`mid_size`	Wie viele Seiten sollen um die aktuelle Seite herum angezeigt werden. Beispiel: 3 …, 22, 23, 24, **25**, 26, 27, 28, …
`prev_text`	Der Text für den „Vorherige Seite"-Link
`next_text`	Der Text für den „Nächste Seite"-Link
`screen_reader_text`	Die Überschrift der Navigation. Dies ist insbesondere für Screenreader interessant, da sich die Funktion der Links als Navigation für normale Benutzer über das Layout erschließt. Deshalb blendet man diesen Text für gewöhnlich via CSS aus. screen_reader_text-Texte werden mit der Klasse .screen-reader-text ausgeliefert, welche man via CSS ausblendet.

Eine Alternative zu `the_posts_pagination( )` bietet `previous_posts_link( )` und `next_posts_link( )`. Der Befehl `the_posts_pagination( )` baut eine Seitennavigation nach dem folgenden Muster auf:
« zurück 1, 2, 3, 4, 5, 6, 7 weiter »

Der Befehl `previous_posts_link( )` gibt hingegen nur den Link zu den jüngeren Einträgen zurück und `next_posts_link( )` den Link zu den älteren. Als Parameter können Sie dabei den Linktext übergeben.

Das Suchformular einbinden

Während die *search.php* letztlich genau wie alle anderen Template-Dateien funktioniert, ist es noch interessant, sich dem Suchformular zuzuwenden. Im Wesentlichen erfolgt die Suche über den GET-Parameter 's': www.example.com/?s=suchstring. Nichts leichter also, als ein solches Formular selbst zu erstellen. Sie können aber auch auf get_search_form( ) zurückgreifen. Dieser Befehl erstellt Ihnen automatisch das Standard-Suchformular von WordPress. Indem Sie über diese Standard-Ausgabe gehen, haben andere Plugin-Entwickler die Möglichkeit über Filter, wie beispielsweise 'get_search_form' auf dieses Formular zuzugreifen, um daran Änderungen vorzunehmen.

Theme-Funktionalität: Die functions.php

Wenn Ihr Theme Menüs, Beitragsbilder und so weiter verwenden soll, so müssen Sie diese Unterstützung natürlich bei WordPress anmelden. Dafür dient die *functions.php* im Root-Verzeichnis. Wenn diese existiert, wird sie automatisch geladen. Während die restlichen Dateien zum Großteil tatsächlich nur die Darstellung von Inhalten übernehmen ist gerade die *functions.php* für uns von großem Interesse.

Wir haben schon im „Sidebars erstellen"-Abschnitt einen kurzen Ausflug in diese Datei unternommen, um schnell eine Sidebar zu registrieren. Doch hier passiert natürlich noch einiges mehr. So werden hier sämtliche programmiertechnischen Einstellungen vorgenommen, die für ein Theme gelten sollen. Im Gegensatz zu den einzelnen Template-Dateien, welche nur geladen werden, wenn sie benötigt werden, lädt WordPress die *functions.php* mit jedem Seitenaufruf. So ist diese Datei genau der Ort, um beispielsweise Styles und Scripte zu registrieren:

```php
<?php
function theme_scripts() {
  $template = get_template_directory_uri();
  $url = "$template/style.css";
  wp_enqueue_style(
    'theme-styles',
    $url,
    array(),
    '1.0'
  );
}
add_action( 'wp_enqueue_scripts', 'theme_scripts' );
```

themes/functions/inc/scripts.php

add_theme_support()

Soll Ihr Theme Beitragsbilder unterstützen? Unterschiedliche Beitragsformate wie etwa Galerien oder die Möglichkeit dass man im Dashboard die Farbe des Hintergrunds selbst wählen kann? Dann benötigen Sie `add_theme_support()`. Mit dieser Funktion aktivieren Sie bestimmte Prozeduren, welche WordPress schon bereithält. Verwendet wird diese Funktion in dem Action-Hook `'after_setup_theme'`.

Beitragsformate

Seit der Version 3.1 verfügt WordPress über Beitragsformate. So können Sie je nach Beitragsformat das Layout anpassen. Sie können dabei aus folgenden Beitragsformaten wählen:

Format	Bedeutung
`aside`	Ein Beitrag dieses Formats wird üblicherweise ohne Titel ausgegeben und ähnelt dem Aufbau eines Facebook Eintrags.
`gallery`	Diese Beiträge enthalten für gewöhnlich einen Galerie-Shortcode. Außerdem sind ihm Bilder angehängt.
`link`	Hierbei handelt es sich um einen Link. Abhängig vom Theme soll der Beitrag entweder nur aus einer URL bestehen, welche vom Theme dann bearbeitet wird, oder aber der erste `<a href="">`-Tag enthält den entsprechenden Link.
`image`	Diese Beiträge bestehen aus einem Bild. Enthält der Beitrag ein `<img>`-Tag, so ist dies das Bild. Alternativ kann man auch nur eine URL als Beitrag haben, welche dann als Bild-URL interpretiert wird. In diesem Fall wird der Post-Titel als `title`-Attribut genutzt.
`quote`	Dieser Beitrag ist ein Zitat. Vermutlich enthält der Beitrag das `<blockquote>`-Element. Alternativ wird der gesamte Beitrag als Zitat verstanden. In diesem Fall wird der Titel als Quelle/Autor interpretiert.
`status`	Ähnelt einem Twitter-Status Update.
`video`	Enthält ein Video oder eine Video-Playlist. Es wird ein `<video />`-Element erwartet. Alternativ kann der Beitrag auch nur aus einer URL zum Video verstanden werden. Eine weitere Option ist hier, das Video als Anhang dem Beitrag anzuhängen.

Format	Bedeutung
`audio`	Enthält eine Audio-Datei oder Audio-Playlist.
`chat`	Enthält die Transkription eines Chats.

Die Definition eigener Formate ist leider nicht möglich. Die Unterstützung für eines oder mehrere dieser Formate kann man nun WordPress mit Hilfe von `add_theme_support()` mitteilen:

```php
<?php
function post_formats() {
   add_theme_support( 'post-formats', array( 'link' ) );
}
add_action( 'after_setup_theme', 'post_formats' );
```
themes/functions/inc/post-formats.php

In diesem Beispiel kündigen wir WordPress an, dass wir das Beitragsformat `'link'` unterstützen. Dazu übergeben wir als ersten Parameter `'post-formats'` und im zweiten Parameter einen Array, der sich aus jenen Formaten zusammensetzt, die wir unterstützen möchten. Mit Hilfe von `get_post_format()` können wir nun das Beitragsformat ermitteln. Schauen wir uns dazu eine *single.php* an:

```php
<?php get_header(); ?>
<?php
while ( have_posts() ) : the_post();
   $format = get_post_format();
   $link = get_url_in_content( get_the_content() );
?>
   <article id="post-<?php the_ID();?>" <?php post_class();?>>
      <h1>
         <?php if( 'link' === $format && false !== $link ): ?>
            <a href="<?php echo $link; ?>"><?php the_title(); ?></a>
         <?php else: ?>
            <?php the_title(); ?>
         <?php endif; ?>
      </h1>
      <?php the_content(); ?>
   </article>
<?php endwhile; ?>
<?php get_footer();
```
themes/functions/single.php

Wir laden uns zunächst in die Variable `$format` das Beitragsformat. Außerdem holen wir uns mittels `get_url_in_content()` den ersten Link aus einem String, wobei wir für den String mit `get_the_content()` auf unseren Beitragstext zurückgreifen.

Danach starten wir unseren HTML-Block. Achten Sie dabei vor allem auf die Funktion `post_class()`. Diese schreibt die üblichen Klassen in das HTML-Element, welches einen Beitrag umfasst. Wenn wir ein bestimmtes Beitragsformat gewählt haben, so wird dieses hier auch als CSS-Klasse angeführt. Im Falle eines Links also `'link'`. Daneben werden noch einige andere interessante CSS-Klassen eingebunden, die zum Beispiel aussagen, ob es sich um einen Beitrag oder einen anderen Posttypen handelt. Hierbei agiert `post_class()` ganz ähnlich wie schon `body_class()`. Als Programmierer eines Themes sollten Sie diese Befehle unbedingt ausführen, da die dadurch generierten Klassen für Designer Gold wert sind.

Nun prüfen wir, ob es sich bei dem aktuellen Beitrag um einen Link handelt und wenn dem so ist, ob wir tatsächlich einen Link aus dem Beitrag extrahieren konnten. Wenn dies der Fall ist, so verlinken wir unseren Titel mit diesem Link. Andernfalls werden wir den Titel einfach nur ausgeben.

Im Anschluss geben wir den Inhalt aus, schließen alle offenen HTML-Elemente und zeigen den Seitenfuß an.

Beitragsbilder

Sie kennen vermutlich die Möglichkeit, einem Beitrag ein Bild zuzuordnen. Dazu dient die „Beitragsbild"-Box in der rechten Spalte des Beitragseditors. Je nach Theme wird dieses Bild dann zusammen mit dem Beitrag dargestellt. Mit Hilfe von Beitragsbildern können Sie so eine einheitliche Verbildlichung Ihrer Beiträge gewährleisten. So werden diese beispielsweise in den Beitragsübersichten angezeigt oder am Beginn des Artikeltextes. Beitragsbilder erhöhen die Lesbarkeit von Texten, die Wiedererkennung und nicht zum Schluss die Verweildauer von Besuchern auf Seiten. Sie erfreuen sich deshalb großer Beliebtheit.

Abbildung 9: Ein Beitragsbild

Es ist nun natürlich eine Frage des Layouts, ob solche Beitragsbilder Verwendung finden und wenn ja, wie. Deshalb ist es eine Frage des Themes, ob dieses auf Beitragsbilder zurückgreifen möchte oder nicht und das Theme muss die Verwendung von Bildern bei WordPress anmelden. Dies geschieht mit

```php
<?php
function theme_support() {
        add_theme_support( 'post-thumbnails' );
}
add_action( 'after_setup_theme', 'theme_support' );
```

Über 'post-thumbnails' können Sie WordPress mitteilen, ob eine solche Beitragsbilder-Box auf den Editor-Seiten erscheinen soll. In einem zweiten Parameter können Sie optional einen Array mit jenen Posttypen übergeben, für die Sie Beitragsbilder aktivieren möchten. Ohne diesen zweiten Parameter werden

Beitragsbilder für sämtliche Posttypen freigeschaltet. Wenn Sie die Box beispielsweise nur für Beiträge, aber nicht für Seiten, aktivieren möchten, können Sie dies so realisieren:

```php
<?php
function thumbails() {
    add_theme_support( 'post-thumbnails', array( 'post' ) );
}
add_action( 'after_setup_theme', 'thumbails' );
```

themes/functions/inc/thumbnails.php

Innerhalb des WordPress Loops können Sie mit der Funktion the_post_thumbnail() dieses Beitragsbild darstellen.[27] Optional kann man dieser Funktion zwei Parameter übergeben. Als ersten Parameter kann man die Größe übergeben. Standard-Größen sind 'post-thumbnail', 'thumbnail', 'medium', 'large' oder 'full'. Wie Sie diese festlegen besprechen wir weiter unten. Sie können aber auch einen Array übergeben, wie beispielsweise array(120, 60), womit das Bild in einer Breite von 120 Pixeln und einer Höhe von 60 Pixeln ausgegeben würde. Wenn Sie die Größe nicht übergeben, wird automatisch die 'post-thumbnail'-Größe genommen. In einem zweiten Parameter können Sie einen Array mit Attributen übergeben, welcher beispielsweise das alt-Attribut oder die CSS-Klassen bestimmt:

Parameter	Bedeutung
src	Die URL zum Bild
class	Die CSS-Klasse(n)
alt	Der Alternativ-Text

Nicht immer wird ein Beitrag jedoch auch mit einem Beitragsbild versehen sein. Deshalb lohnt es sich, zunächst zu überprüfen, ob ein Beitragsbild vorhanden ist, um – für den Fall das kein Bild vorhanden ist – die Möglichkeit zu haben, das Layout entsprechend anzupassen:

---

27. get_the_post_thumbnail() gibt den <img />-Tag als String zurück und ist ansonsten identisch mit the_post_thumbnail().

```php
<?php
if ( has_post_thumbnail() ) {
        the_post_thumbnail();
} else {
        /**
         * Alternatives Layout,
         * beispielsweise ein Standardbild.
         **/
}
```
themes/functions/index.php

Mit `has_post_thumbnail()` kann zunächst überprüft werden, ob ein Beitragsbild gesetzt wurde, um so beispielsweise einen Switch auf ein Ausweichbild zu erzeugen, sollte kein Bild gesetzt sein.

Mit `get_post_thumbnail_id()` erhalten Sie die Post ID des Beitragsbildes. Diese Bilder werden nämlich als `'attachment'` in der `wp_posts`-Datenbank hinterlegt.

Um die Größe des Beitragsbildes zu ändern, können Sie auf `set_post_thumbnail_size()` zurückgreifen. Der geeignete Hook, diese Größenbestimmung vorzunehmen ist dabei `'after_setup_theme'`:

```php
<?php
add_action( 'after_setup_theme', 'thumbnail_aendern' );
function thumbnail_aendern(){
   set_post_thumbnail_size( 120, 120, true );
}
```
themes/functions/inc/set-post-thumbnail-size.php

Dazu übergeben Sie zunächst die Breite, danach die Höhe des Bildes in Pixeln. Bilder die größer sind werden entsprechend zurechtgeschnitten. Als dritten Parameter können Sie den Zuschneidemodus bestimmen. Der Standard-Wert hier ist `false`, dies bedeutet, dass das Bild in seiner Größe geändert wird. Sagen wir, die Zielgröße wären 150x150 Pixel und der Autor verwendet ein Bild, welches 600x300 Pixel groß ist. Im Normalfall würde dieses nun auf eine Breite von 150x75 Pixeln reduziert (soft crop-Verfahren). Mit dem Wert `true` hingegen würde es auf 150x150 Pixel geschnitten (hard crop-Verfahren). Statt `true` können Sie allerdings auch einen Werte-Array übergeben, welcher WordPress mitteilt, wie das Bild geschnitten werden soll. `array('top', 'left')` würde von der oberen linken Ecke ausgehend das Bild zuschneiden. `array('center',`

'center') würde das Bildzentrum ausschneiden. `array('bottom', 'right')` würde von der unteren rechten Ecke ausgehend das Bild zuschneiden.

Wenn Sie weitere Bildgrößen registrieren möchten, so können Sie dies mit `add_image_size()` tun. So könnten Sie auf den Beitragsübersichten kleinere Bilder anzeigen als auf den einzelnen Beitragsseiten. Wenn ein Nutzer ein Bild hochlädt, wird dann das Original hochgeladen und entsprechend der Größenangaben verkleinerte Versionen des Bildes als Kopie im *uploads/*-Verzeichnis hinterlegt. Als ersten Parameter übergeben Sie dazu zunächst einen Identifikator, mit welchem Sie diese Bildgröße später aufrufen können.[28] Wenn Sie die Bildergröße `'uebersichts-groesse'` nennen, so können Sie dieses mit `the_post_thumbnail('uebersichts-groesse');` aufrufen. Der zweite Parameter von `add_image_size()` enthält wieder die Breite in Pixeln und der dritte Parameter die Höhe in Pixeln. Mit dem letzten Parameter können Sie, wie schon bei `set_post_thumbnail_size()`, bestimmen, wie das Bild auf die entsprechende Größe gebracht wird. Empfohlen wird, die Bildergrößen im Action-Hook `'after_setup_theme'` nach den `add_theme_support()`-Deklarationen zu bestimmen.

Wichtig ist zu beachten, dass aus den Bildergrößen während des Hochladens tatsächlich entsprechende Kopien der Datei auf der Festplatte angelegt werden. Wenn Sie eine neue Größe definieren oder eine bestehende umdefinieren, so liegen die bereits hochgeladenen Bilder in diesen Größen noch nicht vor. Im WordPress Repository finden Sie einige Plugins, welche durch die bereits hochgeladenen Bilder durchgehen, um diese im Nachhinein an die neuen Größen anzupassen.

Möchten Sie eine neue Bildergröße über den Editor auswählbar machen, so müssen Sie dieser Größe noch einen ordentlichen Namen geben. Dazu dient der Filter `'image_size_names_choose'`. Ihr Callback erhält einen Array. Dabei handelt es sich um Schlüssel-Wert-Paare. Die Bildidentifikatoren sind die Schlüssel und der Name ist als jeweiliger Wert hinterlegt.

```php
<?php
add_action( 'after_setup_theme', 'registriere_bildgroessen' );
function registriere_bildgroessen() {
    add_image_size( 'vorschau', 220, 180 );
}
```

---

[28]. Von WordPress werden dabei folgende Namen reserviert: `'thumb'`, `'thumbnail'`, `'medium'`, `'large'`, `'post-thumbnail'`.

```
add_filter( 'image_size_names_choose', 'bildergroessen_benennen' );
function bildergroessen_benennen( $groessen ) {
    return array_merge(
        $groessen,
        array(
            'vorschau' => 'Vorschau',
        ) );
}
```
themes/functions/inc/add-image-size.php

Benutzerdefinierter Hintergrund

Abbildung 10: Der Benutzerdefinierte Hintergrund im Twenty Fifteen Theme

Wir werden uns noch in einem späteren Abschnitt (S. 303) eingehender mit dem Customizer beschäftigen. Dieser ermöglicht es Administratoren mit Hilfe einer komfortablen Schnittstelle das Aussehen des Themes zu konfigurieren. Der Customizer wurde in WordPress 3.4 eingeführt und ist eine Erweiterung im WordPress-Admin. Hier kann man Layoutänderungen zunächst testen, bevor man sie abspeichert.

In diesem Abschnitt werden wir uns mit dem Customizer nur insofern beschäftigen, als WordPress für diesen Standard-Einstellungen vorhält, welche mit `add_theme_support( )` aktiviert werden können. Eine dieser Einstellungen ist `'custom-background'`:

```php
<?php
function background(){
  add_theme_support( 'custom-background' );
}
add_action( 'after_setup_theme', 'background' );
```
themes/functions/inc/custom-background.php

Sobald Sie diese Möglichkeit registriert haben, wird im WordPress-Admin unter Desgin die Option Anpassen erscheinen, welche Sie in den Customizer lenkt. Dort können Sie nun ein Bild auswählen, welches als Hintergrundbild auf der Seite dienen soll. Sobald Sie dieses abspeichern wird die Funktion body_class() dem <body>-Element die Klasse .custom-background hinzufügen und über den Action Hook 'wp_head' wird ein CSS-Style eingespielt, welcher das Hintergrundbild an die Klasse bindet, ohne dass Sie weiteren Aufwand hätten.

Sie können aber natürlich auch hier die Funktionsweise mit Hilfe eines Argumenten-Arrays weiter verfeinern.

Parameter	Bedeutung
default-color	Mit diesem Parameter bestimmen Sie die Hintergrundfarbe. Diese ist sichtbar, wenn das Bild nicht über den kompletten Bildschirm reicht. Der Farbwert muss dabei als hexadezimaler Farbcode angegeben werden, also beispielsweise: #aa0000
default-image	Die URL zum Standard-Hintergrundbild.
default-repeat	Die Standard-Einstellung für die CSS-Eigenschaft background-repeat.
default-position-x	Die Standard-Einstellung für die CSS-Eigenschaft background-position-x.
default-attachment	Die Standard-Einstellung für die CSS-Eigenschaft background-attachment.
wp-head-callback	Hier kann man eine eigene Funktion definieren, welche die Ausgabe der CSS Styles im Kopf der Seite vornimmt. Standard-Wert ist hier '_custom_background_cb'. Diese Funktion kann in wp-includes/theme.php gefunden werden.[29]

---
[29] https://developer.wordpress.org/reference/functions/_custom_background_cb/

Den Seitenkopf ändern

Auch der Seitenkopf lässt sich sehr variabel gestalten, indem der Administrator dort ein Bild platzieren kann. Dazu dient `'custom-header'`, den man ebenfalls über einen Argumenten-Array steuern kann:

```php
<?php
function custom_header(){
  $url = get_template_directory_uri();
  $default_image = "$url/assets/images/header.jpg";
  $args = array(
    'width'         => 980,
    'height'        => 60,
    'default-image' => $default_image,
  );
  add_theme_support( 'custom-header', $args );
}
add_action( 'after_setup_theme', 'custom_header' );
```
themes/functions/inc/custom-header.php

In unserem Beispiel geben wir eine Standard-Breite von 980 Pixeln, eine Standard-Höhe von 60 Pixeln, sowie ein Standardbild, welches wir benutzen möchten, vor. Dieses Bild liegt in unserem Theme-Verzeichnis, welches wir mit der Funktion `get_template_directory_uri()` erreichen.

Damit dieses Bild nun angezeigt werden kann, müssen wir – im Gegensatz zu den Hintergründen, welche über `body_class()` angesteuert werden – unsere *header.php* ein wenig erweitern. Mit `get_header_image()`, beziehungsweise `header_image()`, erhalten wir die URL zu dem Bild, welches ausgewählt wurde. Mit `get_custom_header()->height` erhalten wir die Höhe und mit `get_custom_header()->width` die Breite des Bildes. Mit `get_custom_header()->attachment_id` erhalten wir schließlich die Post-ID, welche diesem Bild in der `wp_posts`-Datenbank zugeordnet ist. Daraus können wir dann unsere *header.php* zum Beispiel nach dem `<body>`-Element so erweitern:

```html
<header>
  <a
      href="<?php echo home_url(); ?>"
      title="<?php echo esc_attr( get_bloginfo( 'name' ) ); ?>">
    <img
        alt="<?php echo esc_attr( get_bloginfo( 'name' ) ); ?>"
        src="<?php header_image(); ?>"
```

```
          height="<?php echo get_custom_header()->height; ?>"
          width="<?php echo get_custom_header()->width; ?>" />
  </a>
</header>
```

themes/functions/header.php

Wir erzeugen also einen Link auf unsere Startseite und geben diesem als `title`-Attribut unseren Blognamen. Da unser Blogname eventuell mit Anführungsstrichen ausgestattet ist, verwenden wir hierbei `esc_attr()`, welches dafür sorgt, dass unsere Anführungsstriche das Attribut nicht ungültig machen. Für den Link auf die Startseite verwenden wir die Funktion `home_url()`. Der Inhalt des `<a>`-Elements ist dann das gewählte Bild, dessen Alternativtext aus unserem Blognamen besteht und dessen Höhe sowie Breite wir mit `get_custom_header()->height` und `get_custom_header()->width` bestimmen.

HTML5-Unterstützung

Ihr Theme unterstützt HTML5? Sie verwenden `<header>`, `<footer>`, `<article>` und andere HTML5-Elemente? Dann sollten Sie das WordPress mitteilen, damit die Funktionen, welche automatisch HTML generieren, wie beispielsweise `wp_list_comments()` entsprechend auch HTML5-Code ausgeben. Wie das funktioniert?

```php
<?php
function html5_support(){
  add_theme_support(
    'html5',
    array(
      'comment-list',
      'comment-form',
      'search-form',
    )
  );
}
add_action( 'after_setup_theme', 'html5_support' );
```

themes/functions/inc/html5.php

In unserem Beispiel teilen wir dem WordPress-System mit, dass wir für unsere Kommentar-Listen ('comment-list'), unser Kommentar-Formular ('comment-form'), sowie für unser Suchformular ('search-form') HTML5 unterstützen. Jeder dieser Bereiche wird von WordPress-Funktionen erzeugt. WordPress weiß nun, dass es an diesen Stellen auf seinen HTML5-Code zurückgreifen soll.

Die Angabe der Bereiche, welche HTML5 unterstützen ist dabei obligatorisch um eine Vorwärts-Kompatibilität zu gewährleisten. Da in Zukunft noch weitere HTML-Ausgabe-Funktionen HTML5-kompatibel gemacht werden sollen, soll man so explizit angeben, bei welchen Funktionen man HTML5 unterstützen möchte. Würde man sagen, alle Funktionen sollen in HTML5 ausgegeben werden, so würde dies zu Problemen im Layout führen, sobald der Administrator WordPress aktualisiert und eine weitere HTML-Funktion von WordPress plötzlich HTML5 ausgeben würde, wo vorher kein HTML5 ausgegeben wurde.

Folgende Funktionen sind derzeit HTML5-kompatibel:[30]

Name	Funktion	Kommentar
comment-list	wp_list_comments()	Die Kommentarlisten
comment-form	comment_form()	Das Formular zum Kommentieren.
search-form	get_search_form()	Das Suchformular
gallery	[gallery]-Shortcode	Die Galerie, welche mit dem Shortcode erzeugt wird.
caption		Die Beschreibungstexte unter den eingefügten Bildern.

---

30. Stand: WordPress 5.0, eine Übersicht erhalten Sie hier: https://developer.wordpress.org/reference/functions/add_theme_support/#html5

Standardfarbpalette

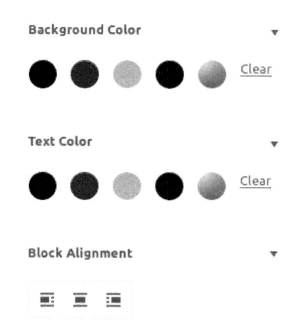

Abbildung 11: Die geänderte Standardfarbpalette

Eine konsistente Farbpalette ist für einen kohärenten Webauftritt essentiell. Wenn Sie also ein Theme entwerfen, sollten Sie auch sichergehen, dass Autoren auf Farben zurückgreifen, welche zu Ihrem Farbschema passen. Um die Farbpalette, die Autoren angeboten wird, anzupassen können Sie `'editor-color-palette'` nutzen:

```php
<?php
function standard_farbpalette() {
  add_theme_support( 'editor-color-palette',
    array(
      array(
        'name'  => 'Schwarz',
        'slug'  => 'black',
        'color' => '#000',
      ),
```

```php
        array(
            'name'  => 'Rot',
            'slug'  => 'red',
            'color' => '#f00',
        ),
        array(
            'name'  => 'Grün',
            'slug'  => 'green',
            'color' => '#0f0',
        ),
        array(
            'name'  => 'Blau',
            'slug'  => 'blue',
            'color' => '#00f',
        ),
        )
    );
}
add_action( 'after_setup_theme', 'standard_farbpalette' );
```

themes/functions/inc/editor-color-palette.php

Damit haben Sie die Standardauswahl eingeschränkt. Wenn ein Editor nun eine dieser Farben als Textfarbe auswählt, so erhält der Block eine zusätzliche Klasse: '.has-{color-slug}-color'. Würde er die schwarze Farbe als Textfarbe auswählen, so erhielte der Block '.has-black-color'. Für Hintergrundfarben werden andere Klassen bereitgestellt: '.has-{color-slug}-background-color'. Ein schwarzer Hintergrund erhielte demnach die Klasse '.has-black-background-color'. Sie müssen Ihre *style.css* also entsprechend anpassen. Der Autor hat allerdings noch immer die Freiheit, selbst eine individuelle Farbe mit Hilfe des Farbwählers auszuwählen. 'disable-custom-colors' entfernt diese Option für Autoren:

```php
<?php
function entferne_farbwaehler() {
    add_theme_support( 'disable-custom-colors');
}
add_action( 'after_setup_theme', 'entferne_farbwaehler' );
```

themes/functions/inc/disable-custom-colors.php

Weitere Blockimplementation unterstützen

Der in WordPress 5.0 eingeführte Editor hält für die Standard-Blöcke spezifische Styles bereit. Wenn Sie auf diese zurückgreifen möchten, so können Sie dies mit `add_theme_support( 'wp-block-styles' );` WordPress mitteilen. Damit wird folgende CSS Datei im Theme ausgespielt werden: *wp-includes/css/dist/block-library/theme.css*. Diese enthält einige Standardstyles für die von WordPress ausgegebenen Coreblocks.

Im Bildblock oder auch im Galerieblock kann man die Ausrichtung des Blocks (links, zentriert, rechts) auswählen. Wenn das jeweils aktive Theme es unterstützt kann darüber hinaus in der Toolbar auch weite Breite und volle Breite ausgewählt werden.

Ein Block in voller Breite erhält in der Ausgabe dann zusätzlich die Klasse `.alignfull`, in weiter Breite die Klasse `.alignwide`. Wenn Sie diese Klassen unterstützen, so können Sie dies mit Hilfe von `'align-wide'` WordPress mitteilen und die Optionen werden für den Autoren im Editor sichtbar:

```php
<?php
function support_align_wide() {
  add_theme_support( 'align-wide' );
}
add_action( 'after_setup_theme', 'support_align_wide' );
```
themes/functions/inc/align-wide.php

Der Absatz-Block und auch andere Standard-Blöcke ermöglichen es dem Autoren, die Schriftgröße selbst zu bestimmen. Mit Hilfe von `add_theme_support('disable-custom-font-sizes');` können Sie dies verhindern. Mit `'editor-font-sizes'` können Sie hingegen die Größen selbst festlegen. Dazu müssen Sie im Stylesheet dann entsprechende Klassen nach dem Muster `'has-{slug}-font-size'` hinterlegen.

```php
<?php
function editor_font_size() {
  add_theme_support(
    'editor-font-sizes',
    array(
      array(
        'name' => 'klein',
        'shortName' => 'K',
        'size' => 10,
        'slug' => 'klein'
```

```php
        ),
        array(
            'name' => 'normal',
            'shortName' => 'N',
            'size' => 16,
            'slug' => 'normal'
        ),
        array(
            'name' => 'groß',
            'shortName' => 'G',
            'size' => 36,
            'slug' => 'gross'
        ),
    )
    );
}
add_action( 'after_setup_theme', 'editor_font_size' );
```

themes/functions/inc/editor-font-size.php

RSS-Feed-Links

Damit die RSS-Feed-Links von Beiträgen und Kommentaren automatisch im <head>-Bereich des Dokuments verlinkt werden (womit eine leichtere Abonnierbarkeit des Blogs durch Leser ermöglicht wird) sollten Sie 'automatic-feed-links' aktivieren:

```php
add_theme_support( 'automatic-feed-links' );
```

Prüfen, ob ein Theme eine bestimmte Eigenschaft unterstützt

Gerade für Plugin Entwickler kann es hilfreich sein, zu prüfen, ob ein aktuelles Theme bestimmte Eigenschaften unterstützt. Dies können Sie mithilfe von current_theme_supports() abfragen:

```php
<?php
function theme_support(){
    add_theme_support( 'html5', array( 'comment-list' ) );
    if( current_theme_supports( 'html5' ) )
        echo '<p>HTML5 wird unterstützt</p>';
    if( current_theme_supports( 'html5', 'gallery' ) )
        echo '<p>Galerie unterstützt HTML</p>';
    if( current_theme_supports( 'html5', 'comment-list' ) )
        echo '<p>Kommentarliste unterstützt HTML5</p>';
}
add_action( 'after_setup_theme', 'theme_support' );
```

Als ersten Parameter muss man dazu die Eigenschaft übergeben, welche untersucht werden soll. Also beispielsweise die Eigenschaft `'html5'`. Danach kann eine beliebig lange Liste von Parametern folgen. So kann man zum Beispiel abfragen, ob HTML5 für die Galerie unterstützt wird. Man kann auch gleichzeitig abfragen, ob HTML5 für die Galerie und die Kommentarliste unterstützt wird:

```php
<?php
current_theme_supports( 'html5', 'gallery', 'comment-list' );
```

Dies wird nur dann wahr sein, wenn beide Elemente unterstützt werden.

Child Themes entwickeln

Gerade, wenn Sie für Kunden oder für eine Agentur arbeiten, werden Sie häufig mit Aufgaben konfrontiert sein, die da lauten: „Mir gefällt das Theme XY von Themeforest, aber ich bräuchte diese und jene Änderung". Nun können Sie schlicht das Theme entsprechend modifizieren. Sagen wir, Ihrem Kunden gefällt das Theme „Twenty Fifteen". Das einzige, was ihm nicht zusagt ist, dass auf den Übersichtsseiten in grauen Boxen das Veröffentlichungsdatum, die Kategorien und so weiter erscheinen. Diese möchte er einfach entfernt haben. Sie könnten nun in die entsprechende *content.php* gehen, um die Box herauszunehmen. Diese Methode hat jedoch einen gravierenden Nachteil: Sobald Sie das Theme aktualisieren, weil eine neuere Version herausgekommen ist, welche beispielsweise Bugfixes enthält oder mit der neusten WordPress Version kompatibel ist, sind Ihre Änderungen wieder überschrieben und Sie müssten die *content.php* erneut ändern. Mit WordPress muss das nicht sein. Sie können stattdessen ein Child Theme entwickeln. Dabei handelt es sich sozusagen um ein Kind des Themes, welches Ihr Kunde ausgewählt hat. Wenn das Eltern-Theme irgendwann einmal aktualisiert werden sollte, so wäre Ihr Child Theme davon nicht betroffen. Deshalb sollten Sie sich für Ihre tägliche Arbeit mit der Entwicklung von Child Themes vertraut machen.

In einem ersten Schritt legen wir ein Verzeichnis *twentyfifteen-child/* an (sie können es auch anders benennen, aber standardmäßig nennt man den Ordner wie den Elternordner und hängt -child an den Namen an). Darin müssen Sie nun zunächst eine *style.css* anlegen, welche die wesentlichen Informationen über das Theme enthält:

Themes erstellen

```
/*
Theme Name:      Twenty Fifteen Child
Theme URI:       http://websupporter.net/twenty-fifteen-child/
Description:     Twenty Fifteen Child Theme
Author:          Websupporter
Author URI:      http://websupporter.net
Template:        twentyfifteen
Version:         1.0.0
*/
```

themes/twentyfifteen-child/style.css

Neu ist nun die Zeile `'template'` in welcher das Eltern-Theme angegeben wird. In einem zweiten Schritt müssen Sie eine *functions.php* anlegen, in welcher Sie das Stylesheet des Eltern-Themes, sowie Ihr eigenes Stylesheet einbinden:

```
<?php
add_action( 'wp_enqueue_scripts', 'child_enqueue_styles' );
function child_enqueue_styles() {
    wp_enqueue_style(
        'eltern-style',
        get_template_directory_uri() . '/style.css'
    );
    wp_enqueue_style(
        'style',
        get_stylesheet_directory_uri() . '/style.css',
        array( 'eltern-style' )
    );
}
```

themes/twentyfifteen-child/functions.php

Sie sehen hier, dass wir den Pfad des Eltern-Stylesheets mit `get_template_directory_uri()` ermitteln, während wir den Pfad zu unserem Stylesheet mit `get_stylesheet_directory_uri()` ermitteln. Während die erste Funktion also immer auf das Eltern-Theme verweist, gibt uns die zweite Funktion die URL zu unserem Child Theme.[31] Des Weiteren legen wir fest, dass unser Stylesheet in Abhängigkeit zu unserem Eltern-Stylesheet steht. Damit stellen wir sicher, dass unser Stylesheet immer nach dem Eltern-Stylesheet geladen wird und wir CSS-Eigenschaften aus dem Eltern-Style überschreiben können.

---

31. Analog dazu gibt `get_stylesheet_directory()` den Pfad zu unserem Child Theme aus, während `get_template_directory()` den Pfad zum Eltern-Theme ausgibt.

Mit diesen zwei simplen Schritten ist das Child Theme fertig und wir können mit den Änderungen beginnen. Unser Kunde möchte also auf den Übersichtsseiten den grauen Fuß mit den Angaben zu Veröffentlichung, Kategorien und so weiter nicht angezeigt bekommen. Diese Box befindet sich in „Twenty Fifteen" in der *content.php*. Wir kopieren uns deshalb die komplette *content.php* in unser Child Theme-Verzeichnis und suchen nach der Stelle, an welcher die footer.entry-footer eingebunden wird:

```
<footer class="entry-footer">
  <?php twentyfifteen_entry_meta(); ?>
  <?php edit_post_link(
      __( 'Edit', 'twentyfifteen' ),
      '<span class="edit-link">',
      '</span>' ); ?>
</footer><!-- .entry-footer -->
```

Nun ist die Bedingung, dass wir diese nur auf den Beitragsseiten, aber nicht auf der Übersichtsseite sehen möchten. Deshalb werden wir die Ausgabe dieser Box daran binden, indem wir zunächst abfragen, ob es sich um eine einzelne Beitragsseite handelt: is_single()[32].

```
<?php if( is_single() ): ?>
<footer class="entry-footer">
  <?php twentyfifteen_entry_meta(); ?>
  <?php edit_post_link(
      __( 'Edit', 'twentyfifteen' ),
      '<span class="edit-link">',
      '</span>' ); ?>
</footer><!-- .entry-footer -->
<?php endif;
```

themes/twentyfifteen-child/content.php

Und schon ist unsere Anpassung fertig. Wenn unser Kunde nun das nächste Mal „Twenty Fifteen" aktualisiert, wird unsere Änderung davon nicht betroffen sein. So können Sie nun mit jeder Datei des Themes „Twenty Fifteen" (mit Ausnahme der *functions.php*) verfahren. Sobald eine Datei mit dem gleichen Namen im Child Theme vorhanden ist, wird diese die bisherige „überschreiben".

---

32. Mehr über diese Funktion erfahren Sie im Kapitel „Wo bin ich: Konditionale Abfragen" (S. 183)

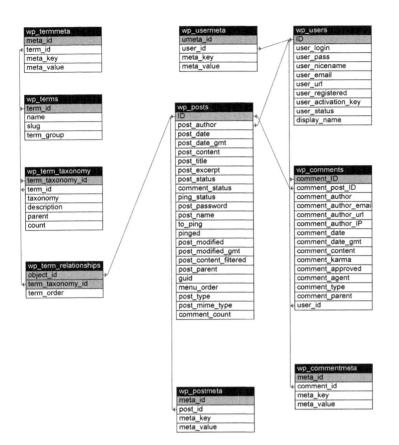

Die Datenbank

Sie haben sich vielleicht schon gewundert, warum Sie bisher noch kein einziges Mal in die Datenbank von WordPress eingeführt wurden, obwohl Sie mittlerweile recht weit fortgeschritten sind und das Handling der Datenbank doch eigentlich einen zentralen Bestandteil für einen Entwickler darstellen sollte. Sie werden schon bald feststellen, dass Sie als WordPress Entwickler äußerst selten auf die Datenbank-Ebene hinabsteigen, um einen SQL-Befehl selbst zu schreiben. WordPress gibt Ihnen beinahe für jede erdenkliche Datenbank-Abfrage entsprechende Befehle an die Hand. Tatsächlich sollten Sie, wo immer es Ihnen möglich ist, vermeiden, selbst auf die Datenbank-Ebene zu steigen. WordPress bietet zahllose Zugriffsmöglichkeiten, die vielfach getestet wurden. Am System vorbeizuprogrammieren ist deshalb einer der wesentlichen Gründe für Sicherheitsrisiken in Plugins. Auch dort, wo Sie selbst einmal eine SQL-Abfrage schreiben müssen, sollten Sie diese über die entsprechenden WordPress Befehle laufen lassen, um sie abzusichern.

Nichtsdestotrotz liegt es nahe sich auch auf der Datenbank-Ebene auszukennen. Mit Hilfe der Datenbank-Struktur erfahren Sie eine Menge über den logischen Aufbau des Systems. In den folgenden Abschnitten werden Sie deshalb nach und nach in die WordPress Datenbank eingeführt.

Die Tabellen

Der Datenbank Kern besteht aus zwölf Tabellen: `wp_comments`, `wp_commentmeta`, `wp_links`, `wp_options`, `wp_posts`, `wp_postmeta`, `wp_terms`, `wp_termmeta`, `wp_term_taxonomy`, `wp_term_relationships`, `wp_users` und `wp_usermeta`.

Sicherlich fällt Ihnen auch der Präfix `wp_` auf. Diesen kann man während der Installation selbst bestimmen. Wenn man auf die Datenbank zugreifen muss, kann man mit Hilfe der globalen Variable `$wpdb->prefix` diesen Präfix ermitteln. Dazu allerdings später mehr.

wp_posts und wp_postmeta

In der Tabelle `wp_posts` werden die einzelnen Posts gespeichert. Das können „statische Seiten" (sogenannte Pages) oder auch Blogposts (oder auf Deutsch: Beiträge, siehe dazu das nächste Kapitel) sein. In der `wp_postmeta` werden Metadaten zu diesen Einträgen abgespeichert. Über `wp_postmeta.post_id = wp_posts.ID` wird dabei die Relation hergestellt. Mit Hilfe der Metadaten haben Plugins und auch Themes die Möglichkeit, Beiträge um weitere Daten zu bereichern. So können SEO-Plugins hier beispielsweise Meta-Beschreibungen und ähnliches abspeichern, um diese später auszugeben.

wp_comments und wp_commentmeta

Meist kann man Beiträge auf einem Blog kommentieren. Derartige Kommentare werden in der `wp_comments` abgespeichert und auch hier enthält die `wp_commentmeta` Metadaten zu diesen Kommentaren.

wp_users und wp_usermeta

Eines kann man WordPress nicht vorwerfen, hier nicht stringent eine Struktur durchzuziehen. Sie werden es sich schon gedacht haben: In der `wp_users` befinden sich die registrierten Benutzer und in der `wp_usermeta` befinden sich Metadaten zu diesen Nutzern. So könnte ein Plugin dort beispielsweise die Anschrift der Benutzer abspeichern oder ähnliches.

wp_terms, wp_termmeta, wp_term_taxonomy, wp_term_relationships

Diese vier Datenbanken bilden zusammen das Kategorisierungssystem von WordPress. Sie kennen sicherlich schon die WordPress-Kategorien oder auch die Schlagwörter. Über diese vier Tabellen läuft dabei die Verwaltung eben dieser. Wir werden auch noch lernen, wie man auch das Kategorisierungssystem um eigene „Taxonomien" erweitern kann.

wp_options

In dieser Tabelle speichert WordPress Einstellungen, wie beispielsweise die URL oder den Namen der Seite. Auch Plugins können diese Tabelle nutzen, um eigene Daten zu speichern. Wir werden auf diese Möglichkeit noch zu sprechen kommen.

wp_links

Ich muss ehrlich gestehen, dass mich verblüfft, dass diese Tabelle nach wie vor existiert. Sie kommt noch aus den Anfangsjahren von WordPress als man sich darauf fokussierte ein Blogsystem zu sein. Tatsächlich erfüllt diese Datenbank heute keine Funktion mehr. Früher wurden darin Links zu befreundeten Blogs und ähnliches abgelegt. Mit WordPress 3.5 wurde diese Funktion jedoch entfernt. Die Tabelle wird jedoch – aus Gründen der Abwärtskompatibilität – weiterhin mit installiert.[33]

Zugriff auf die Datenbank: $wpdb

Nun gibt es immer mal wieder Gründe, auf die Datenbank-Ebene herabzusteigen.

---

[33] https://core.trac.wordpress.org/ticket/21307

Dort, wo sich dies nicht vermeiden lässt, sollten Sie dies auf keinen Fall über die gängigen Befehle wie `mysql_query()` machen. Ein wesentlicher Grund ist, dass sich WordPress nicht zwingend über `mysql_connect()` mit der Datenbank verbindet, sondern je nach PHP-Version selbst entscheidet ob es über `mysqli` oder `mysql` darauf zugreift. Sollten Sie also über `mysql_query()` einen Zugriff starten, wird dieser bei einem WordPress-System, welches in einer PHP-Umgebung Version 5.5+ läuft, schlicht nicht funktionieren.[34]

Darüber hinaus gibt es auch sicherheitsrelevante Aspekte zu beachten. WordPress stellt Entwicklern eine ganze Reihe von Werkzeugen zur Verfügung ihre Daten schnell und einfach zu validieren, um SQL-Injections zu verhindern.

Deshalb sollten alle Datenbank relevanten Aktionen über die in der `$wpdb` abgelegten Methoden erfolgen. Dies fängt schon beim Schreiben einer SQL-Abfrage an:

```
$sql = 'select * from wp_posts order by ID desc limit 0, 10'
```

Da Sie sich nicht sicher sein können, dass der Präfix der WordPress-Datenbanken tatsächlich `wp_` ist und nicht während der Installation geändert wurde (weil der Nutzer beispielsweise in der gleichen Datenbank mehrere WordPress Anwendungen betreibt), sollten Sie das Präfix nicht „hard coden", sondern WordPress die Benennung überlassen:

```php
<?php
$sql = '
select
        *
from
        ' . $wpdb->prefix . 'posts
order by ID desc limit 0, 10';
```

Sie können auch die ganze Tabellenbezeichnung WordPress überlassen, indem Sie auf `$wpdb->posts` zurückgreifen. Auch die anderen Tabellen können Sie auf diese Weise aufrufen (beispielsweise `$wpdb->links` für `wp_links` und so weiter). Wenn Sie mit `$wpdb` arbeiten müssen, sollten Sie im Hinterkopf behalten, dass es sich dabei um eine Variable handelt. Das heißt, innerhalb Ihrer Funktionen müssen Sie die Verwendung von `$wpdb` mit `global $wpdb;` deklarieren.

---

34. https://make.wordpress.org/core/2014/04/07/mysql-in-wordpress-3-9/

$wpdb->query()

Sie möchten einfach einen SQL-Query ausführen, beispielsweise eine Zeile löschen: Nutzen Sie statt `mysql_query()` `$wpdb->query()`! Präparieren Sie also Ihre SQL-Abfrage und führen Sie diese dann einfach über `$wpdb->query($sql);` aus. Neben den schon beschriebenen Problemen, welche mit `mysql_query()` auftreten können hat die WordPress interne `query()` Funktion noch weitere Vorteile. `$wpdb` transportiert mehrere Variablen, wie beispielsweise die Anzahl der gefundenen Zeilen: `$wpdb->num_rows`. Wenn Sie eine SQL-Abfrage über `$wpdb->query()` ausführen, werden diese Variablen automatisch aktualisiert und Sie können bequem auf sie zugreifen. Weitere Variablen, welche über `query()` automatisch aktualisiert werden sind unter anderem:

Variable	Information
num_rows	Anzahl der gefundenen Zeilen
insert_id	Die letzte eingefügte ID einer Abfrage
last_result	Das letzte Ergebnis einer Abfrage
num_queries	Die Anzahl der Abfragen, welche ausgeführt wurden
last_query	Die letzte SQL-Abfrage
last_error	Der letzte Fehler in einer SQL-Abfrage

Resultate erhalten: get_results(), get_row(), get_col()

```php
<?php
function getMyLastTenPosts(){
  global $wpdb;
  $sql = 'select ID, post_title from ' . $wpdb->prefix . 'posts
  order by ID desc limit 0, 10';
  return $wpdb->get_results( $sql );
}
```

Diese Funktion würde Ihnen nun die letzten zehn Einträge in der `wp_posts` zurückgeben. Es gibt bestimmt zwanzig gute Gründe, warum Sie auf keinen Fall auf diese Art und Weise auf Ihre Posts zugreifen sollten. Es geht zwanzig Mal intelligenter und wir werden dies im nächsten Kapitel ausführlich diskutieren. Diese Abfrage wird mit hoher Wahrscheinlichkeit nicht nur Beiträge, sondern auch Attachments, Revisionen, Unveröffentliches und vieles mehr zu Tage befördern, was Sie eigentlich gar nicht wollten. Doch geht es uns zunächst erstmal um die Demonstration, wie Sie einen Zugriff auf die Datenbank unternehmen. Wie Sie sehen verwenden wir weder mysql_query() noch mysqli_query(), sondern nutzen die in der $wpdb enthaltene Funktion get_results(). Das Ergebnis ist nun ein Array mit zehn Objekten. Mit echo $results[0]->post_title würde man so beispielsweise den ersten Beitrags-Titel ausgeben.

Vielleicht möchten Sie Ihre Resultate nicht als Objekte entgegennehmen, sondern als assoziative Arrays. Sie können WordPress anweisen, die Ergebnisse so zu übergeben, indem Sie $wpdb->get_results() einen zweiten Parameter übergeben. Hierbei übergeben Sie eine von drei vordefinierten Konstanten: OBJECT, ARRAY_A, ARRAY_N. Für unsere obiges Bespiel würde dies bedeuten:

Parameter	Ausgabe des 1. Beitrags-Titel	Ausgabe
OBJECT	$results[0]->post_title	Objekt
ARRAY_A	$results[0]['post_title']	Assoziativer Array
ARRAY_N	$results[0][1]	Natürlicher Array

Wenn Sie sowieso nur eine Zeile erhalten möchten, sollten Sie eventuell auf $wpdb->get_row() zurückgreifen, da dies eben nur ein Objekt, beziehungsweise einen eindimensionalen Array statt eines mehrdimensionalen zurückgibt.

```
<?php
$mylink = $wpdb->get_row(
  'SELECT * FROM ' . $wpdb->links . 'WHERE link_id = 10',
  OBJECT,
  0
);
```

Der erste Paramter ist dabei das SQL-Statement. Der zweite Paramter ist optional und übergibt wieder, in welcher Form Sie Ihre Zeile erhalten möchten. Der Standardwert ist auch hier OBJECT. Mit dem dritten, ebenfalls optionalen, Parameter übergeben Sie, welche Zeile Sie zurückerhalten möchten.

Normalerweise ist dies die erste Zeile, welche Sie mit dem Standardwert 0 erhalten. Aber es könnte ja sein, dass Ihr SQL-Statement mehr als eine Zeile zurückgibt und Sie dabei immer die zweite Zeile möchten. Da unsere Zählweise mit null beginnt, müssten Sie also statt 2 1 angeben, um die zweite Zeile zu erhalten.

Wenn Sie nur eine bestimmte Spalte erhalten wollen, sagen wir beispielsweise nur die Post IDs, so bietet sich $wpdb->get_col() an. Hier übergeben Sie neben der SQL-Abfrage noch einen zweiten Parameter an und zwar den Spalten-Index, welchen Sie erhalten möchten. Nehmen wir folgende Abfrage:

```php
<?php
$result = $wpdb->get_col(
  'select ID, post_title from ' . $wpdb->posts,
  0
);
```

In diesem Fall würden Sie einen Array mit allen IDs erhalten. Würden Sie den Spalten-Index auf 1 setzen, so würden Sie die Beitrags-Titel erhalten.

SQL-Abfragen präparieren: prepare()

Die meisten SQL-Abfragen haben natürlich dynamische Elemente, welche über Nutzereingaben entstehen. Sie werden über $_GET oder $_POST oder wie auch immer übermittelt. Sie können sich nicht darauf verlassen, dass über diese Nutzereingaben nicht etwa SQL-Injections erfolgen. Deshalb heißt es natürlich validieren, validieren, validieren. Beliebt ist dabei der Rückgriff auf mysql_real_escape_string(), doch auch hier ist nicht sicher, ob der Befehl funktioniert, da wir eventuell über mysqli arbeiten. In WordPress werden Sie stattdessen mit $wpdb->prepare() arbeiten. Die Verwendung von prepare() ist zunächst etwas gewöhnungsbedürftig, Sie werden allerdings schnell auch die Übersichtlichkeit der neuen Syntax zu schätzen wissen.

```php
<?php
function getPostsWithTitleLike( $search ){
  global $wpdb;
  $sql = $wpdb->prepare( ' SELECT * FROM ' . $wpdb->posts . '
    WHERE post_title like "%s"', $search );

  $results = $wpdb->get_results( $sql );
  return $results;
}
```

Auch bei diesem Codebeispiel: Dieser dient einzig Demonstrationszwecken und wird so in den meisten Fällen nicht das gewünschte Ergebnis produzieren. Wenn Sie es nicht erwarten können, endlich auf Posts zuzugreifen, springen Sie möglichst schnell in das nächste Kapitel! Doch nun zu unserer Demonstration. Diese Funktion sucht sämtliche Einträge aus der `wp_posts`, welche in der Spalte `post_title` `$search` enthalten. Gehen wir Schritt für Schritt durch den Code. Wir sehen, dass in der ursprünglichen Abfrage `$search` überhaupt nicht auftaucht. Dort, wo wir sie erwarten würden, sehen wir schlicht ein `%s`. Bei `%s` handelt es sich um einen Platzhalter, welcher signalisiert, dass hier ein String platziert werden soll. Über die `$wpdb->prepare()` weisen wir den einzelnen Platzhaltern nun die jeweiligen Variablen zu. WordPress übernimmt daraufhin die Validierung der Daten. Neben `%s` für Strings werden Sie häufig noch `%d` für Integer und `%f` für Floats benötigen. Sie können allerdings sämtliche Platzhalter nehmen, welche PHP auch für `sprintf()` zulässt.[35] `$wpdb->prepare()` gibt uns nach allen Ersetzungen schließlich den validierten SQL-String zurück, welchen wir beispielsweise an `$wpdb->get_results()` übergeben können.

$wpdb->insert(), update(), replace() und delete()

`$wpdb` kommt mit einer ganzen Reihe weiterer Funktionen zur Datenbankmanipulation daher, die wir hier kurz darstellen werden. In der Tat kann man bei diesen Befehlen zweifeln, ob es sich lohnt, diese relativ komplexen Zusammensetzungen im Kopf zu behalten, oder nicht eher den SQL-Code schnell selbst schreibt, präpariert und anschließend über `$wpdb->query()` ausführt, denn – sieht man sich den entsprechenden Code zu diesen Funktionen an wird man erkennen: letztlich machen auch diese Befehle nichts anderes. Dennoch sollen sie hier der Vollständigkeit halber aufgeführt werden.

---

35. http://php.net/sprintf

```php
<?php
$wpdb->insert(
        'table',
        array(
                'column1' => 'value1',
                'column2' => 123,
        ),
        array(
                '%s',
                '%d',
        )
);
```

Um einen Eintrag in die Datenbank vorzunehmen bietet sich insert() an. Dieser Befehl benötigt zwei Parameter: Die Tabelle sowie einen assoziativen Array, wobei der Schlüssel die Spalte bezeichnet und der Wert den einzutragenden Wert. Ein dritter Array kann optional die unterschiedlichen Feldtypen beinhalten. Wie schon bei prepare() steht %s für einen String, %d für einen Integer und so weiter.

$wpdb->replace() arbeitet ebenso wie $wpdb->insert(). Sollte die Zeile allerdings schon existieren, so wird diese Zeile überschrieben, anstatt eine neue Zeile einzufügen. Um einen Eintrag zu aktualisieren können Sie auch auf $wpdb->update() zurückgreifen:

```php
<?php
$wpdb->update(
        'table',
        array(
                'column1' => 'value1', // string
                'column2' => 123, // integer
        ),
        array( 'ID' => 1 ),
        array(
                '%s', // value1
                '%d', // 123
        ),
        array( '%d' )
);
```

Im ersten Paramter übergeben Sie dabei den Tabellennamen. Der zweite Paramter ist ein Array, in welchem die zu aktualisierenden Spalten in Schlüssel => Wert Paaren hinterlegt sind. Der dritte zu übergebende Array dient zur Konstruktion des WHERE-Statements. Wie schon bei $wpdb->insert() kann man auch die Formate der Werte übergeben. Der erste Array übergibt dabei die Formate der zu aktualisierenden Spalten, der zweite Array übergibt das Format für die Werte im WHERE-Statement.

Möchten Sie nun eine Zeile löschen, können Sie dies mit $wpdb->delete() realisieren:

```php
<?php
$wpdb->delete(
        'table',
        array( 'ID' => 1 ),
        array( '%d' )
);
```

Während der erste Paramter erneut die Tabelle angibt, übergibt der zweite Parameter als Array das WHERE-Statement. Der dritte Paramter ist erneut optional und übergibt die Formate.

Der Loop: Darstellung von Seiten und Posts

Zentral für jede Webseite sind natürlich die einzelnen Seiten. Der WordPress Core liefert von sich aus zwei unterschiedliche Typen von Seiten: `post` und `page`. Eine Seite (`page`) findet Verwendung für statische Seiten, wie Kontakt- oder Impressumsseiten, während ein Beitrag (`post`) einen Blogbeitrag enthält.

Darüber hinaus bietet WordPress Entwicklern die Möglichkeit eigene Posttypen zu definieren. So kann man beispielsweise den Typ `product` für Produkte eines Onlineshops definieren. Die Möglichkeiten hier sind nahezu unbegrenzt.

WordPress wird nach wie vor vielfach als Blog eingesetzt und selbst auf komplexen Anwendungen finden sich häufig noch irgendwo Blogs, in welchen Beiträge zu verschiedenen Themen veröffentlicht werden. Nach wie vor ist der Blogpost das zentrale Element beinahe jeder WordPress Anwendung.

Gespeichert werden Posts in der `wp_posts` Tabelle. Die Spalte `post_type` dient dabei als Unterscheidungskriterium zwischen Blogbeiträgen, Seiten und anderen Typen. Einem Beitrag wird hier der Posttyp `post` zugewiesen, eine Seite wird hier den Wert `page` hinterlegt haben. Wie alle anderen Posttypen auch hat ein Beitrag natürlich einen Titel (`post_title`), einen Text (`post_content`), einen Autoren (dessen ID in der Spalte `post_author` hinterlegt wird und auf den entsprechenden User in der `wp_user` verweist – siehe dazu auch das Kapitel „Benutzerverwaltung"), einen Status (`post_status`) wie beispielsweise veröffentlicht (`publish`) oder Entwurf (`draft`), ein Veröffentlichungsdatum (jeweils in lokaler und GMT-Zeit), ein Änderungsdatum (ebenfalls in lokaler und GMT-Zeit), eine Exzerpt-Spalte und so weiter.

Um sich nun den Funktionen zu nähern, mit welchen wir Posts abgreifen und verändern können, bevor diese dargestellt werden, sollten wir zunächst den grundsätzlichen Aufbau einer WordPress Seite verstehen. Im Wesentlichen werden Posts auf zwei Arten dargestellt, entweder auf einer Artikel-Seite oder auf einer Überblicksseite. Überblicksseiten können beispielsweise die Startseite, die Kategorien- oder Schlagwortseiten oder auch die Monats- und Autorenarchive sein. In beiden Fällen, also auf einer Artikel- wie auch einer Übersichtsseite werden Beiträge innerhalb des sogenannten „Loops" dargestellt.

Der Loop: Darstellung von Seiten und Posts

Abbildung 12: Der WordPress Loop auf der Übersichtsseite

Wie das Wort „Loop" schon andeutet, handelt es sich hierbei um eine Schleife. Wenn Sie sich beispielsweise die *index.php* eines Themes ansehen, werden Sie folgende Schleife dort finden:

```
<?php
if( have_posts() ):
        while( have_posts() ):
                the_post();
                /* weiterer Code */
        endwhile;
endif;
```

Zunächst wird dort mit `have_posts()` geprüft, ob überhaupt Posts vorliegen, welche angezeigt werden können. Nehmen wir beispielsweise die Suche: Nur, wenn Suchergebnisse vorliegen, wird `have_posts()` `true` zurückgeben, ansonsten wird false zurückgegeben werden.

Innerhalb der `while()`-Schleife werden nun die einzelnen Posts ausgegeben. Sie werden, zumindest in einem vernünftig programmierten Theme, diese gleiche `while()`-Schleife auch auf der Artikelseite (*single.php*) wiederfinden, denn nur indem Sie den Loop starten werden bestimmte Funktionen am Ende auch wie gewünscht funktionieren.

Der Loop: Darstellung von Seiten und Posts

Was passiert also standardmäßig in diesem Loop? Der Titel wird ausgegeben, ein Link auf den Post wird angezeigt, eventuell ein Bild, der Text oder zumindest ein Ausschnitt vom Text und noch weitere Informationen wie Publikationsdatum, Autor, Anzahl der Kommentare, Kategorien, Schlagwörter und so weiter. Für all diese Angaben bietet WordPress gesonderte Befehle, mit Hilfe derer Sie auf den jeweiligen Inhalt zugreifen können.

Sehen wir uns einmal die wesentlichen Befehle im Loop an:[36]

Name	Funktion	Filter
the_ID(), get_the_ID()	Gibt die ID eines Posts aus, bzw. in einem String zurück.	Kein Filter vorhanden
the_title(), get_the_title()	Gibt den Titel eines Posts aus, bzw. zurück.	the_title
the_content(), get_the_content()	Gibt den Textinhalt aus, bzw. zurück.	the_content
the_tags(), get_the_tags()	Gibt die Schlagwörter eines Posts aus, bzw. zurück.	get_the_tags
the_category(), get_the_category()	Gibt die Kategorien eines Posts aus, bzw. zurück.	get_the_categories
the_author(), get_the_author()	Gibt den Namen des Autoren aus, bzw. zurück.	the_author
the_author_link(), get_the_author_link()	Gibt den Autoren samt Link auf die Autorenseite aus, bzw. zurück.	Kein Filter vorhanden
the_date(), get_the_date()	Gibt das Veröffentlichungsdatum eines Posts aus, bzw. zurück.	get_the_date

---

[36]. An dieser Stelle können wir keine komplette Übersicht aller Funktionen diskutieren oder auch nur bieten, da dies den Rahmen sprengen würde. Deshalb greifen wir hier nur auf die am meisten Genutzten zurück. Eine vollständige Übersicht bietet der WordPress Codex: http://codex.wordpress.org/Template_Tags

Name	Funktion	Filter
the_permalink(), get_the_permalink()	Gibt den Link zum Post aus, bzw. zurück.	post_link
the_post_thumbnail(), get_the_post_thumbnail()	Gibt das Beitragsbild (sofern vorhanden) aus, bzw. zurück.	post_thumbnail_html

Jede dieser Funktionen gibt es also ein zweifacher Ausführung. Einmal gibt die Funktion den erwarteten Wert via echo aus und einmal übergibt sie diesen Wert, so dass man damit weiterarbeiten kann. Mit dem Präfix the_ wird der Wert ausgegeben und mit dem Präfix get_ wird er zurückgegeben.

Sie erinnern sich sicherlich noch an unseren Shortcode „Read More Inline". Shortcodes werden innerhalb dieses Loops ausgeführt, da schließlich auch der Content innerhalb des Loops dargestellt wird (get_the_content()). Dies ist insofern bedeutsam als Sie bei Shortcodes auf die im Loop aktiven Funktionen zurückgreifen können (was bei Widgets nicht so ohne Weiteres der Fall ist, welche in der Sidebar platziert sind und damit außerhalb des Loops. Müssen Sie also von Ihrem Widget aus auf Informationen für einen Post zurückgreifen, welcher innerhalb eines Loops auf der Seite dargestellt wird, müssen Sie gegebenenfalls einen Umweg gehen.).

Der WordPress Loop ist also eine Schleife zur Darstellung von Blogbeiträgen. Dazu werden innerhalb der Schleife die sogenannten Template Tags benutzt. Bevor diese jedoch Verwendung finden, müssen Sie mittels the_post() noch den aktuellen Beitrag „aktivieren". Versuchen wir, diesen Vorgang etwas näher zu verstehen. Die Funktion the_post() ist innerhalb der WP_Query-Klasse lokalisiert. Dort aktiviert sie den nächsten Post und führt setup_postdata() aus. Die wesentlichen Informationen des aktuell darzustellenden Beitrags werden in den globalen Variablen $id, $authordata, $currentday, $currentmonth, $page, $pages, $multipage, $more und $numpages hinterlegt. Template Tags wie beispielsweise get_the_content() greifen nun auf diese globalen Variablen zurück, um daraus dann die entsprechenden Informationen auszugeben. Im Falle von get_the_content() vor allem auf die Variable $pages. Diese enthält den aktuellen Beitragstext, welcher – da man auch einzelne Beiträge auf mehrere Seiten aufspalten kann – als Array hinterlegt ist. Aus dem in $pages hinterlegten Texten generiert get_the_content() schließlich den darzustellenden Text, der dann zurück und ausgegeben wird. Aus diesem Vorgehen wird ersichtlich, wozu Sie vor der Verwendung der Template Tags `the_post()` verwenden müssen. Diese Funktion füllt die von den Template Tags verwendeten globalen Variablen mit den aktuellen Informationen.

Wenn Sie Plugins entwickeln, werden Sie nicht so häufig mit den tatsächlichen Ausgabefunktionen für Posts in Berührung kommen. Vielmehr werden Sie an den Filtern interessiert sein, denen jede dieser Funktionen vorangeht. Beinahe jede der get_-Funktionen durchläuft vor dem Return einen Filter, mit welchem Sie den Ausgabewert modifizieren können. So können Sie mit dem Filter `'the_content'` den Inhalt eines Beitrags beliebig manipulieren, bevor er schließlich beim Besucher angezeigt wird. Wie wäre es zum Beispiel damit, immer bestimmte Schlüsselwörter mit `<strong></strong>` einzurahmen?

```php
<?php
/**
 * Plugin Name: Use the_content to make keywords strong.
 * Author: Websupporter
 * Author URI: https://websupporter.net
 **/
add_filter( 'the_content', 'make_it_strong' );
function make_it_strong( $content ) {
	$keys = array( 'PHP ', 'WordPress ' );
	foreach ( $keys as $key ) {
		$content = preg_replace(
			'^(' . preg_quote( $key ) . ')^',
			'<strong>$1</strong>',
			$content
		);
	}
	return $content;
}
```

plugins/9-the-content/index.php

In diesem Beispielcode würde jedes Mal, bevor der Inhalt eines Beitrags ausgegeben wird, zunächst geprüft, ob dieser die Worte „PHP" oder „WordPress" enthält. Diese Worte würden nun fett gedruckt.

WP_Query

Damit sind wir jetzt schon einen ganzen Schritt weiter. Wir verstehen, was innerhalb des Loops vor sich geht und können dort mit verschiedenen Techniken eingreifen. Aber wir verstehen noch nicht so ganz, wie dieser Loop an sich funktioniert.

Das Beste wäre an dieser Stelle sicherlich, einfach schnell einen eigenen Loop zu programmieren, um zu verstehen wie ein solcher funktioniert. Sagen wir, wir programmieren ein Plugin, welches die zehn meist kommentierten Posts absteigend ausgibt. Die Ausgabe soll über einen Shortcode erfolgen, welchen wir dann auf einer Seite ausgeben können.

Was wir benötigen sind also irgendwie die zehn am meisten kommentierten Posts. Wir wissen, dass es in der Datentabelle wp_posts die Spalte comment_count gibt. In dieser Spalte wird einfach zu jedem Post hinterlegt, wie häufig dieser kommentiert wurde. Normalerweise würden wir also einfach eine SQL-Abfrage durchführen, in welcher wir die Datenbank nach comment_count desc sortieren würden. In WordPress bietet sich ein anderer Weg an: Wir entwickeln hierfür einen eigenen Loop.

Dazu greifen wir auf die WP_Query() Klasse von WordPress zurück, welche uns sozusagen den Loop produziert. Wenn Sie gleich den Beispielcode studieren, werden Sie sehen, was ich meine:

```php
<?php
$the_query = new WP_Query( $args );

if ( $the_query->have_posts() ) {
    echo '<ul>';
    while ( $the_query->have_posts() ) {
        $the_query->the_post();
        echo '<li>' . get_the_title() . '</li>';
    }
    echo '</ul>';
}
wp_reset_postdata();
```

Wir konstruieren also einen neuen WP_Query mit einem Array noch nicht näher definierter Argumente. So viel können wir hier schon verraten: $args wird die Filterkriterien enthalten, nach welchen wir unsere Beiträge auswählen. Im Anschluss folgt dann unser Loop. Doch statt have_posts() müssen wir nun $the_query->have_posts() schreiben, da dieser neue WP_Query nicht der initiale WordPress Query ist, sondern ein von uns in der Variable $the_query definierter.[37]

Wir durchlaufen also den Loop, welcher uns unsere Beiträge ausgibt, und Sie sehen auch $the_query->the_post();. Wie im vorangegangenen Abschnitt erläutert, initialisieren wir hier den gesamten Post und erst jetzt erhalten Sie beispielsweise mit the_title() auch tatsächlich den gewünschten Titel des Posts.

Und an dieser Stelle kommen Sie wahrscheinlich schon ins Grübeln: Wenn wir also einen WP_Query in unserem Shortcode durchlaufen und dieser Shortcode Teil des Contents einer Seite ist, dann bedeutet dies, dass dieser Query innerhalb eines anderen Loops läuft! Wenn dem so ist und mein Query nun die globale Variablen wie $pages oder $id manipuliert, werden dann nicht alle Template Tags, welche nach meinem Loop vom übergeordneten noch ausgeführt werden, falsch dargestellt? Genau deshalb setzen wir nach unserem Loop wp_reset_postdata(); um unseren übergeordneten Loop wieder mit der korrekten Informationen aus dem Hauptloop zu versorgen.

Zu schnell? Ihr Shortcode wird ja letztlich über the_content() ausgegeben. Das heißt in einem übergeordneten, im sogenannten Hauptloop. the_content(), aber auch the_tags() funktionieren, weil es globale Variable wie $pages gibt, in welchen der aktuelle Beitrag hinterlegt ist. Wenn Sie nun in Ihrem Shortcode $pages überschreiben und nach dem the_content() des Hauptloops das Template nun the_tags() aufruft, also unterhalb des Artikels die Schlagwörter dargestellt werden sollen, so würden ohne wp_reset_postdata() die Schlagworte des letzten Posts Ihres WP_Queries und nicht des Haupt-WP_Queries angezeigt. Deshalb setzen Sie die globalen Werte mit wp_reset_postdata() zurück.

---

37. In der Datei *wp-includes/query.php* finden Sie die Funktion the_post(), deren ausschließliche Funktion es ist die $wp_query->the_post() auszuführen. Deshalb können wir für den Hauptloop einfach auf the_post() zurückgreifen, während wir für unsere eigenen Loops die klasseninterne the_post() aufrufen müssen. Dies gilt auch für have_posts().

Noch eine kurze Anmerkung zum Hauptloop. Dieser wird auf jeder Seite ausgeführt. Wir nutzen, wenn wir einen neuen Loop entwickeln eine Variable, in unseren Beispielen `$the_query`. Müsste es dann nicht auch für den Hauptloop eine Variable geben? Die gibt es: `$wp_query`. Diese Variable hält die komplette `WP_Query()`-Instanz des Hauptloops bereit. So können Sie mit `global $wp_query;` stets auf den Hauptloop zugreifen.

Nachdem wir nun gesehen haben, wie ein solcher Loop funktioniert, bleibt eigentlich nur noch eine zentrale Frage zu beantworten: Wie zum Teufel funktioniert `$args`?
`$the_query = new WP_Query( $args );`

Im WordPress Codex gehört die Seite zum `WP_Query` sicherlich zu den umfangreichsten Kapiteln. Wir werden aufgrund des Umfangs hier nicht sämtliche Möglichkeiten besprechen können. Doch die wesentlichen Argumente sollen hier kurz aufgeführt werden. Wenn es später um benutzerdefinierte Felder und Taxonomien geht, werden wir nochmal darauf zurückkommen, um zu lernen, wie man mit Hilfe des `WP_Query` nach bestimmten Kategorien oder benutzerdefinierten Feldern filtern kann.

Die Argumente für den WP_Query

Im Wesentlichen handelt es sich bei den Filter-Argumenten um einen großen, mehrdimensionalen Array, aus welchem `WP_Query` letztlich eine SQL-Abfrage generiert und den Loop konstruiert. Sie können Ihre Posts nach Autoren, Kategorien, Schlagwörtern, Taxonomien, Posttypen, dem Status, nach Datum, benutzerdefinierten Feldern und natürlich nach bestimmten Titeln oder Inhalten durchsuchen und filtern.[38]

Beginnen wir zunächst mit einer recht einfachen Anfrage und lassen uns einfach die zehn am meisten kommentierten Posts zurückgeben:

```php
<?php
$args = array(
         'post_type'        => 'post',
         'post_status'      => 'publish',
         'posts_per_page'   => 10,
```

---

[38] Einen wirklich hervorragenden Überblick über die mächtige Klasse WP_Query erhalten Sie auf der entsprechenden Codex-Seite. Dort werden Sie sämtliche Möglichkeiten einsehen können: http://codex.wordpress.org/Class_Reference/WP_Query

```
            'orderby'          => 'comment_count',
            'order'            => 'desc',
);
```

Wir legen fest, dass der Posttyp `post` sein soll (mit `page` würden wir beispielsweise Seiten suchen oder mit `attachment` Anhänge, wie zum Beispiel Bilder). Desweiteren möchten wir nur bereits publizierte Beiträge erhalten, indem wir festlegen, dass der Status der Posts `publish` ist (wir könnten auch nur Entwürfe nehmen, indem wir `draft` wählen). Mit `posts_per_page` geben wir an, wie viele Posts in unserem Loop maximal vorhanden sein sollen, in unserem Fall zehn. Wenn wir hier keine Angabe machen, wird die Standard-Anzahl genommen, welche der Administrator in *Einstellungen > Lesen* hinterlegen kann (normalerweise sind dies zehn Posts). Danach legen wir fest, dass wir die Posts durch die Spalte `comment_count`, also anhand der Anzahl der Kommentare sortieren wollen und zwar, wie in `order` festgelegt, absteigend (`asc` wäre aufsteigend).

Fassen wir doch unser bisheriges Wissen schon einmal in einem gesamten Plugin zusammen:

```php
<?php
/**
 * Plugin Name: TopTenComments (1)
 * Plugin URI: http://websupporter.net/
 * Description: Eine Liste der am meisten kommentierten Beitraege.
 * Author: Websupporter
 * Version: 1.0
 * Author URI: http://websupporter.net/
 **/
add_shortcode( 'toptencomments', 'toptencomments' );
function toptencomments(){
  $args = array(
      'post_type'        => 'post',
      'post_status'      => 'publish',
      'posts_per_page'   => 10,
      'order'            => 'desc',
      'orderby'          => 'comment_count',
  );
  $the_query = new WP_Query( $args );

  $string = '';
  if ( $the_query->have_posts() ) {
    $string .= '<ol>';
    while ( $the_query->have_posts() ) {
```

```
        $the_query->the_post();
        $string .= '<li>';
        $string .= '<a href="' . get_permalink() . '">';
        $string .= get_the_title();
        $string .= '</a></li>';
    }
    $string .= '</ol>';
  }
  wp_reset_postdata();
  return $string;
}
```
plugins/9-toptencomments-1/index.php

Mit diesem Plugin könnten Sie nun einfach einen Beitrag mit einer Liste der am meisten kommentierten Blogbeiträge anlegen. Dazu müssten Sie im Editor einfach nur noch [toptencomments] schreiben. Kehren wir nach diesem kleinen Erfolgserlebnis nochmal zu unseren Filter-Argumenten zurück:

Parameter	Inhalt	Typ
Autoren		
author	Autor ID	Integer
author_name	Name des Autoren (nicename, siehe das Benutzerverwaltungs-Kapitel)	String
author__in	Autoren-IDs	Array mit Autoren-IDs
author__not_in	Nicht diese Autoren	Array mit Autoren-IDs
Kategorien		
cat	Kategorie-ID	Integer
category_name	Slug der Kategorie[39]	String

---

[39] Es ist natürlich nicht sofort einsichtig, was ein Slug ist. Als Slug kann man auch den URL-Part verstehen. Für die Kategorie „Allgemein" wäre dies „allgemein", wie beispielsweise in dieser URL: http://example.com/category/*allgemein/*. Der Slug wird dabei immer eindeutig benannt. Sollten Sie beispielsweise zwei gleichlautende Beiträge haben, so wird der Slug des zweiten Beitrags auf „...-2" enden. So kann man sich darauf verlassen, dass ein Slug, genauso wie eine ID immer eindeutig ist. Er ist allerdings nicht identisch mit dem Namen einer Kategorie oder eines Beitrags!

Parameter	Inhalt	Typ
category__in	Kategorien-IDs	Array
category__not_in	Nicht diese Kategorien	Array mit Kategorien-IDs
Schlagworte		
tag	Schlagwort Slug	String
tag_id	Schlagwort-ID	Integer
tag__in	Schlagwort-IDs	Array
tag__not_in	Nicht diese Schlagworte	Array mit Schlagwort-IDs
tag_slug__in	Schlagwort Slugs	Array
Post & Page		
p	Post ID	Integer
name	Post Slug	String
page_id	Page ID	Integer
pagename	Page Slug	String
post_parent	Kinderseiten einer Seite, Page ID von Elternseite	Integer
post_parent__in	Elternseiten IDs	Array
post_parent__not_in	Nicht diese Eltern, Elternseiten IDs	Array
post__in	Post IDs	Array
post__not_in	Post-IDs, nicht diese Posts	Array
post_type	Posttyp(en), Beispiel: 'post', 'page', 'attachment'	String oder Array

Parameter	Inhalt	Typ
post_status	Post Status(e), Beispiel: 'publish', 'draft', 'auto-draft', 'pending', 'future', 'private', 'inherit', 'trash', 'any'	String oder Array

Ein wichtiger Aspekt ist noch der Parameter 'ignore_sticky_posts', welchen Sie ebenfalls über die $args übergeben können. Sticky Posts kann man ins Deutsche als „klebrige Beiträge" übersetzen. Redakteure können festlegen, ob ein bestimmter Beitrag auf den Übersichtsseiten immer oberhalb angezeigt werden soll. Einen solchen Beitrag nennt man Sticky Post. Wenn man nun selbst Posts filtert, kann es natürlich sein, dass man diese Beiträge nicht unbedingt als Erste anzeigen möchte. Wieso sortiert man beispielsweise nach der Anzahl der Kommentare absteigend, wenn am Ende Posts ohne Kommentare ganz oben erscheinen können. Deshalb kann man 'ignore_sticky_posts' auf true setzen. Der Standardwert ist dabei false. Dies bedeutet nun keinesfalls, dass Sticky Posts komplett ignoriert werden. Nur ihre klebrige Eigenschaft wird ignoriert und sie werden dort angezeigt, wo sie angezeigt würden, wenn Sie eben nicht „sticky" wären.

Seitennavigation

Kehren wir zurück zu unserem Plugin, welches die zehn am meisten kommentierten Beiträge darstellt. Nun kann es ja sein, wir möchten nicht nur die zehn Top-Beiträge anzeigen, sondern sämtliche Beitrage nach comment_count absteigend ausgeben. Dies können allerdings schnell mehrere hundert Beiträge werden, welche wir nicht alle in einer ewig langen Liste darstellen möchten. Eine Seitennavigation böte sich an, so dass man durch die Ergebnisse blättern könnte. Auch dies kann man mit Hilfe des WordPress Loops realisieren.

Die Funktion, mit der Sie eine Seitennavigation schnell realisieren können ist paginate_links(). Mit Hilfe dieser Funktion erhalten Sie eine Blätterfunktion wie in Abbildung 13 dargestellt. Die Darstellung lässt sich dabei mit einem Array aus Argumenten steuern. Dies bedeutet, dass man mit diesen Argumenten das Aussehen der Navigation beeinflussen kann, den Linkaufbau, die Anzahl der Seiten und so weiter.

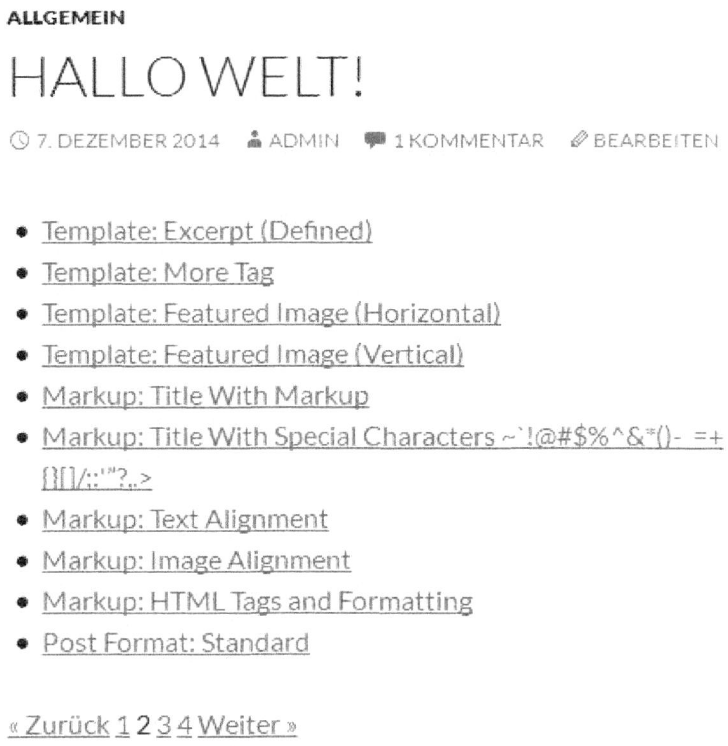

ALLGEMEIN

HALLO WELT!

🕓 7. DEZEMBER 2014 👤 ADMIN 💬 1 KOMMENTAR ✏ BEARBEITEN

- Template: Excerpt (Defined)
- Template: More Tag
- Template: Featured Image (Horizontal)
- Template: Featured Image (Vertical)
- Markup: Title With Markup
- Markup: Title With Special Characters ~`!@#$%^&*()- =+ {}[]/:;'"?.,>
- Markup: Text Alignment
- Markup: Image Alignment
- Markup: HTML Tags and Formatting
- Post Format: Standard

« Zurück 1 2 3 4 Weiter »

Abbildung 13: Die am meisten kommentierten Beiträge mit Navigation

Parameter	Funktion
base	Übergibt die Referenz-URL für den Navigationslink, also zum Beispiel: http://example.com/?p=1&[platzhalter]
format	Erläutert den Platzhalter, damit dieser durch die Seitenzahl ersetzt werden kann.
total	Die Anzahl der vorhandenen Seiten
current	Die aktuelle Seite
show_all	(Boolean), zeige alle Seiten an

Parameter	Funktion
end_size	Wie viele Seiten werden am Anfang, bzw. Ende der Liste angezeigt. Beispiel: 3 1, 2, 3, ..., **25**, ..., 29, 30, 31
mid_size	Wie viele Seiten sollen um die aktuelle Seite herum angezeigt werden. Beispiel: 3 ..., 22, 23, 24, **25**, 26, 27, 28, ...
prev_text	Text für „zurück"-Link
next_text	Text für „weiter"-Link
type	Bestimmung des Ausgabetyps: `'plain'`: String mit einfachen Links `'list'`: <ul>-Liste `'array'`: Array
add_fragment	Textfragment, welches jedem Link angehängt wird
before_page_number	Text vor jeder Seitennummer
after_page_number	Text nach jeder Seitennummer

Sie müssen sich aber keine Sorgen machen, dass Sie ständig so viele Argumente für eine einfache Navigation erstellen müssen. Alle diese Parameter haben Standard-Werte. Erst, wenn Sie von der Standard-Darstellung abweichen wollen, müssen Sie die jeweiligen Parameter verändern. Nun möchten wir unser Plugin natürlich entsprechend erweitern:

```php
<?php
function toptencomments(){
  $paged = ( isset( $_GET['tcPage'] ) ) ? (int)$_GET['tcPage'] : 1;
  $link = add_query_arg(array(
    '%_%' => '',
  ), get_the_permalink());

  $args = array(
    'paged'           => $paged,
    'post_type'       => 'post',
    'post_status'     => 'publish',
    'posts_per_page'  => 10,
    'order'           => 'desc',
    'orderby'         => 'comment_count',
```

```php
    'ignore_sticky_posts' => true,
  );
  $the_query = new WP_Query( $args );

  $string = '';
  if ( $the_query->have_posts() ) {
    $string .= '<ol>';
    while ( $the_query->have_posts() ) {
      $the_query->the_post();
      $string .= '<li>';
      $string .= '<a href="' . get_permalink() . '">';
      $string .= get_the_title();
      $string .= '</a></li>';
    }
    $string .= '</ol>';
  }
  $string .= paginate_links( array(
    'base'    => $link,
    'format'  => 'tcPage=%#%',
    'current' => $paged,
    'total'   => $the_query->max_num_pages
  ) );
  wp_reset_postdata();
  return $string;
}
```

plugins/9-toptencomments-2/code.php

Wie funktioniert unsere Seitennavigation? Wir wollen am Ende über $_GET['tcPage'] die Seite erhalten, auf welcher wir uns gerade befinden. In der ersten Zeile ermitteln wir deshalb die Seitenzahl, welche entweder 1 oder aber die über $_GET['tcPage'] übermittelte ist. Diese wird schließlich später mittels 'paged' an WP_Query übergeben. Mit Hilfe des 'paged'-Parameters übergibt man an den WP_Query die Information, auf welcher Seite man sich gerade befindet.

Damit später die Links der Seitennavigation korrekt konstruiert werden können, müssen wir die 'base' für paginate_links() richtig einstellen. Also müssen wir diesen Link konstruieren. Wir benutzen dazu add_query_arg()[40]. Mit dieser Funktion können wir Parameter an eine URL anhängen. Dazu übergeben wir als ersten Parameter eine Schlüssel-Wert-Liste von GET-Parametern. Im zweiten Parameter übergeben wir die URL, an welche die Parameter angehängt werden sollen, in unserem Fall den Permalink.

---

40. https://developer.wordpress.org/reference/functions/add_query_arg/

Derzeit möchten wir nicht wirklich die komplette URL generieren, sondern nur einen Platzhalter, welcher später von `paginate_links()` mit Hilfe von `'format'` ersetzt wird. Deshalb übergeben wir einfach `array('%_%' => '')`, welches zu http://example.com/permalink?%_% übersetzt wird. Sollte die im zweiten Parameter übergebene URL schon Parameter enthalten, so würde `add_query_arg()` die weiteren Parameter schlicht anhängen.

Wenden wir uns nun der Konstruktion der Blätterfunktion am Ende unseres Scripts zu. Als `'base'`-Parameter übergeben wir unsere konstruierte URL mit dem `'%_%'`-Platzhalter. Mit Hilfe von `'format'` ersetzen wir unseren Platzhalter dann mit dem entsprechenden GET-Parameter.

```
'base'   => $link,
'format' => 'tcPage=%#%',
```

Wir übergeben nun die aktuelle Seitenzahl, damit diese entsprechend in der Seitennavigation markiert werden kann:

```
'current' => $paged,
'total'   => $the_query->max_num_pages,
```

Darüber hinaus wird mit `'total'` die absolute Anzahl der Seiten angegeben. Hierbei sehen wir eine weitere interessante Variable, die WP_Query für uns bereithält. Aus der im `post_per_page`-Parameter übergebenen Anzahl der Posts errechnet der WP_Query, wie viele Seiten maximal angezeigt werden können. Diese Anzahl wird in `max_num_pages` abgelegt. Wenn Sie also einmal nicht auf `paginate_links()` zurückgreifen möchten, haben Sie mit Hilfe dieser Variablen die Möglichkeit, Ihre eigene Seitennavigation zu entwickeln.

Und schon funktioniert unsere Seitennavigation. Statt also nur die zehn am meisten kommentierten Beiträge darzustellen, zeigt unser Shortcode nun sämtliche Posts an, wobei der am meisten kommentierte Beitrag als erstes angezeigt wird. Darüber hinaus wird mit Hilfe einer Seitennavigation das ganze auch noch schön übersichtlich dargestellt.

Öffentliche Variablen: Query Vars

Einige der WP Query Variablen können öffentlich – via URL – aufgerufen werden. http://example.com/?p=1 übergibt so den Parameter 'p' an den WP_Query, http://example.com/?post_parent=1 übergibt den Parameter 'post_parent' und sucht damit nach allen Beiträgen, deren Eltern-Post die ID 1 besitzt.

Dies hat einige Nebeneffekte. Wenn Sie in unserem obigen Plugin statt 'tcPage' einen anderen Parameter wählen würden, welcher allerdings von WordPress reserviert ist, produzieren Sie möglicherweise einen 404 Not Found oder aber einen anderen nichtintendierten Effekt. Wenn Sie Ihre Seitenanzahl beispielsweise mit ?p= übergeben würden, kämen Sie statt auf die Seite X auf den Post mit der ID X – insofern dieser existiert.

Die reservierten Namen finden sich in der Klasse WP(): $public_query_vars.[41] Wenn Sie also ein Plugin entwickeln, welches mit WordPress via $_GET kommunizieren möchte, sollten Sie prüfen, ob dieser Name eventuell schon reserviert ist.

Den Inhalt einer reservierten Variablen können Sie mit get_query_var($name, $default) auslesen. So können Sie mit get_query_var('p') die ID eines Posts auslesen, sofern diese mit $_GET['p'] angefragt wurde. In den beiden folgenden Links wird get_query_var('p') nur im ersten Fall zum Erfolg führen, da im zweiten Fall der Post über den Namen des Posts ermittelt wird (get_query_var('name')):
http://example.com/?p=1
http://example.com/hallo-welt/

Der Post Name, welcher unter 'post_name' in der Datenbank abgespeichert wird, sollte dabei nicht mit dem Beitragstitel verwechselt werden, welcher unter 'post_title' abgelegt wird. Im Gegensatz zum Titel muss der Name eindeutig sein, da der Name letztlich als URL Verwendung finden soll. So können Sie zwei Posts haben, welche „Hallo Welt" heißen, der erste Beitrag wird den Namen „hallo-welt" bekommen, der Zweite wird den Namen „hallo-welt-2" bekommen. Der Post Name leitet sich meist, allerdings nicht zwingend, aus dem Titel ab, der dafür transformiert wird. So werden Umlaute abgeändert, Großbuchstaben klein geschrieben, Leerzeichen durch Bindestriche ersetzt und weitere Sonderzeichen entfernt.

---

41. http://codex.wordpress.org/WordPress_Query_Vars

In den WP_Query einhaken

Die WP_Query-Klasse bietet eine Menge Filter und Aktionen, in welche sich Plugins einhaken können. Damit können Sie nicht nur deutlich weiter Ihre eigenen Queries individualisieren, sondern darüber hinaus auch auf den Hauptloop Einfluss nehmen.

'pre_get_posts'
Dieser Action Hook feuert kurz bevor die SQL-Abfrage erzeugt und ausgeführt wird. Hier ist sozusagen die letzte Station, Werte noch einmal zu ändern. Übergeben wird dabei das WP_Query Objekt, so dass Sie an diesem direkt Änderungen vornehmen können. 'pre_get_posts' ist sicherlich einer der beliebtesten Hooks des WP_Queries und in einem kurzen Beispielplugin werden Sie sehen warum. Nehmen wir an, Sie haben mehrere Posttypen. Ihre Seite veröffentlicht Bücherrezensionen, welche im Posttyp 'book' abgelegt werden.[42] Auf Ihrer Blogstartseite möchten Sie nun nicht einfach nur Ihre letzten Blogbeiträge, in welchen Sie beispielsweise über Ihren letzten Besuch der Frankfurter Buchmesse berichten, sondern auch Ihre letzten Rezensionen anzeigen. Darüber hinaus haben Sie eine Kategorie „Off-Topic", in welcher Sie Blogbeiträge versammeln, welche mit dem eigentlichen Thema Ihres Blogs – Bücher und Rezensionen – nichts zu tun haben. Dort schreiben Sie beispielsweise über Ihre Erfahrungen mit dem neusten Bewertungsplugin oder dass das Wetter heute endlich mal wieder ausgezeichnet war. Die Blogbeiträge dieser Kategorie haben – so finden Sie – auf der Startseite Ihres Blogs nichts verloren. Mit Hilfe von 'pre_get_posts' können Sie sich nun ein kleines Plugin schreiben, welches zum einen Ihre Buchrezensionen mit auf die Startseite bringt und zum anderen Ihre „Off-Topic"-Beiträge nicht auf der Startseite präsentiert:

```php
<?php
add_action( 'pre_get_posts', 'home_beitraege' );
function home_beitraege( $query ){
        if ( ! $query->is_main_query() || ! $query->is_home )
            return;

        $query->set( 'post_type', array( 'post', 'book' ) );
        $query->set( 'category__not_in', 3 );
}
```

---

42. Mehr zu Erstellung eigener Posttypen finden Sie auf Seite 159.

Unsere Funktion `home_beitraege()` ist also in die `'pre_get_posts'`-Action eingehakt. Diese übergibt den aktuellen WP_Query in die Variable $query. Im ersten Schritt prüfen wir, ob es sich um den Hauptloop handelt (`is_main_query()`) und ob wir uns auf der Blogstartseite befinden (`is_home`)[43]. Sollte dies nicht der Fall sein, so brechen wir unsere Funktion ab, da wir nur den Hauptloop auf unserer Blogstartseite alterieren möchten.

Sollte dies allerdings der Fall sein, greifen wir auf die WP_Query interne Funktion `set()` zurück, um den Filter zu ändern. Wir übergeben dazu zunächst den Schlüssel, welchen wir ändern möchten, und im zweiten Parameter den neuen Wert. So setzen wir den `'post_type'` auf einen Array, welcher `'post'` und `'book'` enthält. Darüber hinaus setzen wir `'category__not_in'` auf 3, wobei wir davon ausgehen, dass 3 die ID unserer Kategorie „Off Topic" ist. Sie sehen also, der Filter `'pre_get_posts'` ist ein relativ mächtiger Filter, mit dessen Hilfe Sie die Auswahl von Blogbeiträgen massiv beeinflussen können.

Wie Sie sich denken können, wo es eine `set()`-Funktion gibt, da gibt es auch eine `get()`-Funktion. Diese erwartet den Filter-Schlüssel als Parameter und übergibt die aktuellen Einstellungen. Optional können Sie als einen zweiten Parameter noch einen Standard-Wert angeben, der zurückgegeben wird, sollte kein Wert gesetzt sein.

An diesen Action Hook anschließend wird nun das SQL-Statement erzeugt. Auch in die Erzeugung dieses Statements können Sie stets eingreifen. Im Folgenden lernen Sie die Filter kennen, mit welchem Sie direkt auf das SQL-Statement zugreifen können. Sollte der WP_Query mit dem Argument `'suppress_filters'` initiiert worden sein, so werden diese Filter nicht ausgeführt. Mit Hilfe dieses Parameters können Sie also verhindern, dass andere Plugins auf die Post-Selektion Ihres Queries Einfluss nehmen.

'posts_where'
Hiermit können Sie auf den WHERE-Part des Statements zugreifen. Übergeben wird dieser Part sowie das WP_Query-Objekt. Zurückerwartet wird das WHERE-Statement.

---

[43] Zur Standortbestimmung finden Sie weitere Informationen im Kapitel „Wo bin ich" (S. 183). Die meisten dieser dort aufgeführten Befehle beruhen letztlich auf Informationen des Hauptloops. So gibt beispielsweise die Funktion `is_home()` lediglich die Variable $wp_query->is_home zurück.

'posts_groupby'
Hiermit können Sie auf den `GROUP BY`-Part zugreifen. Das Statement sowie das WP_Query-Objekt werden dazu übergeben und das Statement sollte zurückgegeben werden.

'posts_join_paged'
Hiermit haben Sie Zugriff auf den Teil des Statements, in welchem die verschiedenen Tabellen miteinander verbunden werden. Übergeben werden das Statement sowie das WP_Query-Objekt. Das Statement muss zurückgegeben werden.

'posts_orderby'
Mit Hilfe dieses Filters können Sie auf die Sortierung der Posts Einfluss nehmen. Übergeben werden der `ORDER BY`-Teil des SQL-Statements, sowie das WP_Query-Objekt. Das Statement muss zurückgegeben werden.

'posts_distinct'
Wenn Sie `'DISTINCT'` zurückgeben vermeiden Sie, dass Beiträge eventuell doppelt angezeigt werden.

'post_limits'
Das `LIMIT`-Statement wird über diesen Filter zur Veränderung freigegeben. Hiermit können Sie auf Datenbank-Ebene Einfluss darauf nehmen, wie viele Posts pro Seite angezeigt werden.

'posts_fields'
Dieser Teil des Statements legt fest, welche Zeilen über `SELECT` zurückgegeben werden.

'posts_clauses'
Hiermit erhalten Sie einen Array, welcher sämtliche Teile des SQL-Statements enthält, zurück. Wenn Sie also mehrere Teile gleichzeitig bearbeiten müssen, können Sie, statt vieler einzelner Filter, einen einzigen nutzen. Änderungen in diesem Filter überschreiben eventuell zuvor erfolgte Änderungen über die Einzelfilter. Zurückerwartet wird dann der alterierte Array. Zur Verdeutlichung der Arbeitsweise dieser Filter schauen wir uns beispielhaft das SQL-Statement einer Kategorien-Seite an, wie es für einen als `'admin'` angemeldeten Benutzer generiert wird:

Der Loop: Darstellung von Seiten und Posts

```
SELECT
SQL_CALC_FOUND_ROWS()
[ wp_posts.ID ] // posts_fields

FROM
wp_posts
[ INNER JOIN wp_term_relationships
ON (wp_posts.ID = wp_term_relationships.object_id) ]
// posts_join_paged

WHERE 1=1
[ AND ( wp_term_relationships.term_taxonomy_id IN (1) )
AND wp_posts.post_type = 'post'
AND (
wp_posts.post_status = 'publish' OR
wp_posts.post_status = 'private'
) ] // posts_where

GROUP BY
[ wp_posts.ID ] // posts_groupby

ORDER BY
[ wp_posts.post_date DESC ] // posts_orderby

[ LIMIT 0, 10 ] // post_limits
```

Wie Sie sehen, kommen nicht immer alle Filter zum Einsatz, so fehlt hier beispielsweise der DISTINCT-Part. Das gesamte SQL-Statement wird schließlich über 'posts_request' erneut gefiltert.

Wenn Sie 'posts_fields' nicht ändern (was übrigens recht unerwartete Konzequenzen haben kann), so wird für gewöhnlich das Statement noch einmal gesplittet. Auch wenn 'posts_fields' mit wp_posts.* alle Zeilen der wp_posts-Tabelle abfragt sehen Sie, dass zum Schluss das eigentliche Statement nur nach wp_posts.ID fragt. Aus Performanz-Gründen wird hier der Request gesplittet und wenn nach der Ausführung des Filters 'posts_fields' noch immer wp_posts.* abgefragt wird, wird stattdessen die ID abgefragt und die Post Objekte zu einem späteren Zeitpunkt dann einzeln gefüllt. Dies schont die Datenbank und führt damit zu schnelleren Abfragen. Dieses Verhalten können Sie über den Filter 'split_the_query' beeinflussen. Übergeben wird ein Boolean, der aussagt ob der Request nun gesplittet werden soll oder nicht, sowie das WP_Query-Objekt. Zurückerwartet wird ein Boolean, der aussagt, ob der Request endgültig gesplittet werden soll.

Erst jetzt wird die eigentliche Abfrage vorgenommen. Wenn die Filter nicht unterdrückt werden, können Sie jetzt mit Hilfe von `posts_results` auf die in `WP_Query()->posts` gespeicherten Ergebnisse zugreifen. Nach diesem Filter werden nun einige Prozesse durchgeführt. So wird geprüft, ob der Besucher überhaupt das Recht hat, einen bestimmten Post zu sehen. Sollte der Besucher beispielsweise nicht eingeloggt sein, aber der Post Status auf `private` gesetzt sein, so wird dieser Post ausgenommen. Außerdem werden nun, wenn der WP_Query ohne `ignore_sticky_posts` initiiert wurde, die Sticky Posts für die Homepage geladen. Deshalb gibt es auch gleich nach diesen Prozessen einen Filter, mit dem Sie erneut auf die Posts zugreifen können: `the_posts`.

Mit `found_posts_query` können Sie auf die SQL-Abfrage Einfluss nehmen, welche direkt nach dem Post-Request erfolgt und die Gesamtzahl der gefundenen Posts zurückgibt. Diese Abfrage lautet im Original `SELECT FOUND_ROWS()`.

Dies war eine kurze Übersicht über jene Filter die WP_Query bereitstellt, um auf das Erhalten von Posts Einfluss zu nehmen. Doch auch der Loop selbst kennt einige Hooks, in welche Sie sich einhaken können. So wird die Aktion `loop_start` mit dem ersten Aufruf von `the_post()` durchgeführt. Also kurz vor der Darstellung des ersten Beitrags im Loop. Jedes Mal, wenn ein neuer Post innerhalb des Loops bereitsteht, wird die Aktion `the_post` ausgeführt. Am Ende des Loops wird die Aktion `loop_end` durchgeführt.

Benutzerdefinierte Felder für Beiträge und Seiten

Abbildung 14: Benutzerdefinierte Felder anlegen

Eines der stärksten Konzepte von WordPress sind die benutzerdefinierten Felder für einzelne Posts. In diesen Feldern können Sie zu einzelnen Posts Metadaten hinterlegen. Nehmen wir zum Beispiel an, Sie betreiben einen Reiseblog und jeder Ihrer Blogbeiträge spielt an einem bestimmten Ort. So könnten Sie nun den Längen- und Breitengrad als Metadaten hinterlegen und daraus in jedem Blogbeitrag eine Karte einblenden, mit einem Marker an genau der Stelle auf der Welt, über die Sie gerade berichten!

WordPress bietet schon von sich aus die Möglichkeit, benutzerdefinierte Felder anzulegen. Wenn Sie einen Beitrag schreiben, können Sie diese unter dem Texteditor anzeigen lassen. Aktivieren können Sie diese unter Optionen > Benutzerdefinierte Felder.

Benutzerdefinierte Felder werden immer mit einem Schlüssel hinterlegt. So könnten Sie also den Breitengrad unter dem Schlüssel 'lat' hinterlegen und den Längengrad unter dem Schlüssel 'lon'. Abgespeichert werden diese Daten schließlich in der wp_postmeta-Datenbank.

Auf benutzerdefinierte Felder zugreifen: get_post_meta()

Mit Hilfe von `get_post_meta()` können Sie dann auf diese Daten zugreifen. Um die Daten zu erhalten, müssen Sie drei Parameter übergeben. Als erstes die ID des Beitrags, danach den Werte-Schlüssel, in unserem Fall also `'lat'` oder `'lon'`, und schließlich noch eine Anweisung, ob Sie den Wert direkt (`true`) oder in einem Array (`false`, Standard) erhalten möchten:

```php
<?php
    $lat = get_post_meta( 1, 'lat', true );
    $latArr = get_post_meta( 1, 'lat' );
    echo '<pre>' . $lat . PHP_EOL;
    print_r( $latArr );
    echo '</pre>';
```

Der Sinn des dritten Parameters besteht darin, dass man mehrere Werte unter einem Schlüssel ablegen kann. Je nach Anwendung kann dies sinnvoll sein. Nehmen wir an, Ihre Beiträge sind Protokolle von Sitzungen und Sie haben einen Meta-Schlüssel `'anwesende'`. Für jeden Anwesenden legen Sie dabei eine neue Zeile in der wp_postmeta-Datenbank an. Möchten Sie nun alle Anwesenden zurückerhalten, werden Sie `false` verwenden.

Ein interessanter Aspekt von Metadaten ist, dass Sie nicht nur Strings, sondern auch ganze Arrays dort ablegen können.[44] Sie könnten also auch einen Array bestehend aus den anwesenden Personen in eine einzige Datenbank-Zeile schreiben. Arrays werden in diesem Fall serialisiert in der Datenbank hinterlegt. WordPress wird den Array dann automatisch wieder zurück übersetzen, wenn Sie mit Hilfe von `get_post_meta()` darauf zugreifen. Würden Sie selbst eine Datenbank-Abfrage schreiben, so müssten Sie prüfen, ob es sich bei dem Datenbank-Wert um einen serialisierten Array oder einen einfachen String handelt.

---

44. Mehr zum Speichern von benutzerdefinierten Feldern erfahren Sie im nächsten Abschnitt.

Plugin: Unsere kleine Weltkarte

Damit haben wir eigentlich schon genug Wissen, um – beispielsweise für einen Reiseblog – ein kleines Plugin zu schreiben, welches vor jedem Beitragstext eine Landkarte platziert. Da wir dies tatsächlich bei jedem Beitrag machen möchten, der Längen- und Breitengrade angegeben hat, verzichten wir hierbei auf die Entwicklung eines Shortcodes. Der Nutzer hat mit seiner Angabe des Standorts ja schon deutlich genug gemacht, dass er eine Karte anzeigen möchte. Wir werden deshalb über den Filter `'the_content'` gehen, um unsere Karte einzubetten.

Abbildung 15: Vor jedem Beitrag wird nun eine Karte angezeigt

Schon mit wenigen Zeilen kann man ein solches Plugin realisieren. Wir werden dazu einfach prüfen, ob Länge und Breite vom Autoren angegeben wurde und wenn dem so ist hängen wir vor den Artikel via <iframe> eine Karte von Bing mit den entsprechenden Koordinaten. Natürlich kann man mit den entsprechenden Map APIs von Bing, Google oder aber auch Leaflet noch sehr viel mehr erreichen, zur Demonstration, wie man schnell und einfach mit Hilfe von benutzerdefinierten Feldern die Funktionalität von WordPress erweitern kann, genügt uns allerdings ein simpler Iframe:

```php
<?php
add_filter( 'the_content', 'karte_vor_content' );
function karte_vor_content( $content ){
  $lat = get_post_meta( get_the_ID(), 'lat', true );
  $lon = get_post_meta( get_the_ID(), 'lon', true );

  if( empty( $lat ) || empty( $lon ) )
      return $content;

  $url  = 'https://www.bing.com/maps/embed?h=400&w=500&lvl=12&cp=';
  $url .= $lat . '~' . $lon;
  $map  = '<iframe
    scrolling="no"
    style="width:500px;height:400px;"
    src="' . $url . '">
    </iframe>
    ';

  return $map . $content;
}
```

plugins/10-kleine-karte/include-iframe.php

Zunächst ziehen wir also in `$lat` und `$lon` die jeweiligen Werte. Sollte mindestens einer dieser Werte leer sein – also kein Längen- oder Breitengrad angegeben sein - so möchten wir keine Karte anzeigen und geben den Content unverändert zurück. Sollten wir allerdings beide Werte haben, so erstellen wir einen entsprechenden Iframe und setzen dort bei `cp=` unsere Länge und Breite ein. Diesen Iframe legen wir in `$map` ab, welche wir nun zusammen mit dem Content zurückgeben. Schon haben wir unseren Reiseblog um eine interessante Kartenfunktion erweitert, welche es unseren Besuchern ermöglicht, sich schneller zu orientieren, von welchem Ort der Erde wir gerade berichten.

Benutzerdefinierte Felder aktualisieren: update_post_meta()

Natürlich können Sie über Ihr Plugin benutzerdefinierte Felder auch aktualisieren. Nehmen wir zum Beispiel an, Sie möchten einen Besucher-Counter schreiben, welcher für jeden Hit auf einem Beitrag einen Counter inkrementiert. Dies können Sie mit der Funktion `update_post_meta()` erreichen. Schauen wir uns dazu folgendes Beispiel an:

```php
<?php
function postNewHit(){
        $hits = get_post_meta( get_the_ID(), 'hits', true );
        if( empty( $hits ) )
                $hits = 0;
        $hits++;
        update_post_meta( get_the_ID(), 'hits', $hits );
}
```

Zunächst holen wir, wie wir es schon gelernt haben, die bisherigen Hits. Hat es bisher noch keine Hits gegeben, wird `$hits` leer sein und wir werden die Variable stattdessen auf 0 setzen.[45] Danach imkrementieren wir `$hits` und speichern den neuen Wert mit `update_post_meta()` ab. Wie Sie sehen müssen Sie dazu drei Paramter angeben: die Post ID, den Werte-Schlüssel sowie den neuen Wert.

`update_post_meta()` prüft automatisch, ob unter dem entsprechenden Werte-Schlüssel und der entsprechenden Post ID schon eine Zeile in der `wp_postmeta` hinterlegt ist. Sollte dies nicht der Fall sein, wird mit `add_post_meta()` der Wert angelegt, ansonsten wird er schlicht aktualisiert.

Da `update_post_meta()` sich auch um das Anlegen eines Wertes kümmert, nutzen wir diese Funktion nicht in unserem Beispiel. Es kann jedoch Situationen geben, wo Sie auf `add_post_meta()` zurückgreifen möchten. An `add_post_meta()` übergeben Sie dabei die gleichen Informationen wie an `update_post_meta()`. Allerdings können Sie optional einen weiteren Parameter übergeben, mit welchem Sie WordPress anweisen, ob eine neue Datenbank-Zeile auch dann angelegt werden soll, wenn unter dem Schlüssel schon ein Wert hinterlegt ist (`false`, Standard). Setzen Sie diesen „unique"-Wert auf `true`, wird, sollte ein entsprechender Wert für den Schlüssel existieren, der Speicher-Vorgang abgebrochen.

---

45. Sollte der dritte Parameter von `get_post_meta()` auf `false` gesetzt sein, so erhielten wir, falls noch keine Daten vorhanden wären, einen leeren Array zurück.

Ein benutzerdefiniertes Feld löschen: delete_post_meta()

Sie möchten ein benutzerdefiniertes Feld löschen? Dann greifen Sie einfach auf delete_post_meta() zurück. Sie müssen dazu zum einen die Post ID und zum anderen den Werte-Schlüssel übergeben:

```
<?php
delete_post_meta( get_the_ID(), 'hits' );
```

Wenn Sie mehrere Werte unter dem Schlüssel gespeichert haben, werden alle diese Werte gelöscht, es sei denn, Sie übergeben den zu löschenden Wert als dritten Parameter.

Benutzerdefinierte Felder reinigen

Wenn der Redakteur über das von WordPress bereitgestellte System Ihre benutzerdefinierten Felder befüllen soll, so kann es sein, dass er falsche Werte eingibt. WordPress gibt Ihnen deshalb die Möglichkeit, einen Filter zu erstellen, um die Daten, vor der Speicherung durch update_post_meta() und add_post_meta(), zu validieren. Wenn also ein Redakteur ein benutzerdefiniertes Feld von Ihnen ändert, können Sie zunächst prüfen, ob die Eingabe korrekt ist, bevor Sie diese weiterleiten. So sind Längen- und Breitenangaben beispielsweise Floats und mancher Redakteur wird diese vielleicht mit Komma statt mit Punkt schreiben. Sie können also vor dem Speichern des Wertes diesen abfangen und zunächst überprüfen:

```
<?php
function sanitize_lat_lon_meta( $val ) {
    $val = str_replace( ',', '.', $val );
    if( !is_numeric( $val ) )
        return 0;
    return $val;
}

add_filter( 'sanitize_post_meta_lat', 'sanitize_lat_lon_meta' );
add_filter( 'sanitize_post_meta_lon', 'sanitize_lat_lon_meta' );
```

plugins/10-kleine-karte/sanitize-meta.php

Schauen wir uns die Funktion an, mit welcher wir unsere Werte prüfen. Sollte der Redakteur einfach nur ein Komma statt einem Punkt gesetzt haben, tauschen wir den schnell aus. Das passiert – gerade innerhalb des deutschsprachigen Raums – häufig genug. Deswegen sollten wir dem einfach vorbeugen. Im nächsten Schritt prüfen wir, ob der Wert, welcher abgespeichert werden soll, von numerischer Natur ist. Sollte dies nicht der Fall sein, geben wir 0 zurück. Wenn alles in Ordnung ist, geben wir den Wert zurück. Doch: Wie genau ist eigentlich der Filter konstruiert, um das zu ermöglichen? Die allgemeine Struktur sieht wie folgt aus:

```
sanitize_{$type}_meta_{$key}
```

Benutzerdefinierte Felder gibt es sowohl für registrierte Benutzer als auch für Posts und Kommentare. Mit `{$type}` können Sie unterscheiden, um welchen Typ von benutzerdefinierten Feld es sich handelt: `'post'`, `'comment'`, `'term'` oder `'user'`. Mit `{$key}` definieren Sie den Werte-Schlüssel, welcher geprüft werden soll, denn nur so können Sie sicherstellen, dass andere benutzerdefinierte Felder nicht durch den gleichen Filter laufen. In unserem Fall ist der Typ `'post'` und der Werte-Schlüssel ist `'lat'`, beziehungsweise `'lon'`. Deshalb definieren wir zwei verschiedene Filter, welche allerdings zum Schluss, da für beide die gleichen Konditionen gelten, durch dieselbe Funktion laufen.

Mit Hilfe von `sanitize_meta()` können Sie, sofern ein solcher Filter existert, diesen auch selbst durchlaufen:

```php
<?php
$gefiltert = sanitize_meta( $meta_key, $meta_value, $meta_type );
```

Dabei erhalten Sie dann den gefilterten Wert zurück. Als Parameter müssen Sie den Werte-Schlüssel, den Wert sowie den Typ, also `'user'`, `'comment'`, `'term'` oder `'post'` übergeben.

Weitere Funktionen für benutzerdefinierte Felder

the_meta()

Diese Funktion muss innerhalb des Loops ausgeführt werden und erzeugt eine unsortierte Liste aller Meta-Informationen zu einem Post.

get_post_custom()

Diese Funktion erwartet die Post ID als Parameter und übergibt ein multidimensionales Array aller Meta-Informationen. Die Werte-Schlüssel bilden dabei auch die Array-Schlüssel. Innerhalb des Loops muss man die Post ID nicht zwingend als Parameter übergeben. In diesem Fall wird die Post ID des aktuellen Posts genommen.

get_post_custom_values()

Sie haben mehrere Werte unter einem Werte-Schlüssel versammelt (beispielsweise, indem Sie mehrmals ein benutzerdefiniertes Feld mit dem gleichen Werte-Schlüssel erzeugt haben), so können Sie mit dieser Funktion ein Array aller Werte zurück erhalten. Als Paramter wird der Werte-Schlüssel sowie die Post ID erwartet.

get_post_custom_keys()

Mit diesem Befehl, welcher die Post ID als Parameter erwartet (optional, innerhalb des Loops ansonsten der aktuelle Post), erhalten Sie einen Array mit sämtlichen Werte-Schlüsseln des Posts zurück.

Benutzerdefinierte Felder und der Loop

Sie können benutzerdefinierte Felder auch als Filter-Argumente im `WP_Query()` benutzen. So können Sie beispielsweise Posts nach einem bestimmten Feld sortieren (zum Beispiel nach Preisen aufsteigend und ähnlichem). Sie können aber auch nur Posts anzeigen lassen, welche einen bestimmten Wert besitzen und so weiter. Bevor wir allerdings in dieses Thema einsteigen sollten wir anmerken, dass benutzerdefinierte Felder eigentlich nicht dazu geeignet sind, um Posts zu filtern. Derartige Abfragen sind langsam. Das liegt daran, dass die `meta_value`-Spalte der `wp_*meta`-Tabellen nicht indexiert sind. Überlegen Sie es sich deshalb, ob sich ein bestimmter Filter eventuell besser über eine Taxonomie erledigen ließe (S. 152).

Nach einem Feld sortieren

Beginnen wir zunächst damit unsere Posts nach einem bestimmten Feld zu sortieren und sehen uns folgendes Argument für den WP_Query an:

```
<?php
$args = array(
        'order'    => 'asc',
        'orderby'  => 'meta_value_num',
        'meta_key' => 'price',
);
```

Den `'order'`-Parameter kennen Sie schon aus dem Loop-Kapitel. Im `'orderby'`-Parameter weisen wir `WP_Query()` nun an, nach dem Meta-Wert zu sortieren. Will man nach Meta-Werten sortieren, hat man die Wahl die Werte entweder numerisch oder alphabetisch zu sortieren. Um kurz zu verdeutlichen, wo der Unterschied zwischen beiden Sortierweisen besteht, ist folgende Übersicht hilfreich:

Alphabetisch sortiert	Numerisch sortiert
1	1
10	2
2	3
3	10

Wenn Sie also Nummern sortieren möchten, legen Sie fest, dass die Felder numerisch sortiert werden sollen. Dies erschließt sich nicht von selbst, da Metadaten ja nicht zwingend ausschließlich Nummern, sondern eben auch Strings sein können.

Mit `'meta_value_num'` stellen Sie klar, dass Sie numerisch sortieren möchten, `'meta_value'` hingegen dient der alphabetischen Sortierung.

Als letztes fehlt nun noch die Angabe, nach welcher Meta-Angabe Sie eigentlich sortieren möchten. Mit dem Parameter `'meta_key'` übergeben Sie deshalb schließlich noch den Werte-Schlüssel.

Nach bestimmten Werten suchen

Sie können Metadaten auch verwenden, um nur Posts auszugeben, welche bestimmte Werte gespeichert haben. Konstruieren wir dazu schnell ein Argument:

```php
<?php
$args = array(
  'post_type'  => 'post',
  'meta_query' => array(
    'relation'  => 'AND',
    array(
      'key'     => 'farbe',
      'value'   => 'blau',
      'compare' => 'NOT LIKE',
    ),
    array(
      'key'     => 'price',
      'value'   => array( 20, 30),
      'type'    => 'NUMERIC',
      'compare' => 'BETWEEN',
    ),
  ),
);
```

In diesem Fall suchen wir alle Beiträge, welche nicht die Farbe (Werte-Schlüssel) blau haben und zwischen 20 und 30 kosten.

Dazu eröffnen wir zunächst einen neuen Array `'meta_query'`, in welchem wir alle unsere Angaben zu den Metadaten machen, nach denen wir suchen wollen. Falls dies mehr als eine Abfrage umfasst, bietet es sich an, die Verbindung zwischen den einzelnen Abfragen deutlich zu machen. Deshalb starten wir mit `'relation'` => `'AND'`. `'relation'` => `'OR'` hätte zur Folge, dass wir alle Posts zurückerhalten, welche entweder nicht blau sind, oder aber zwischen 20 und 30 kosten. Das heißt, wir könnten durchaus blaue Posts zurückbekommen oder aber grüne, die 100 kosten. Wenn Sie nur einen internen Meta-Query-Array haben, so können Sie auf 'relation' natürlich verzichten.

Schauen wir uns nun also den Aufbau eines Meta-Query-Arrays an:

Parameter	Bedeutung
key	Der Werte-Schlüssel
value	Der Wert, oder als Array die Werte
compare	Wie findet der Abgleich statt?
type	Welches Datenformat hat der Wert?

Beschäftigen wir uns im ersten Schritt damit, wie man Werte abgleichen kann:

Operator	Bedeutung
=	Identität, es werden nur Posts gefunden, welche genau den in value vorgegebenen Wert haben.
!=	Nicht identisch, es werden nur Posts gefunden, welche den in value vorgegebenen Wert nicht haben.
>	Es werden nur Posts, gefunden, bei denen der Wert größer als der in value vorgegebene ist. Achten Sie auf die korrekte Typenangabe!
>=	Größer gleich dem Wert in value.
<	Kleiner dem Wert in value.
<=	Kleiner gleich dem Wert in value.
LIKE	Der Wert im Post muss die Zeichenkette von value enthalten.
NOT LIKE	Der Wert im Post darf die Zeichenkette nicht enthalten.
IN	Wenn als value ein Array übergeben wird, werden Posts gefunden, wenn einer der Array-Werte identisch mit dem Post-Wert ist.
NOT IN	Wenn als value ein Array übergeben wird, werden Posts gefunden, bei dem der Post-Wert mit keinem der Array-Werte identisch ist.

Operator	Bedeutung
BETWEEN	Wird als value ein zweidimensionaler Array mit Zahlen, Daten oder Zeiten übergeben, so werden alle Posts gefunden, deren Werte zwischen diesen beiden liegen.
NOT BETWEEN	Wird als value ein zweidimensionaler Array mit Zahlen, Daten oder Zeiten übergeben, so werden alle Posts gefunden, deren Werte nicht zwischen diesen beiden liegen.

Nach einem Überblick dieser Tabelle sehen Sie schon, wozu Sie `type` übergeben müssen. Mit diesem können Sie das Format bestimmen, um das es sich handelt. Normalerweise ist das `'CHAR'`, doch hier können Sie dieses Format ändern. Weitere mögliche Werte sind `'NUMERIC'`, `'BINARY'`, `'DATE'`, `'DATETIME'`, `'DECIMAL'`, `'SIGNED'`, `'TIME'` und `'UNSIGNED'`.

Taxonomien

Sie wissen, dass man Beiträge in Kategorien einordnen und verschlagworten kann. Kategorien und Schlagworte sind Taxonomien. „Taxonomie" ist aus dem Griechischen übernommen und kann auch als Klassifikationsschema übersetzt werden. Taxonomien bestehen aus sogenannten Terme. So kann beispielsweise „Allgemein" ein Term der Taxonomie „Kategorien" sein.

In der Datenbank erstreckt sich das Taxonomien-System über vier Tabellen: `wp_terms`, `wp_term_taxonomy`, `wp_term_relationships`, `wp_term_meta`. In der `wp_terms` werden die einzelnen Terme abgelegt. In der `wp_term_taxonomy` werden nun die Terme mit Ihrer jeweiligen Taxonomie verbunden. Hier wird geklärt, ob es sich bei „Allgemein" um ein Schlagwort, eine Kategorie oder um einen anderen Taxonomien-Term handelt. `wp_term_relationships` verbindet die Beiträge mit einzelnen Termen. Hier wird festgelegt, ob der Beitrag mit der ID 1 in der Kategorie „Allgemein" und unter dem Schlagwort „Sonstiges" eingeordnet wird. `wp_term_meta` speichert Metadaten für einzelne Terme.

Einzelne Terme können miteinander in einer hierarchischen Beziehung stehen, wenn die Taxonomie das zulässt. Die Taxonomie „Kategorie" erlaubt es, Kategorien hierarchisch zu organisieren. Das heißt man kann beispielsweise die Oberkategorie „Betriebssysteme" anlegen und „Windows" als eine Unterkategorie von „Betriebssysteme" definieren. Die Schlagworte hingegen weisen eine flache Hierarchie auf. Es gibt keine Ober- und Unterschlagworte. Wenn ein Term ein Eltern-Term besitzt, so wird dieser in der Spalte `'parent'` von `wp_term_relationships` hinterlegt.

Mit Kategorien arbeiten

Das beliebteste Taxonomien-Konzept ist sicherlich die Kategorie, welche WordPress im Core mitliefert. Wir haben im Loop-Kapitel schon einen Befehl kennen gelernt, mit welchem wir auf die Kategorien eines Posts innerhalb des Loops zugreifen können: `get_the_category()`, beziehungsweise `the_category()`. Als Parameter kann man die Post ID übergeben. Innerhalb des Loops wird – wenn keine ID übergeben wird – die ID des aktuellen Posts genommen. Wenn Sie aber (beispielsweise in einem Widget, also außerhalb des Loops) auf die Kategorien eines bestimmten Posts zugreifen möchten, können Sie dies folgendermaßen:

```php
<?php
$categories = get_the_category( $post_id );
```

Sie erhalten dann einen Array bestehend aus Kategorie-Objekten zurück. Ein Kategorie-Objekt ist wie folgt aufgebaut:

Schlüssel	Bedeutung
`term_id`	Die ID der Kategorie
`name`	Der Name der Kategorie
`slug`	Kategorien Slug
`term_group`	Term Gruppe – Ist mittlerweile bedeutungslos und wird im WordPress-System derzeit nicht verwandt.
`term_taxonomy_id`	Die Verbindungs-ID, welche den Term in der Datenbank mit seiner Taxonomie verbindet.
`taxonomy`	Der Bezeichner der Taxonomy, in diesem Fall `'category'`.
`description`	Der Beschreibungstext, welchen man im Admin hinterlegen kann.
`parent`	Die ID der Elternkategorie.
`count`	Die Anzahl der Posts in dieser Kategorie.
`object_id`	Die Post ID.
`cat_ID`	Identisch mit `'term_id'`.
`category_count`	Identisch mit `'count'`.
`category_description`	Identisch mit `'description'`.
`cat_name`	Identisch mit `'name'`.
`category_parent`	Identisch mit `'parent'`.

Mit echo $categories[0]->name; würden Sie also den Namen der ersten Kategorie ausgeben. Weitere Wege, um an das Objekt einer bestimmten Kategorie zu kommen sind:

```php
<?php
$term_id = 1;
$slug = 'allgemein';
$objekt1 = get_the_category_by_ID( $term_id );
$objekt2 = get_category_by_slug( $slug );
```

Es wird Sie jetzt nicht sonderlich überraschen, dass get_the_category_by_ID() die ID der Kategorie erwartet und get_categoy_by_slug() den Slug (auch nicename genannt) einer Kategorie erwartet. Mit Hilfe der Term ID können Sie nun natürlich noch weitere Informationen über die Kategorie erhalten, welche sich nicht im Kategorien-Objekt selbst befinden. Dazu zählt beispielsweise der Link zu einer Kategorie. Diesen erhalten Sie so:

```php
<?php
get_category_link( $term_id );
```

get_category_link() erwartet dabei immer die ID einer Kategorie. Sie können auch die gesamte Hierarchie einer Kategorie ausgeben und damit zum Beispiel sehr einfach Breadcrumbs erzeugen:

```php
<?php
echo get_category_parents(
        $term_id,
        $link,
        $separator,
        $nicename,
        $visited
);
```

Als ersten Paramter müssen Sie dazu die ID der Kategorie übergeben. $link ist ein Boolean, welcher angibt, ob Sie die einzelnen Kategorien verlinken möchten (true, oder nicht: false). Standardmäßig ist $link false. Mit $separator übergeben Sie den Trenner zwischen den einzelnen Kategorien. Der Standardwert ist hier '/' und mit $nicename geben Sie an, ob Sie den Slug (true) oder den richtigen Namen (`false`, Standard) anzeigen möchten. `$visited` können Sie getrost vergessen, dieser optionale Parameter wird intern von WordPress benötigt, da WordPress diese Funktion rekursiv aufruft und sich merken muss, welche Kategorie schon verarbeitet wurde. Sagen wir unsere Kategorie „Windows 95" hat die ID 35, so könnten Sie beispielsweise schreiben:

```php
<?php
echo get_category_parents(
        35,
        true,
        '&raquo;'
);
```

Das Ergebnis wäre in diesem Fall:
Betriebssysteme » Windows » Windows 95 »

Sie sehen: Die letzte Kategorie ist immer die Kategorie, von der wir ausgegangen sind; Windows 95. `get_the_category_list()` gibt Ihnen eine Liste der Kategorien, in welche ein Post eingeordnet ist. Sie können bis zu drei Parameter übergeben:

```php
<?php
get_the_category_list( $separator, $parents, $post_id );
```

Die häufigste Anwendung dafür ist, eine kommaseparierte Liste der aktuellen Kategorien darzustellen, indem man als $seperator einfach ', ' angibt. $parents ist standardmäßig ein Leerstring, was bedeutet, dass die Elternkategorien nicht angezeigt werden. Man kann allerdings mit 'single' und 'multiple' die Anzeige der Elternkategorien veranlassen, was der Erfahrung nach bei `get_the_category_list()` zu eher unschönen Ergebnissen führt. Mit $post_id können Sie natürlich wieder selbst eine Post ID übertragen.

Geht es um die Darstellung von Termen im Allgemeinen – also losgelöst von bestimmten Beiträgen, so ist `wp_list_categories()` ein mächtiges Tool. Diese Funktion dient dazu, Terme auszugeben. Die Ausgabe wird dabei allerdings über einen umfangreichen Argumenten-Array gesteuert:

```php
<?php
wp_list_categories( $args );
```

Argument	Funktion
`show_option_all`	Hier können Sie den Text für einen Link auf der Blogübersichtsseite angeben. Ein Leerstring (Standard) führt dazu, dass kein Link angezeigt wird.
`orderby`	Die Liste kann nach Term IDs (`'ID'`), Namen (`'name'`), Slug (`'slug'`) und Anzahl der Posts (`'count'`) sortiert werden.
`order`	Sortierung erfolgt aufsteigend (`'asc'`) oder absteigend (`'desc'`).
`style`	Darstellung als unsortierte Liste (`'list'`) oder die einzelnen Kategorien werden einfach mit getrennt (`'none'`).
`show_count`	Zeige die Anzahl der Posts nach dem Namen (`true`) oder nicht (`false`). Beispiel: `true` Allgemein (9)
`hide_empty`	Leere Kategorien werden angezeigt (`false`) oder nicht (`true`).
`use_desc_for_title`	Die Kategorien-Beschreibung wird im title-Attribut des Links hinterlegt (`true`) oder nicht (`false`). Beispiel: `<a title="Beschreibung" href="...">Name</a>`
`child_of`	Geben Sie hier eine Kategorie-ID an, wenn Sie nur deren Kinder anzeigen möchten.
`feed`	Es wird ein zusätzlicher Link auf den RSS-Feed gesetzt (`true`) oder nicht (`false`).
`feed_type`	Wenn Sie den Feed verlinken möchten, können Sie hier angeben, welcher Feed-Typ angewählt wird: `'rss'` oder `'atom'`.
`feed_image`	Wenn Sie den Link zum Feed mit einem Bild, beispielsweise einem RSS-Icon, versehen möchten, so hinterlegen Sie hier die URL zu diesem Bild.
`exclude`	Kommaseparierte Liste von Kategorien-IDs welche nicht eingebunden werden sollen.

Argument	Funktion
`exclude_tree`	Kommaseparierte Liste von Kategorien-IDs, die zusammen mit ihren Kindern nicht angezeigt werden sollen.
`include`	Kommaseparierte Liste von Kategorien-IDs, die explizit angezeigt werden sollen. Wenn Sie hier keinen Wert setzen, werden automatisch alle angezeigt, ansonsten nur die aus diesem Bereich.
`hierarchical`	Soll die Liste hierarchisch ausgegeben werden (`true`) oder nicht (`false`).
`title_li`	Hier können Sie der Liste einen Titel geben.
`show_option_none`	Dieser Text wird angezeigt, wenn keine Kategorien gefunden wurden.
`number`	Begrenzen Sie die Ausgabe auf eine bestimmte Anzahl von Kategorien.
`echo`	Soll die Liste gleich am Bildschirm ausgegeben (`true`) oder zunächst mit `return` zurückgegeben (`false`) werden?
`depth`	Bis zu welcher Hierarchie-Tiefe soll vorgedrungen werden? Mit 0 (Standard) werden alle erfasst, 1 würde nur den Toplevel erfassen, 2 Top- und ersten Sublevel und so weiter.
`current_category`	Übergeben Sie hier die ID der aktuellen Kategorie. Das `<li>`-Element dieser Kategorie wird daraufhin die Klasse `.current-cat` zugewiesen bekommen.
`pad_counts`	Werden die Posts, welche in Unterkategorien sind mit in die Post-Anzahl der Elternkategorie einbezogen (`true`) oder nicht (`false`).
`taxonomy`	Die Taxonomie. Für Kategorien ist dies `'category'` (Standard), für Schagwörter `'post_tag'`.
`walker`	Mit Hilfe eines Walker-Objekts kann man hier noch tiefer in die Konfiguration einsteigen. Vergleiche dazu den Abschnitt „Walk the tree" (S. 374).

Sie sehen also mit Hilfe von `wp_list_categories()` können Sie Ihre eigenen Listen von Kategorien, aber auch Schlagwörtern oder von anderen Taxonomien (dazu mehr im Abschnitt „Eigene Taxonomien entwerfen" auf Seite 148.) erstellen.

Der Filter `'wp_list_categories'` gibt Ihnen das Ergebnis, welches `wp_list_categories()` produziert, so dass Sie dieses modifizieren können:

```php
<?php
add_filter( 'wp_list_categories', 'wp_list_manipulation', 10, 2 );
function wp_list_manipulation( $output, $args ){
  if ( ! isset( $args['style'] ) || 'list' === $args['style'] ) {
    $output = '<div class="list_wrapper">' . $output . '</div>';
  }
  return $output;
}
```

In diesem Beispiel wrappen wir den kompletten HTML-Code in einen `div.list_wrapper`. Dabei müssen wir bei der Erstellung des Filters neben dem Namen und der Funktion auch die Priorität (10 = Standard), sowie die Anzahl der erwarteten Argumente übergeben. Der Filter übergibt maximal zwei Parameter. Zum einen den HTML-Output und zum anderen die Argumente, mit welchen `wp_list_categories()` aufgerufen wurde. Wir möchten in unserem Beispiel den Wrapper immer für Listen setzen. Der Standardwert für die Ausgabe ist `'list'`, das heißt, wenn kein Parameter übergeben wird, handelt es sich um eine Liste. Es gibt also zwei Möglichkeiten, wann es sich um eine Liste handelt:

1. Wenn das Argument `'style'` nicht übergeben wurde, oder
2. wenn das Argument `'style'` gleich `'list'` ist.

Ist eine dieser Konditionen wahr, wrappen wir unseren HTML-Output und geben diesen anschließend zurück.

Mit Schlagworten arbeiten

Nachdem wir uns nun ausführlich mit den Kategorien beschäftigt haben, ist es an der Zeit, das Augenmerk auf die Schlagworte zu richten. Auf `wp_list_categories()` werden wir dabei nicht noch einmal zu sprechen kommen. Wenn Sie eine Liste von Schlagworten mit dieser Funktion ausgeben wollen, so müssen Sie den Parameter `'taxonomy'` auf `'post_tag'` setzen.

Aber natürlich ist einer der Hauptverwendungszwecke von Schlagwörtern, diese auszugeben. Ein unkomplizierter Weg, dies innerhalb des Loops zu tun ist `get_the_tag_list()`[46]. Diese Funktion gibt einen HTML-String mit den Schlagworten des aktuellen Posts zurück. Dafür werden drei Parameter erwartet: Was vor diesem String angezeigt werden soll, wie die einzelnen Schlagworte getrennt werden sollen und was nach dem String gezeigt werden soll. Eine einfache Liste können Sie wie folgt definieren:

```php
<?php
echo get_the_tag_list('<p>Schlagworte: ',', ','</p>');
```

Die Ausgabe dessen wäre demnach:
`<p>Schlagworte: Schlagwort1, Schlagwort2, Schlagwort3</p>`

Die einzelnen Schlagworte sind dabei schon verlinkt und verweisen auf das jeweilige Schlagwort Verzeichnis.

Mit `get_the_tags()`, an welche Sie optional (beispielsweise außerhalb des Loops) eine Post ID übergeben können, erhalten Sie sämtliche Schlagworte eines Posts als Array zurück. Die Schlagworte werden dabei als Objekt zurückgegeben:

Parameter	Bedeutung
term_id	Die ID des Schlagworts.
name	Der Name des Schlagworts.
slug	Der Slug des Schlagworts.
term_group	Die Term Gruppe, in welcher das Schlagwort platziert ist – tatsächlich findet term_group derzeit in WordPress keine Anwendung.
taxonomy	Die Schlagwort-Taxonomie `post_tag`.
description	Die Beschreibung des Schlagworts.
count	Die Anzahl der Beiträge die unter diesem Begriff verschlagwortet sind.

[46] Um die Tagliste gleich auszugeben verwenden Sie `the_tags()`, nicht etwa `the_tag_list()`

Haben Sie nur die ID eines Schlagwortes können Sie das obige Objekt auch via `get_term( )` erhalten. Dabei werden zumindest zwei Parameter erwartet. Als ersten Parameter müssen Sie die ID übergeben,[47] als zweiten den Namen der Taxonomie, also beispielsweise `'category'` oder `'post_tag'`. Darüber hinaus können Sie im dritten Parameter definieren, in welcher Form Sie das Schlagwort erhalten möchten (`'OBJECT'`, `'ARRAY_A'`, oder `'ARRAY_N'`) und schließlich mit Hilfe eines Booleans, ob der Output zunächst gefiltert werden soll (sofern Filter vorhanden sind) oder nicht.

```
<?php
$tag = get_term( 7, 'post_tag' );
```

Zur Form der Rückgabe: Der Standardwert ist hier `'OBJECT'`, das heißt, sie erhalten das oben beschriebene Objekt zurück. Auf den Schlagwort Namen würden Sie dann mit `$tag->name` zugreifen. Mit `'ARRAY_A'` würden Sie einen assoziativen Array zurück erhalten und würden auf den Namen mit `$tag['name']` zugreifen können. Mit `'ARRAY_N'` würden Sie einen natürlichen Array zurückerhalten und mit `$tag[1]` auf den Namen zugreifen können.

Der vierte Parameter verfügt über den Standardwert `'raw'`. Dies bedeutet, dass der Term, bevor Sie Ihn erhalten, von WordPress gefiltert wird. Wenn Sie dort einen anderen Wert eingeben, so geschieht dies nicht.

Wenn Sie die Schlagwort ID haben, so können Sie mit Hilfe von `get_tag_link($schlagwort_id)` die URL des Schlagwortes erhalten. Mit `tag_description($schlagwort_id)` erhalten Sie die Beschreibung eines bestimmten Schlagwortes.

Schlagwort-Wolken

Sie kennen sicherlich auch die berühmten Schlagwort-Wolken, welche sich auf vielen Blogs finden. In einer „Wolke" werden dabei oft genutzte Schlagworte groß und fett dargestellt, während wenig genutzte Schlagworte klein dargestellt werden. In WordPress gibt es eine eigene Funktion, um eine solche „Tag-Cloud" zu erstellen: `wp_generate_tag_cloud( )` beziehungsweise `wp_tag_cloud( )` für die direkte Ausgabe auf den Bildschirm. Zwei Argumente werden von

---

[47]. Tatsächlich können Sie auch das Schlagwort-Objekt übergeben, wenn Sie dieses haben. So können Sie beispielsweise ein Objekt in einen Array umwandeln, wenn Sie lieber damit arbeiten möchten.

wp_generate_tag_cloud() erwartet. Als ersten Parameter übergibt man einen Array mit Schlagwort-Objekten, welche man ausgeben möchte, im zweiten Argument kann man bestimmte Einstellungen vornehmen. Während man mit wp_generate_tag_cloud() aus einer zuvor übergebenen Anzahl von Termen eine Wolke erstellt, erwartet wp_tag_cloud() nur den Argumenten-Array, da wp_tag_cloud() die Wolke automatisch aus allen vorhandenen Termen einer als Argument übergebenen Taxonomie ausgibt. Wenden wir uns zunächst jedoch den Argumenten für wp_generate_tag_cloud() zu.

```php
<?php
wp_generate_tag_cloud( $tags, $args );
```

Parameter	Bedeutung
smallest	Welche Schriftgröße haben die Terme mit der kleinsten Anzahl der Posts.
largest	Welche Schriftgröße haben die Terme mit der größten Anzahl der Posts.
unit	Die Einheit der Schriftgröße. Beispielsweise 'px' oder 'em'.
number	Wie viele Terme werden in der Wolke angezeigt?
format	In welchem Format wird die Wolke zurückgegeben: 'array': Als Array 'list': Als unsortierte HTML-Liste Standard: Der in 'seperator' hinterlegte Wert trennt die einzelnen Terme der Schlagwort-Wolke.
seperator	Wenn 'format' nicht auf 'array' oder 'list' gesetzt ist, gibt 'seperator' den Trenner zwischen den Termen an, beispielsweise ', '.
orderby	Mit dem Wert 'name' wird die Wolke alphabetisch sortiert, ansonsten nach der Anzahl der Posts (wird von order=RAND überschrieben).

Parameter	Bedeutung
order	Sortierung erfolgt aufsteigend ('asc'), absteigend ('desc') oder via Zufall ('RAND').
topic_count_text_callback	Sie können eine Funktion definieren, welche die Generierung des title-Attributs der Links übernimmt.
topic_count_scale_callback	Mit einer individuellen Funktion können Sie hier die Skalierung der Linkgrößen übernehmen.
filter	Standardmäßig werden die Schlagwort-Wolken gefiltert. Dies können Sie mit dem Wert false verhindern.

Das letzte Argument 'filter' verweist uns darauf, dass wir auf die Generierung von Wolken auch über Filter eingreifen können. Der Filter, welcher über das Argument abgeschaltet werden kann ist 'wp_generate_tag_cloud', welcher den HTML-Output, die Terme sowie die übergebenen Argumente an die Filter-Funktionen übergibt.

Es findet sich jedoch noch ein weiterer Filter, welcher über dieses Argument nicht abgestellt werden kann: 'tag_cloud_sort'. Dieser Filter übergibt an die Funktionen die Terme sowie die Argumente. Mit dieser Funktion kann man eigene Sortiermechanismen einführen, welche dann die in mit 'order' und 'orderby' definierten überschreiben.

Wenden wir uns nun noch schnell den beiden Callback-Funktionen zu.

```php
<?php
$args['topic_count_text_callback'] = 'myowntitle';
$args['topic_count_scale_callback'] = 'myownscale';
wp_generate_tag_cloud( $tags, $args );
function myowntitle( $real_count, $tag, $args ) {
        $text = '';
        if ( 1 === $real_count )
                $text .= 'ein Beitrag';
        else
                $text .= $real_count . ' Beiträge';
        return $text;
}
```

```
function myownscale( $count ) {
        $wert = mt_rand( 10, 25 );
        return $wert;
}
```

In unserem Beispielcode ersetzen wir das Standard-title-Attribut der Term-Links durch unser eigenes. Wenn nur ein Beitrag mit diesem Schlagwort verschlagwortet ist, so schreiben wir „ein Beitrag" ansonsten „$real_count Beiträge".

Außerdem möchten wir die Größenskalierung auch nicht WordPress überlassen. Stattdessen fügen wir mit mt_rand() einen Zufallsgenerator ein, um die Term-Schriftgröße unabhängig von der eigenlichen Anzahl der Beiträge zu machen.

Die Argumente welche an wp_tag_cloud() übergeben werden sind erst einmal die gleichen, welche an wp_generate_tag_cloud() übergeben werden, da wp_tag_cloud() intern auf wp_generate_tag_cloud() zurückgreift. Doch es gibt noch einige Parameter, welche man darüber hinaus angeben kann:

Parameter	Bedeutung
link	Mit 'view' (Standard) wird auf die entsprechende Term-Seite verlinkt. Mit 'edit' verlinken Sie die Terme hingegen auf die „Term-bearbeiten"-Seite im Admin.
taxonomy	Welche Taxonomie verwendet werden soll, üblicherweise 'post_tag'.
echo	Ob das Ergebnis gleich auf den Bildschirm ausgegeben werden soll (true, Standard) oder nicht (false).

Eigene Taxonomien entwerfen

Wir haben nun ein wenig mit Kategorien und Schlagworten gearbeitet und schon einiges über Taxonomien erfahren. Es ist an der Zeit, die tatsächlichen Möglichkeiten des Taxonomien-Systems auszuloten und selbstständig eine Taxonomie zu entwerfen. Sie erinnern sich an unseren Reiseblog, für den wir ein kleines Karten-Plugin geschrieben haben? Wie wäre es, wenn man die einzelnen Blogposts bestimmten Ländern und Regionen zuordnen könnte? Sagen wir, über die Kategorien speichern wir unsere Beiträge schon ab. Manche Beiträge sind für Bergtouren, manche für Familienurlaub oder ähnliches. Das heißt, wir können die Kategorien-Taxonomie nicht mehr einfach zweckentfremden und bräuchten eigentlich eine dritte Taxonomie. Eine solche werden wir nun anlegen.

Dafür gibt es die Funktion `register_taxonomy()`, welche während des Initialisierungs-Prozesses von WordPress ausgeführt werden muss:

```php
<?php
add_action( 'init', 'registriere_meine_taxonomie' );
function registriere_meine_taxonomie() {
    $args = array(
        'label'        => 'Regionen',
        'hierarchical' => true,
    );
    register_taxonomy( 'region', 'post', $args );
}
```
plugins/11-regionen-taxonomie/code.php

Wir müssen also zunächst eine Funktion haben, welche während der Aktion `'init'` ausgeführt wird und innerhalb dieser können wir dann unsere Taxonomie registrieren. Dies ist notwendig, da `register_taxonomy()` auf verschiedenen globalen Variablen beruht, welche erst ab `'init'` initialisiert sind. Wie Sie sehen erwartet `register_taxonomy()` drei Parameter. Sie erinnern sich vielleicht noch an den `'taxonomy'`-Parameter von `wp_list_categories()`. Für Schlagworte ist dies `'post_tag'`, für Kategorien `'category'`. Im ersten Parameter legen wir fest, wie man unsere Taxonomie wird aufrufen können, nämlich – in unserem Beispiel – mit `'region'`. Im zweiten Parameter übergeben wir, für welche Posttypen diese Taxonomie gilt. In unserem Fall ist das `'post'` also für die Beiträge. Mit `'page'` würden wir unseren Seiten einzelne Regionen zuordnen können. Man kann eine Taxonomie auch mehreren Posttypen zuordnen, indem man einen Array mit den unterschiedlichen Typen übergibt.

Im letzten Parameter können wir nun wieder eine ganze Liste von Argumenten übergeben, die unsere Taxonomie und ihr Verhalten näher bestimmt. Hier können wir beispielsweise festlegen, ob unsere Taxonomie eine hierarchische Ordnung der Terme zulassen soll oder nicht. Schauen wir uns also die möglichen Einstellungen an:

Argument	Bedeutung
`label`	Name der Taxonomie, für gewöhnlich im Plural, mehr Einstellungen kann man hier über das Argument `'labels'` erreichen.[48]
`public`	Ob die Taxonomie öffentlich abfragbar ist. (`true/false`)
`show_ui`	Ob die Taxonomie im Admin sichtbar ist. (`true/false`)
`show_in_nav_menus`	Ob die Terme der Taxonomie für Menüs bereitstehen können. (`true/false`)
`show_tagcloud`	Ob die Terme für das Schlagworte-Wolken-Widget zur Verfügung stehen können. (`true/false`)
`meta_box_cb`	Callback Funktion, zur Darstellung der Taxonomie auf der „Beitrag bearbeiten"-Seite. Handelt es sich um eine hierarchische Taxonomie wird diese standardmäßig über `post_categories_meta_box()` gerendert, eine „flache" Taxonomie wird über `post_tags_meta_box()` gerendert. Beide Funktionen können in *wp-admin/includes/meta-boxes.php* gefunden werden.
`show_admin_column`	Auf `true` gesetzt wird in der Beitragsübersicht im Admin eine Spalte eingefügt in welcher die Terme des jeweiligen Posts angezeigt werden.
`hierarchical`	Lässt die Taxonomie hierarchische Beziehungen zwischen Termen zu? (`true/false`)
`update_count_callback`	Callback Funktion, welche aufgerufen werden kann, wenn die Anzahl der Posts eines Terms berechnet werden.
`query_var`	Die Query Variable, welche im WP_Query für die Taxonomie hinterlegt wird. Standardmäßig ist dies der Bezeichner, welcher an `register_taxonomy()` als erster Parameter übergeben wird, kann hier allerdings geändert werden.

---

[48].Siehe http://codex.wordpress.org/Function_Reference/register_taxonomy

Argument	Bedeutung
`rewrite`	Der URL-Part der Taxonomie, unter welchem die Übersichtsseiten aufgerufen werden können. Hier gibt man entweder `false` an, um den URL-Rewrite zu vermeiden, oder man übergibt einen Array (siehe unten).
`capabilities`	Mit Hilfe von Benutzer-Fähigkeiten kann man hier festlegen, welcher Benutzer die Terme der Taxonomie bearbeiten kann. Falls man vom Standard abweichen möchte, übergibt man hier einen Array mit Fähigkeiten (siehe dazu den entsprechenden Abschnitt im Benutzerverwaltungs-Kapitel).
`sort`	Ist es wichtig, in welcher Reihenfolge Terme einem Beitrag zugeordnet wurden? (`true`/`false`)
`show_in_rest`	Ob die Taxonomie über die REST API zugänglich sein soll. Mehr zur API finden Sie im entsprechenden Kapitel (S. 353).

Zum Rewrite-Parameter: Sie kennen ja die Kategorien-Übersichten. Wenn Sie in Ihren Einstellungen die Permalinks eingestellt haben, kommen Sie für gewöhnlich über die URL www.example.com/category/allgemein/ auf die Übersichtsseite eines Kategorien-Terms (in diesem Beispiel die Kategorie „Allgemein"). Der letzte Part der URL, allgemein/, wird dank des Term-Slugs erzeugt. Mit dem Rewrite-Parameter können Sie auf die URL-Konstruktion Einfluss nehmen.

Wenn Sie `'rewrite'` auf `false` setzen, werden die URLs nicht umgeschrieben. Würden wir also unsere Regionen-Taxonomie mit `'rewrite'` `false` registrieren, würden wir unsere Regionenübersichtsseiten beispielsweise über www.example.com/?region=berlin erreichen. Der Schlüssel des GET-Parameters wird dabei über `'query_var'` festgelegt. Ist dort nichts festgelegt, so ist der Schlüssel der Bezeichner der Taxonomie, welcher im ersten Parameter an `register_taxonomy()` übergeben wird. Wenn `'rewrite'`, was standardmäßig der Fall ist, auf `true` gesetzt ist, wird der Bezeichner der Taxonomie als URL-Part übernommen. In diesem Fall wäre unsere Berlin-URL von oben example.com/region/berlin/. Sie können aber noch sehr viel umfassender auf die URL-Konstruktion Einfluss nehmen, indem Sie an `'rewrite'` einen Array übergeben:

Argument	Bedeutung
slug	Hier können Sie selbst bestimmen, wie der Taxonomie-Part der URL heißen soll.
with_front	Sagen wir, Sie haben folgende Permalink-Struktur: /blog/%postname%/ Soll /blog/ auch vor der Taxonomien-URL stehen (true) oder nicht (false).
hierarchical	Bei hierarchischen Taxonomien können Sie die URL auch entsprechend hierarchisch gestalten (true). Beispiel: example.com/region/europa/deutschland/berlin/ für den Term Berlin.
ep_mask	Hier können Sie eine Endpoint-Maske bestimmen.

Wenn Sie nun ein wenig mit den Rewrite-Argumenten experimentieren, werden Sie sehen, dass Sie ständig auf 404 NOT FOUND Seiten landen. Bevor Sie jetzt unruhig werden: Wenn Sie Rewrite-Regeln ändern müssen Sie über Einstellungen > Permalinks Ihre Permalink-Struktur neu initialisieren, damit die neuen Regeln übernommen werden.

Taxonomien im WP_Query

Wie schon die benutzerdefinierten Felder kann man auch Taxonomien verwenden, um danach Posts zu filtern. Für benutzerdefinierte Felder haben wir dabei als $args einen 'meta_query' übergeben. Ganz ähnlich gehen wir bei Taxonomien vor, hier übergeben wir jedoch einen 'tax_query':

```php
<?php
function beispiel_tax_query()
{
    $args       = array(
        'tax_query' => array(
            'relation' => 'AND',
            array(
                'taxonomy'         => 'category',
                'terms'            => array(2, 3),
                'field'            => 'term_id',
                'operator'         => 'IN',
                'include_children' => true,
            ),
        ),
    );
```

```php
    $content = '<ul>';
    $new_query = new WP_Query($args);
    if ($new_query->have_posts()) :
        while ($new_query->have_posts()) :
            $new_query->the_post();

            $content .= '<li>';
            $content .= '<a href="' . get_the_permalink() . '">';
            $content .= get_the_title();
            $content .= '</a></li>';
        endwhile;
    endif;
    wp_reset_postdata();
    $content .= '</ul>';
    return $content;
}
```

plugins/11-wp-query/code.php

Der 'tax_query' ist dabei ganz ähnlich aufgebaut wie der 'meta_query'. Es handelt sich um einen multidimensionalen Array, wobei die einzelnen Arrays unterschiedliche Filter darstellen. Mit Hilfe von 'relation' kann man nun das Verhältnis zwischen diesen einzelnen Filtern klären. Wie schon beim 'meta_query' kann das Verhältnis 'AND' (Standard) oder 'OR' sein. Die Filter-Arrays setzen sich aus verschiedenen Argumenten zusammen, welche in der folgenden Übersichtstabelle erläutert werden:

Argument	Bedeutung
taxonomy	Welche Taxonomie hier gefiltert wird. In unserem Beispiel die Kategorien.
terms	Ein String oder Array mit den Termen.
field	Ob es sich bei den in 'terms' hinterlegten Angaben um die Term IDs ('term_id', Standard) oder um die Term Slugs ('slug') handelt.
operator	Die Posts sollen in diesen Termen vorhanden sein ('IN', Standard); nicht in diesen Termen vorhanden sein ('NOT IN'), oder – bei Übergabe eines Arrays – in all diesen Termen vorhanden sein ('AND').
include_children	Bei hierarchischen Taxonomien sollen Posts, welche in Kinder-Termen abgelegt sind genau so behandelt werden, als wären sie in der Elternkategorie (true) oder nicht (false).

Mit Termmeta-Daten arbeiten: Einer Kategorie ein Bild zuordnen

In WordPress 4.4 wurde das Metadaten System auf Terme ausgeweitet. Seither kann man also nicht nur Beiträgen, Benutzern oder Kommentaren Metadaten anhängen, sondern auch einzelnen Kategorien. In diesem Abschnitt wollen wir das Metadaten-System für Terme kennen lernen und wie man es einsetzen kann. Dazu werden wir ein kleines Plugin entwickeln, welches es ermöglicht, einer Kategorie ein Bild zuzuordnen.

Im Gegensatz zu Beiträgen gibt es keine vordefinierte Metabox für benutzerdefinierte Daten. Wir werden für dieses Plugin deshalb ein wenig ausholen müssen. Wir müssen:

1. Eine Eingabeform zur Verfügung stellen.
2. Die übermittelten Daten speichern

Sehen wir uns zunächst den Code an:

```php
<?php
/**
 * Plugin Name: Ein Bild für eine Kategorie
 **/
add_action( 'category_edit_form', 'add_form', 10, 2 );
function add_form( $term, $taxonomy ) {
    $image_id = (int) get_term_meta(
        $term->term_id,
        '_thumbnail_id',
        true
    );
    $image = wp_get_attachment_image_src( $image_id );
    if ( ! $image ) {
        $image = array(
            admin_url( '/images/media-button.png' )
        );
    }
    ?>
    <table class="form-table">
        <tbody>
        <tr class="form-field">
            <th scope="row">Bild:</th>
            <td>

                <input
                    name="thumbnail"
```

```
                        type="hidden"
                        id="thumbnail_id"
                        value="<?php echo $image_id; ?>"
                    >
                    <img
                        id="thumbnail"
                        src="<?php echo $image[0]; ?>"
                        alt="Bild">
                </div>
                <button class="button" id="change_thumbnail">
                    Bild auswählen
                </button>
            </td>
        </tr>
    </tbody>
    </table>
    <?php
}


add_action( 'admin_enqueue_scripts', 'add_scripts' );
function add_scripts( $hook ) {

    if( 'term.php' !== $hook ) {
        return;
    }

    wp_enqueue_media();
    wp_enqueue_script(
        'term-thumbnail-script',
        plugins_url( '/script.js', __FILE__ ),
        array( 'jquery' )
    );
}

add_action( 'edit_category', 'save_image' );
function save_image( $term_id ) {

    if ( ! isset( $_POST['thumbnail'] ) ) {
        return;
    }

    update_term_meta(
        $term_id,
        '_thumbnail_id',
        (int) $_POST['thumbnail']
    );
}
```

plugins/11-term-thumbnails/index.php

Wir haken uns in die Aktion `category_edit_form` ein, welche auf der Kategorie-Bearbeiten-Seite gefeuert wird. Tatsächlich hat dieser Hook folgende Form: `'{$taxonomy}_edit_form'`. Das heißt, für einen Term einer anderen Taxonomie würde auch der Hook anders lauten, für ein Schlagwort beispielsweise `'post_tag_edit_form'`.

In unserer Renderfunktion add_form() holen wir uns nun mit Hilfe des Befehls get_term_meta() die Bild-ID, falls schon eine hinterlegt ist. get_term_meta() ist dabei analog zu get_post_meta() aufgebaut (S. 125). Auch die anderen Metabefehle funktionieren analog zu den *_post_meta()-Befehlen, so gibt es also delete_term_meta(), add_term_meta() und update_term_meta().

Um nun an die URL des Bildes zu kommen, nutzen wir wp_get_attachment_image_src(), die einen Array mit der URL, der Höhe und der Breite des Bildes zurückgibt (S. 180).

Sollte noch kein Bild hinterlegt sein, greifen wir auf ein Platzhalter-Bild zurück; hier ein Standard-Bild aus dem WordPress-Admin. An admin_url() übergeben wir dabei einen zum Admin-Verzeichnis relativen Pfad an und erhalten daraufhin die URL zu dieser Datei. Danach rendern wir schließlich unseren Formularteil. Ihnen wird wahrscheinlich der „Bild auswählen"-Button auffallen. Ein Klick auf diesen Button soll den WordPress Mediendialog öffnen, so dass wir bequem ein Bild auswählen können.

Dazu benötigen wir ein wenig Javascript und registrieren deshalb in der Aktion `'admin_enqueue_scripts'` unsere Javascript-Datei. Dieser Hook ist sozusagen das Backend-Equivalent zu `'wp_enqueue_scripts'`. An add_scripts() wird dabei ein $hook übergeben, der uns letztlich sagt, wo im Admin wir uns aufhalten. Da wir unsere Datei nur auf der Bearbeiten-Seite laden möchten, brechen wir die Registrierung also ab, sollten wir uns nicht auf der *term.php* befinden. wp_enqueue_script() kennen Sie schon. Neu dürfte Ihnen wp_enqueue_media() sein. Diese Funktion lädt die Medienbibliothek von WordPress, so dass unser Javascript darauf zugreifen kann.

Sehen wir uns noch schnell an, wie wir das Bild nun speichern, bevor wir zum Javascript-Teil kommen. Dazu haken wir uns in `'edit_category'` ein. Diese Aktion wird gefeuert, wenn ein Term aktualisiert wurde und übergibt die ID des Terms. Wie schon `'category_edit_form'` ist der eigentliche Hook hier 'edit_{$taxonomy}', ändert sich also, je nachdem zu welcher Taxonomie der gerade aktualisierte Term gehört. Letztlich prüfen wir hier einfach, ob ein Thumbnail übergeben wurde und wenn dem so ist, speichern wir dieses mit Hilfe von update_term_meta().[49]

Den Mediendialog integrieren

Wie schon erwähnt, wollen wir den WordPress Mediendialog nutzen, um ein Bild für unsere Kategorie auswählen zu können. Dazu hatten wir zuvor das Script schon registriert und WordPress mit Hilfe von wp_enqueue_media() angewiesen, die notwendigen Javascript Bibliotheken für uns bereit zu halten. Werfen wir also einen Blick auf unser Javascript, welches wir in unserem Plugin unter *script.js* gespeichert haben:

```javascript
jQuery( document ).ready( function() {
    var file_frame;
    jQuery('#change_thumbnail').on('click', function( event ){
        event.preventDefault();

        if ( file_frame ) {
            file_frame.open();
            return;
        }

        file_frame = wp.media({
            title: 'Wähle ein Kategorienbild',
            button: {
                text: 'Nutze dieses Bild',
            },
            multiple: false
        });
        file_frame.on( 'select', function() {
            var attachment = file_frame.state().get('selection')
                .first().toJSON();

            jQuery( '#thumbnail' ).attr(
                'src', attachment.sizes.thumbnail.url
            );
            jQuery( '#thumbnail_id' ).val( attachment.id );
        });
        file_frame.open();
    });
});
```

plugins/11-term-thumbnails/script.js

---

[49]. Wenn Sie diesen Code produktiv einsetzen möchten, sollten Sie sich zuvor noch mit dem Nonce-System (S. 230), sowie der Abfrage von Benutzerberechtigungen (S. 206) vertraut machen.

Wenn der Button `#change_thumbnail` zum ersten Mal geklickt wird, weisen wir der Variablen `file_frame` das Ergebnis aus `wp.media()` zu. Diese Funktion steht uns zur Verfügung, da wir WordPress zuvor mit `wp_enqueue_media()` mitgeteilt haben, sie bereit zu stellen.

An `wp.media()` übergeben wir ein Konfigurationsobjekt, in welchem wir den Dialog-Titel und den Button-Text festlegen. Außerdem sagen wir mit `multiple: false`, dass der Anwender nur ein Medienelement selektieren darf.

Im zweiten Schritt registrieren wir einen Event-Handler. Wenn der Anwender also den Auswahl-Knopf gedrückt hat, möchten wir mehr über diese Auswahl erfahren. `file_frame.state().get('selection')` gibt uns die Auswahl zurück. Mit `first()` erhalten wir das erste Objekt (da die Auswahl immer als Kollektion übergeben wird) und dieses erste Objekt wandeln wir in ein JSON-Objekt um. Dieses JSON-Objekt enthält nun alle Informationen, welche zu dem Attachment vorliegen. Tipp: Nutzen Sie hier `console.log( attachment );`, um das Objekt näher zu studieren.

Die URL des Thumbnails laden wir nun in das `src`-Attribut unseres `<img>`-Elements. Die ID schreiben wir in das `value`-Attribut unseres versteckten Eingabefeldes.

Im letzten Schritt öffnen wir nun den Mediendialog mit `file_frame.open()`.

Die Variable `file_frame` nutzen wir dabei im globalen Scope unserer Anwendung. Bei einem erneuten Klick auf den „Bild auswählen"-Button müssen wir deshalb nicht erneut das gesamte Objekt registrieren und die Event-Zuweisungen vornehmen, sondern können einfach `file_frame.open()` ausführen. Deshalb fragen wir vor der Definition von `file_frame` ab, ob dieser schon definiert wurde, und wenn dem so ist, öffnen wir ihn einfach.

Der einzelne Post

Eigene Posttypen entwickeln

Im letzten Abschnitt haben Sie gelernt, dass Sie eigene Klassifikationsschemata entwickeln können. In diesem Abschnitt werden Sie nun in die Entwicklung eigener Posttypen eingeführt. Bisher haben wir stets von Beiträgen und Seiten gesprochen. Doch vielleicht genügt das Ihren Ansprüchen nicht. So könnte es sein, dass Sie auf Ihrer Seite neben einem Blog auch einen kleinen Onlineshop betreiben möchten. In diesem Fall bräuchten Sie neben Pages für Impressum, AGBs und so weiter, sowie Posts für die Blogbeiträge einen dritten Posttyp: `products`. Einen solchen möchten wir im Folgenden entwerfen und daran die Möglichkeiten eigener Post-Type-Definitionen erläutern.

Die Funktion mit welcher man einen Posttyp registrieren kann, ist `register_post_type()`. Diese Funktion erwartet zwei Paramter: Zum einen den Bezeichner des Posttyps, der zur Identifizierung eines Typen dient und mit welchem man später beispielsweise Taxonomien mit diesem Posttypen verbinden kann, oder den WP_Query auf diesen Posttyp einstellen kann. Zum anderen erwartet die Funktion als zweiten Parameter einen Argumenten-Array, mit welchem man den Posttyp näher bestimmen kann. `register_post_type()` muss über den `'init'`-Hook des WordPress-Systems initialisiert werden. Eine gültige Initialisierung sähe demnach wie folgt aus:

```php
<?php
add_action( 'init', 'registriere_meinen_posttype' );
function registriere_meinen_posttype(){
    $args = array(
        'label'  => 'Produkte',
        'public' => true,
    );
    register_post_type( 'products', $args );
}
```
plugins/12-register-posttype/posttype.php

Mit dem schon aus anderen komplexen System-Erweiterungen bekannten Argumenten kann man nun also auch den neuen Posttyp exakt auf die eigenen Bedürfnisse ausrichten:[50]

---

[50]. Wir können an dieser Stelle nicht alle möglichen Einstellungen vorstellen und werden uns aus

Der einzelne Post

Schlüssel	Bedeutung
`label`	Name des Posttypen. Mit Hilfe des `'labels'`-Arguments könnten Sie hier noch detaillierter vorgehen, vgl. Codex.
`description`	Beschreibung des Posttypen.
`hierarchical`	Ob die einzelnen Posts des Types zueinander in einer hierarchischen Beziehung stehen können (`true`) oder nicht (`false`, Standard).
`exclude_from_search`	Ob der Posttyp aus der Suche ausgeschlossen werden soll (`true`) oder nicht (`false`). Beispiel: `true`: example.com/?s=Begriff findet Posts dieses Typs, wenn diese auf den Suchbegriff zutreffen. `false`: example.com/?s=Begriff findet die Posts des Typs auch dann nicht, wenn diese auf den Suchbegriff zutreffen sollten.
`publicly_queryable`	Ist dieser Wert auf `true` gesetzt kann der Besucher über GET-Parameter den Posttyp abfragen. Beispiel: www.example.com/?post_type=xy würde dann die Posts vom Typ 'xy' finden.
`show_in_menu`	Ob der Posttyp im Admin als Menüpunkt sichtbar sein soll (`true`) oder nicht (`false`).
`show_in_admin_bar`	Wird der Posttyp in der Admin-Bar angezeigt (`true`) oder nicht (`false`).
`menu_position`	Integer, der die Position im Admin-Menü angibt. Je kleiner der Wert, desto weiter oben im Admin-Menü wird der Menüpunkt platziert.
`menu_icon`	URL zu einem Icon, welches im Admin-Menü angezeigt wird.
`capability_type`, `capabilities`	Welche Benutzer diese Art von Posts anlegen, löschen und so weiter können. Dazu werden hier Benutzer-Fähigkeiten hinterlegt. Mehr zu diesen Fähigkeiten erfahren Sie im Kapitel über die Benutzerverwaltung.
`supports`	In einem Array übergeben Sie hier, welche

Platzgründen auf die Wichtigsten beschränken. Eine vollständige Übersicht bietet der WordPress Codex: https://developer.wordpress.org/reference/functions/register_post_type/

Schlüssel	Bedeutung
	Eingabefelder und -bereiche der Posttyp unterstützt: `title` — Titel (Standard) `editor` — Content-Editor (Standard) `author` — Autor-Metabox `thumbnail` — Das Beitragsbild `excerpt` — Einen Textausschnitt `trackbacks` — Trackbacks `custom-fields` — Benutzerdefinierte Felder `comments` — Das Kommentar-System `revisions` — Das Revisions-System `page-attributes` — Die Attribute-Box `post-formats` — Werden Post-Formate unterstützt
`taxonomies`	Ein Array unterstützter Taxonomien. Beispiel: `array( 'category', 'post_tag' )`
`has_archive`	Auf `true` gesetzt wird das Archiv-System aktiviert.
`rewrite`	Wie schon bei `register_taxonomy()` kann man hier mit Hilfe eines Arrays die URL-Konstruktion beeinflussen.
`query_var`	Setzt die Query-Variable für den Posttyp, welche später mit `get_query_var()` abgefragt werden kann. Ohne URL-Rewrite entspricht dies auch dem GET-Paramter.
`can_export`	Ob die Posts über die Export-Schnittstelle von WordPress exportiert werden können (`true`).

Schlüssel	Bedeutung
show_in_rest	Ob die Beiträge über die REST API zugänglich sein sollen (true) oder nicht (false). Mehr Informationen auf Seite 343ff.
template	Ein Array für Blockvorlagen, die automatisch in den Editor geladen werden sollen.
template_lock	Inwiefern ein Redakteur die Vorlage beim editieren ändern kann. 'insert' verhindert das Einfügen von weiteren Blöcken, 'all' verhindert darüber hinaus, dass die Blockreihenfolge geändert werden kann. Siehe Seite 163

Sie sehen anhand dieser Tabelle schon, wie umfangreich Sie Ihren Posttypen definieren können. Wir haben hier nur die wichtigsten Einstellungen aufgeführt. Weitere Argumente finden Sie im WordPress Codex.[51]

Um einen Posttyp anzulegen, müssen Sie natürlich nicht sämtliche dieser Argumente übergeben. Bis auf 'label' hat jedes andere Argument einen Standard-Wert. Nur wenn Sie von diesem abweichen wollen, müssen Sie das Argument angeben. Wenn Sie nachträglich das 'support'-Argument variieren möchten, können Sie dies mit Hilfe von add_post_type_support() sowie remove_post_type_support(). Beide Funktionen erwarten als ersten Parameter den Posttyp Bezeichner und als zweiten einen String, welches Feature hinzugefügt, beziehungsweise entfernt werden soll. Wenn Sie Features hinzufügen möchten, können Sie das auch über einen Array aus verschiedenen Features tun. Entfernt werden können Features hingegen nur einzeln:

```php
<?php
add_action( 'init', 'produkte_posttype', 11 );
function produkte_posttype(){
    add_post_type_support(
        'products',
        array( 'thumbnail', 'comments' )
    );
}
```
plugins/12-register-posttype/posttype-support.php

---
51. http://codex.wordpress.org/Function_Reference/register_post_type

In unserem Beispielcode erklären wir WordPress mittels `add_post_type_support()` dass unser Posttyp 'products' Beitragsbilder und Kommentare unterstützen soll. Mit `post_type_supports()` können Sie überprüfen, ob ein Posttyp ein bestimmtes Feature unterstützt. Dazu übergeben Sie zunächst den Bezeichner des Typen und in einem zweiten Argument dann das gesuchte Feature.

Mit `post_type_exists()` können Sie überprüfen, ob ein Posttyp überhaupt existiert. Sie übergeben den Bezeichner und erhalten `true` oder `false` zurück.

Wenn Sie den Typen eines Posts ändern möchten, können Sie dies mit `set_post_type( $post_id, $post_type )`. Im Erfolgsfall wird dabei `true` zurückgegeben, ansonsten `false`.

Mit `get_post_type()` können Sie den Posttyp eines Beitrags ermitteln. Als Parameter wird hier die ID des Posts erwartet. Über die Funktion `get_post_type_object()` erhalten Sie das gesamte Posttyp Objekt mit den Angaben, welche Sie über die Argumente gemacht haben, zurück. Erwartet wird hier der Bezeichner des Typen als Argument.

`is_post_type_hierarchical()` ermöglicht es Ihnen, zu überprüfen, ob ein Posttyp hierarchische Beziehungen zwischen einzelnen Beiträgen zulässt. Seiten ('page') können Sie beispielsweise hierarchisch organisieren. Sie können also Seiten und Unterseiten definieren.

Mit Blocktemplates arbeiten

Wenn Sie einen neuen Posttypen registrieren, dann möchten Sie eventuell festlegen, welche Blöcke im Editor in welcher Reihenfolge Verwendung finden. Erstellen wir beispielsweise einen Typen für Rezepte. Sie kennen die üblichen Rezepte-Seiten im Internet. Sie enthalten meist eine Bildergalerie mit mehr oder weniger appetitlichen Bildern, dann eine Liste von Zutaten und schließlich den Text, wie man das Gericht zubereitet. Meistens findet sich dann irgendwo noch ein Rating, die Kochzeiten und Ähnliches. Alle diese Elemente kehren stets auf die gleiche Weise wieder, egal welches Rezept Sie auf der Seite aufrufen. Die stabile Ordnung der Elemente ermöglicht es dem Besucher, sich schnell auf dem neuen Rezept zurechtzufinden, da er weiß, wo welche Information zu erwarten sind.

Abbildung 16: Die Editoransicht, wenn man ein neues Rezept erstellt.

Wir werden also einen Rezepte-Posttyp anlegen. Wenn Sie das Plugin aktivieren und ein neues Rezept erstellen, so werden Sie eine vorausgefüllte Galerie finden, danach eine „Zutaten"-Überschrift, unter welcher Sie die Liste finden. Nach einem Seperator gibt es die „Zubereitung"-Überschrift und ein Freitextblock zum hinzufügen der Kochschritte. Schauen wir uns nun den dazugehörigen Code an:

Der einzelne Post

```php
<?php
/**
 * Plugin Name: Rezepte
 * Author: Websupporter
 */

add_action( 'init', 'rezept_register_posttype' );
function rezept_register_posttype() {

  register_post_type(
    'rezepte',
    array(
      'label'        => 'Rezepte',
      'show_in_rest' => true,
      'public'       => true,
      'template'     => array(
        array(
          'core/gallery',
          array(
            'align'     => 'center',
            'columns'   => 2,
            'imageCrop' => false,
            'linkTo'    => 'attachment',
            'images'    => array(
              array(
                'url'     => 'https://picsum.photos/g/300/200/',
                'alt'     => 'Der Alternativtext',
                'caption' => 'Der Caption Text',
                'link'    => 'https://picsum.photos',
              ),
              array(
                'url'     => 'https://picsum.photos/g/300/200/',
                'alt'     => 'Der Alternativtext',
                'caption' => 'Der Caption Text',
                'link'    => 'https://picsum.photos',
              ),
              array(
                'url'     => 'https://picsum.photos/g/300/200/',
                'alt'     => 'Der Alternativtext',
                'caption' => 'Der Caption Text',
                'link'    => 'https://picsum.photos',
              ),
              array(
                'url'     => 'https://picsum.photos/g/300/200/',
                'alt'     => 'Der Alternativtext',
                'caption' => 'Der Caption Text',
                'link'    => 'https://picsum.photos',
              ),
            ),
          ),
        ),
```

```
            array(
                'core/heading',
                array(
                    'content' => 'Zutaten',
                ),
            ),
            array(
                'core/list',
                array(
                    'ordered' => false,
                    'values'  => '<li>Mehl</li><li>Zucker</li>',
                ),
            ),
            array(
                'core/separator',
            ),
            array(
                'core/heading',
                array(
                    'content' => 'Zubereitung',
                ),
            ),
            array(
                'core/paragraph',
                array(
                    'placeholder' => 'Füge die Kochschritte hinzu.',
                ),
            ),
        ),
        'template_lock' => 'all',
    )
);
}
```

plugins/12-rezepte/index.php

Wie Sie sehen ist das `template`-Attribut ein riesiger Konfigurationsarray. Er besteht aus fünf Einzelarrays. Jeder dieser Arrays steht für einen Block. Der erste Eintrag dieses Arrays ist jeweils der Identifikator. Wir benutzen der Reihe nach:

1. core/gallery
2. core/heading
3. core/list
4. core/seperator
5. core/heading
6. core/paragraph

Das zweite Element des Block-Arrays ist wiederum selbst ein Konfigurationsarray. Abhängig vom verwendeten Blocktypen können Sie diesen hier konfigurieren. Sie benötigen einen solchen Array allerdings nicht zwingend. Wenn Sie ihn weglassen, wird WordPress die Standard-Werte übernehmen. Sie müssen auch nicht sämtliche möglichen Attribute der Blockkonfiguration ausweisen. WordPress wird auch dann auf den jeweiligen Standardwert zurückgreifen.

Im Folgenden erhalten Sie einen Überblick über die möglichen Einstellungen der beliebtesten Blöcke:

Schlüssel	Beschreibung
core/heading **Der Überschriftenblock**	
content	Hier können Sie einen Inhalt übergeben.
placeholder	Hier können Sie einen Platzhalter übergeben.
level	Wählen Sie zwischen 1 und 6, um die Überschriftshierarchie zu definieren. Der Standard ist 2.
align	Die Ausrichtung. Mögliche Werte: `left`, `center`, `right`
anchor	Das `id`-Attribut der Überschrift.
className	Zusätzliche CSS-Klassen für das Element. Diesen Wert können Sie für jeden Blocktypen angeben.
core/list **Die Liste**	
ordered	`true` für eine sortierte Liste (ol), `false` für eine unsortiere Liste (ul).
values	Hier können Sie die Liste vordefinieren. Beispielsweise: `<li>Mehl</li><li>Zucker</li>`

Schlüssel	Beschreibung
\multicolumn{2}{c}{**core/paragraph** — **Der Absatzblock**}	
`content`	Hier können Sie einen Inhalt übergeben.
`placeholder`	Hier können Sie einen Platzhalter übergeben.
`align`	Die Textausrichtung. Mögliche Werte: `left`, `center`, `right`
`backgroundColor`	Der Farbwert des Hintergrunds. Dazu nehmen Sie den Slug, welchen Sie mit `add_theme_supprt()` hinterlegt haben (S. 86).
`textColor`	Die Textfarbe. Dazu nehmen Sie den Slug, welchen Sie mit `add_theme_supprt()` hinterlegt haben (S. 86).
`fontSize`	Die Schriftgröße. Auch hier nehmen Sie den Slug, welcher mit `add_theme_support()` hinterlegt wurde (S. 88).
`dropCap`	Ein Boolean, der bestimmt, ob es einen Initialbuchstaben geben soll, der erste Buchstabe des Absatzes also größer erscheinen soll.
\multicolumn{2}{c}{**core/gallery** — **Der Galerieblock**}	
`align`	Die Ausrichtung. Mögliche Werte: `left`, `center`, `right`, `wide`, `full`
`columns`	Die Anzahl der Spalten. Maximal 4.
`imageCrop`	Boolean, ob die verwendeten Bilder zurechtgeschnitten sein sollen.
`linkTo`	Ob und wenn ja wohin die Bilder verlinkt sein sollen. Mögliche Werte sind `none`, `attachment` und `media`
`images`	Hier können Sie einen Array übergeben mit vorausgewählten Bildern. Die Elemente dieses Arrays sind wiederum ein Array, welche folgende Schlüssel enthalten: `url` Die URL zum Bild. `alt` Der Alternativtext des Bildes.

Schlüssel	Beschreibung
	`caption` Der Beschreibungstext des Bildes. `link` Die URL, auf die das Bild verlinken kann. `id` Die Attachment ID.
core/image **Der Bildblock**	
`align`	Die Ausrichtung. Mögliche Werte: `left, center, right, wide, full`
`id`	Die Attachment ID.
`url`	Die URL zum Bild.
`caption`	Der Beschreibungstext des Bildes.
`width`	Die Breite des Bildes.
`height`	Die Höhe des Bildes.
`alt`	Der Alternativtext des Bildes.
`linkDestination`	Wohin der Link des Bildes verweist. Mögliche Werte sind `'none'`, `'media'`, `'attachment'`, `'custom'`
`href`	Wenn Sie bei `linkDestination` `'custom'` angeben, können Sie hier die URL angeben, wohin der Bildlink verweisen soll.
core/table **Der Tabellenblock**	
`align`	Die Ausrichtung. Mögliche Werte: `left, center, right, wide, full`
`hasFixedLayout`	Boolean, der angibt, ob die Zellengröße festgesetzt (`true`) oder variabel (`false`) ist.

Schlüssel	Beschreibung
core/freeform **Der klassische Editor**	
`content`	Der Blockinhalt.
core/quote **Der Zitatblock**	
`align`	Die Ausrichtung. Mögliche Werte: `left`, `center`, `right`
`value`	Das Zitat.
`citation`	Der Urheber des Zitats.

Werfen wir noch schnell einen Blick auf `'template_lock'`: Wenn wir diesen Wert an `register_post_type()` übergeben, können wir steuern, in wie weit das Template veränderbar ist. Der Wert `'all'` verhindert das Einfügen, Löschen und Verschieben der Blöcke. Der Wert `'insert'` verhindert nur das Einfügen neuer Blöcke, sowie das Löschen der Bestehenden. Die Reihenfolge der bestehenden Blocks kann der Autor allerdings ändern. Um keine Beschränkungen einzurichten geben Sie `'template_lock'` einfach nicht an.

Einen neuen Beitrag anlegen: wp_insert_post()

WordPress ermöglicht es Entwicklern, selbstständig Beiträge anzulegen. Dazu stellt das System die Funktion `wp_insert_post()` bereit.

```php
<?php
$args = array(
 'post_title'   => 'Testprodukt',
 'post_type'    => 'product',
 'post_content' => 'Dieses Produkt dient zum testen.',
);

$post_id = wp_insert_post( $args );
add_post_meta( $post_id, 'price', '99.99' );
```

Der einzelne Post

In unserem Code erstellen wir einen neuen Beitrag für unseren 'products'-Typen. Dazu übergeben wir an wp_insert_post() einen Array, welcher die Informationen über den Beitrag enthält. Von der Funktion erhalten wir dabei die neu angelegte Post ID zurück. In einem zweiten Schritt legen wir daraufhin für diesen Beitrag ein benutzerdefiniertes Feld an. Sie können an wp_insert_post() folgende Informationen übergeben:

Argument	Bedeutung
ID	Die ID des Beitrags. Diese sollten Sie nur übergeben, wenn Sie einen bestehenden Eintrag überschreiben möchten.
post_content	Der Text des Beitrags.
post_title	Der Titel des Beitrags.
post_name	Der Slug des Beitrags.
post_status	Der Status des Beitrags: draft — Entwurf publish — Veröffentlicht future — Veröffentlichung in der Zukunft private — Privat pending — Ausstehender Review
post_type	Der Posttyp des Beitrags.
post_author	Die Benutzer-ID des Autoren.
ping_status	Ob der Beitrag Trackbacks und Pingbacks erlaubt ('open') oder nicht ('closed').
post_parent	Die ID des Eltern-Beitrags.
menu_order	Ein Integer für die menu_order-Spalte in der Datenbank, welche gerne zur Sortierung von Beiträgen genutzt wird.
to_ping	URLs, welche dieser Beitag anpingen soll.

Argument	Bedeutung
pinged	URLs, welche angepingt wurden.
post_password	Hier kann ein Passwort gesetzt werden.
post_excerpt	Der Textausschnitt.
post_date	Datum, an dem der Text veröffentlicht wurde. Format: 'Y-m-d h:i:s'
post_date_gmt	Das GMT-Datum, an dem der Text veröffentlicht wurde.
comment_status	Mit 'open' können Leser den Beitrag kommentieren, mit 'closed' nicht.
post_category	Array aus Kategorien-IDs, denen der Beitrag zugeordnet werden soll.
tags_input	Array aus Schlagworten, denen der Beitrag zugeordnet werden soll.
tax_input	Multidimensionaler Array aus anderen Taxonomien, denen der Beitrag zugeordnet werden soll. Der Array-Schlüssel ist dabei der Taxonomien-Bezeichner. Als Array-Wert wird nun ein Array mit Term-IDs übergeben.
page_template	Wenn ein Seitentemplate verwendet werden soll, kann man dieses hier angeben.

Sie müssen nicht sämtliche dieser Werte übergeben. Sollte kein Wert hinterlegt sein wird WordPress auf die Standard-Werte des Systems zurückgreifen. Im Fall der Zeitangaben wird WordPress beispielsweise die aktuelle Zeit nehmen.

Wenn Sie einen Beitrag mit Hilfe von wp_insert_post() anlegen, so werden die Daten von WordPress validiert. Dabei wird WordPress allerdings nicht prüfen, ob in den einzelnen Feldern HTML, Javascript oder PHP-Tags existiert. In dem Falle dass diese Daten von einer unsicheren Quelle stammen, können Sie diesen entsprechenden Reinigungsschritt mit wp_strip_all_tags() vornehmen.

Wird ein neuer Beitrag angelegt, so werden sämtliche Daten durch den Filter 'wp_insert_post_data' geschleust. Sie können sich also in diesen einklinken, um Änderungen an Beiträgen vorzunehmen. Übergeben werden zwei Arrays, die bereits gereinigten Daten, sowie die rohen Daten:

```php
<?php
add_filter( 'wp_insert_post_data', 'neue_posts_pruefen', 10, 2 );
function neue_posts_pruefen( $data, $raw ){
    $blacklist = array(
        preg_quote(' sex '),
        preg_quote(' drugs '),
        preg_quote(" Rock'n'Roll "),
    );
    foreach ($blacklist as $delete ) {
        $data['post_title'] = preg_replace(
            '^' . $delete . '^i',
            ' --censored-- ',
            $data['post_title']
        );
        $data['post_content'] = preg_replace(
            '^' . $delete . '^i',
            ' --censored-- ',
            $data['post_content']
        );
    }
    return $data;
}
```

plugins/12-insert-post-data/code.php

In unserem Beispielcode filtern wir die eingehenden Daten und prüfen, ob bestimmte Schlüsselwörter einer Blacklist im Text oder Titel vorhanden sind. In diesem Fall ersetzen wir die Schlüsselwörter durch ' --censored-- '.

Einen Beitrag aktualisieren: wp_update_post()

Mit der Funktion `wp_update_post()` können Sie einen Beitrag aktualisieren. Dabei übergeben Sie den Argumenten-Array, welchen Sie schon von `wp_insert_post()` kennen. Zwingend ist dabei die Übergabe des `'ID'`-Parameters. `wp_update_post()` wird nun die Felder, welche sie übergeben, aktualisieren. Wenn Sie mit `wp_insert_post()` die ID übergeben wird der komplette Beitrag mit den neuen Werten überschrieben.

Ein Beispiel: Sollten Sie einen Beitrag mit `wp_update_post()` aktualisieren und dabei das Argument `'post_content'` nicht übergeben, wird der alte Beitragstext bestehen bleiben. Bei `wp_insert_post()` würden Sie damit den alten Beitragstext löschen.

Einen Beitrag löschen: wp_delete_post()

Mit dieser Funktion können Sie einen Beitrag löschen. `wp_delete_post()` erwartet als ersten Parameter die ID des entsprechenden Beitrags. Optional können Sie einen zweiten Parameter übergeben, welcher WordPress anweist, dabei den Papierkorb zu umgehen (`true`). Normalerweise wird `wp_delete_post()` den Beitrag in den Papierkorb legen. Sollte der Beitrag schon im Papierkorb liegen, wird er endgültig gelöscht. Dabei werden auch sämtliche Kommentare, Metadaten und weitere Informationen, welche mit diesem Beitrag zusammenhängen gelöscht.

Sollte der Beitrag das Eltern-Element anderer Beiträge gewesen sein, so werden diese bei einer endgültigen Löschung den „Großeltern" zugeordnet.

Medien und Anhänge

Ein weiterer interessanter Aspekt im Zusammenhang mit einzelnen Beiträgen sind Medien und Anhänge. In diesem Abschnitt lernen Sie deshalb, wie Sie Medien hochladen oder von einer URL aus beziehen und wie Sie mit Anhängen umgehen können.

Medien hochladen: media_handle_upload()

Mit `media_handle_upload()` stellt WordPress eine äußerst komfortable Schnittstelle bereit, den Upload von Medien zu bewerkstelligen. In unserem Beispiel möchten wir zunächst im Frontend eine Schnittstelle zur Verfügung stellen, in der eingeloggte Benutzer ein Bild hochladen können. Dieses Bild soll dann für den entsprechenden Beitrag als Beitragsbild verwendet werden. Als erstes entwickeln wir dafür unser Formular, mit welchem wir das Bild auf den Server laden werden. Dieses wird angezeigt, sobald ein Benutzer eingeloggt ist und sich auf einem Beitrag befindet, der Beitragsbilder unterstützt:

Der einzelne Post

Abbildung 17: Eine Datei hochladen

```
<?php
add_filter( 'the_content', 'beitragsbild_formular' );
function beitragsbild_formular( $content ){
  $post_type = get_post_type( get_the_ID() );
  if(
    is_user_logged_in() &&
    post_type_supports( $post_type, 'thumbnail' )
  ){
    $form  = '<div><p>Laden Sie ein Beitragsbild hoch.</p>';
    $form .= '<form method="post" enctype="multipart/form-data">';
    $form .= '<input type="file" name="beitragsbild" />';
    $form .= '<input type="hidden" name="post_id" value="' .
      get_the_ID() . '" />';
    $form .= '<p><button>Hochladen</button></p>';
    $form .= '</form></div>';
    $content = $content . $form;
  }
  return $content;
}
```
plugins/12-beitragsbild-formular/formular.php

Wir haken uns dazu in den 'the_content'-Filter ein und fragen zunächst den aktuellen Posttypen ab. Danach prüfen wir mit Hilfe von is_user_logged_in(), ob der aktuelle Nutzer eingeloggt ist.[52] Darüber hinaus fragen wir ab, ob der

---

[52]. Mehr Informationen zu diesem Befehl erhalten Sie im Benutzerverwaltungs-Kapitel. In diesem Kapitel wird auch besprochen, wie Sie prüfen, ob der entsprechende Nutzer überhaupt das Recht besitzt, diesen Beitrag zu verändern. Eine solche Prüfung nehmen wir hier nicht vor, sollte aber in einem derartigen

aktuelle Post überhaupt Beitragsbilder unterstützt. Dazu nehmen wir unsere Information, um welchen Posttypen es sich handelt, und stellen unter Verwendung von `post_type_supports( $post_type, 'thumbnail' )` sicher, dass dieser Beitragsbilder unterstützt. Nur wenn diese beiden Bedingungen erfüllt sind, kreieren wir unser Formular und hängen es an den Inhalt des Beitrags. Im zweiten Schritt müssen wir nun das empfangene Bild weiterverarbeiten:

```php
<?php
add_action( 'init', 'beitragsbild_save' );
function beitragsbild_save(){
    if(
        ! is_user_logged_in() ||
        ! isset( $_FILES['beitragsbild'] )
    )
        return;

    require_once( ABSPATH . 'wp-admin/includes/image.php' );
    require_once( ABSPATH . 'wp-admin/includes/file.php' );
    require_once( ABSPATH . 'wp-admin/includes/media.php' );

    $post_id = (int) $_POST['post_id'];
    $attachment_id = media_handle_upload(
        'beitragsbild',
        $post_id
    );

    if ( ! is_wp_error( $attachment_id ) ) {
        update_post_meta(
            $post_id,
            '_thumbnail_id',
            $attachment_id
        );
    }
}
```

plugins/12-beitragsbild-formular/save.php

Dazu klinken wir uns in den Initialisierungsprozess ein und fragen zunächst ab, ob der Nutzer eingeloggt ist und ob eine entsprechende Datei hochgeladen wurde. Nur wenn dies der Fall ist fahren wir fort.

Plugin stattfinden, da ansonsten sogar Abonnenten das Beitragsbild hochladen können. Wenn Sie also an einem solchen Script, wie wir es hier vorstellen, interessiert sind, wäre es notwendig derartige Prüfungen vorzunehmen! Auch das Kapitel zum Thema Sicherheit sollten Sie studieren, bevor Sie eine solche Lösung in der Praxis einsetzen.

Wir binden nun zunächst drei PHP-Dateien ein. Die Funktion `media_handle_upload()` ist eigentlich für die Verwendung im WordPress Admin gedacht. Deshalb müssen wir die entsprechenden Abhängigkeiten, in welchen die Funktion steht, nachladen. Dies tun wir, indem wir die Dateien *image.php*, *file.php* und *media.php* aus dem Admin nachladen. Wir verwenden dabei die Konstante `ABSPATH`, welche den Pfad zu unserer WordPress-Installation zurückgibt.

Die nächste Aktion von Interesse ist `media_handle_upload()`. Um den Upload zu gewährleisten müssen wir an diese Funktion zwei Parameter übergeben: Den Schlüssel unter welchem die Datei in der `$_FILES` zu finden ist. Dieser Schlüssel ist identisch mit dem Namen, welchen wir dem Datei-Upload-Feld in unserem Formular gegeben haben; in unserem Fall `'beitragsbild'`. Im zweiten Parameter übergeben wir die ID des Beitrags. Mit diesen zwei Parametern wird `media_handle_upload()` die Datei nun hochladen und entsprechend in der Mediathek hinterlegen. Desweiteren wird die Funktion das Bild als `'attachment'` dem Beitrag anhängen. Möchten wir die Datei keinem Beitrag anhängen, so übergeben wir als zweiten Parameter einfach 0. Läuft alles gut, erhalten wir die ID des Anhangs zurück, andernfalls würde ein WP Error Objekt zurückgegeben.[53]

Damit ist die Datei nun hochgeladen und dem Beitrag angehängt. Dies bedeutet allerdings noch nicht, dass es sich dabei um ein Beitragsbild handelt. Damit dies der Fall ist müssen wir den Meta-Wert `'_thumbnail_id'` auf die ID des Anhangs setzen. Wir prüfen deshalb, ob es sich bei der Rückgabe von `media_handle_upload()` um einen WP Error handelt. Ist dies nicht der Fall aktualisieren wir den entsprechenden Wert und erklären damit das hochgeladene Bild zu unserem Beitragsbild.

Medien von einer URL registrieren

Während `media_handle_upload()` für den Dateiupload unverzichtbar ist, hilft `media_handle_sideload()` beim registrieren von Dateien, welche wir beispielsweise von einer URL bezogen haben. So könnte es sein, dass wir mit einer API kommunizieren, welche uns das Bild bereitstellt.

Wir stellen unseren Beispielcode deshalb ein wenig um. Der Autor eines Beitrags soll in der Lage sein, unserem System über ein bestimmtes benutzerdefiniertes

---

[53] Zum Error-Objekt erfahren Sie mehr in dem entsprechenden Kapitel (S. 196).

Feld eine URL zu übermitteln, wo wir das Beitragsbild finden werden. Während des Speicherprozesses werden wir diese URL abfangen, das Bild in unserer Mediathek ablegen und erneut als Beitragsbild hinterlegen:

```php
<?php
add_action( 'save_post', 'get_beitragsbild' );
function get_beitragsbild( $post_id ){
    $url = get_post_meta( $post_id, 'beitragsbild', true );
    if( filter_var( $url, FILTER_VALIDATE_URL) === FALSE )
        return;
    $file_array['tmp_name'] = download_url( $url );
    if( is_wp_error( $file_array['tmp_name'] ) ){
        unlink( $file_array['tmp_name'] );
        return;
    }
    $file_array['name'] = basename( $url );
    $attachment_id = media_handle_sideload(
        $file_array,
        $post_id,
    );
    unlink( $file_array['tmp_name'] );
    update_post_meta( $post_id, '_thumbnail_id', $attachment_id );
    delete_post_meta( $post_id, 'beitragsbild' );
}
```

plugins/12-beitragsbild-formular/from-url.php

Um dies zu bewerkstelligen haken wir uns in den Action Hook 'save_post' ein. Dieser wird ausgeführt, nachdem die Daten eines Beitrags in der Datenbank gespeichert wurden. Im ersten Schritt besorgen wir uns die URL. Diese soll der Autor unter dem benutzerdefinierten Feld 'beitragsbild' ablegen.[54] Danach prüfen wir, ob es sich um eine valide URL handelt. Sollte dies nicht der Fall sein beenden wir unsere Funktion.

Im nächsten Schritt laden wir das Bild, indem wir die WordPress eigene Funktion download_url() benutzen. Diese Funktion speichert das Bild als eine temporäre Datei ab. Wenn dies gklappt hat, erhalten wir den Pfad zu dieser Datei, ansonsten ein WP Error Objekt. Sollte ein Fehler aufgetreten sein, löschen wir mit unlink() die Datei und brechen unsere Funktion ab.

---

54. Nachdem Sie das Kapitel „Den Admin erweitern" (S. 236) gelesen haben, werden Sie benutzerfreundlichere Schnittstellen zur Verfügung stellen können.

Den Upload und das Eintragen des Bildes in unsere Mediathek werden wir `media_handle_sideload()` überlassen. Diese funktioniert ganz ähnlich wie `media_handle_upload()`, außer dass der erste Parameter ein Array sein muss, der dem $_FILES-Array eines normalen Uploads entspricht. Deshalb packen wir den Pfad zu unserer Datei in `$file_array['tmp_name']` und den Namen des Bildes in `$file_array['name']`. Diesen Array übergeben wir als ersten Parameter, danach die ID des Beitrags und zum Schluss noch einen Beschreibungstext für die Datei, welchen wir hier leer lassen. Zurückerhalten wir die ID des Anhangs. Nachdem wir so unser Bild heruntergeladen und gespeichert haben, löschen wir die temporäre Datei, in welcher das Bild zwischengelagert wurde und weisen dem Beitrag das Bild als Beitragsbild zu. Zum Schluss löschen wir noch unser benutzerdefiniertes Feld, in welcher uns die URL übergeben wurde, damit wir nicht mit jedem Speicherprozess die URL erneut laden und das Bild in der Mediathek speichern.

Anhänge verstehen

Wenn Sie über den „Datei hinzufügen"-Knopf im Beitragseditor ein Bild oder eine andere Datei hochladen, so wird diese dem Beitrag angehängt. Anhänge werden in der `wp_post`-Datenbank als Posttyp `'attachment'` hinterlegt. Dabei wird der `'post_parent'` auf die ID des Beitrags gesetzt. Der Status dieses Anhangs in `'post_status'` ist `'inherit'`, also abhängig vom Status des Beitrags. Außerdem wird der MIME-Type der Datei in der Spalte `post_mime_type` hinterlegt.

Wenn Sie beispielsweise eine Reihe von Bildern einem Beitrag anhängen, so bietet WordPress mit dem Shortcode `[gallery]` eine einfache Möglichkeit, diese im Beitrag als Galerie anzuzeigen.

Auch wir Entwickler können selbstverständlich auf Anhänge zugreifen, um Sie für unsere Zwecke zu nutzen. Dazu dient der Befehl `get_attached_media()`. Dieser erwartet zwei Parameter. Zum einen den Dateityp: `'audio'` würde Audioanhänge zurückgeben, `'image'` Bilder, `'video'` Videos und so weiter. Der Typ hängt dabei von der in `post_mime_type` hinterlegten Information ab. Als zweiten Parameter erwartet die Funktion die ID des Beitrags. Innerhalb des Loops können Sie darauf verzichten.

get_attached_media() gibt uns dabei einen Array bestehend aus Post Objekten zurück. Um die URL eines Anhangs zurückzuerhalten können Sie wp_get_attachment_url() benutzen. Dabei müssen Sie die ID des Anhangs übergeben. Bei Bildern sollten Sie jedoch auf wp_get_attachment_image_src() ausweichen. Dieser Funktion können Sie optional als zweiten Parameter den Bezeichner der Bildgröße übergeben.[55] Während wp_get_attachment_url() einfach nur die URL zurückgibt, erhalten Sie mit wp_get_attachment_image_src() einen Array. Das erste Element dieses Arrays ist die URL, das zweite die Breite des Bildes, das dritte die Höhe des Bildes. Im vierten Parameter wird ein Boolean übergeben, der Sie informiert, ob dieses Bild skaliert wurde oder nicht.

In einem kleinen Beispielcode möchten wir die Funktionsweise darlegen. Nehmen wir an, Ihre Beiträge haben zum einen Bilder, zum anderen PDFs angehängt. Sie wollen am Ende eines jeden Beitrags eine kleine Galerie darstellen, in welcher die Bilder zu sehen sind und die PDF-Anhänge als Liste ausgeben. In diesem Fall erweitern wir dazu die *single.php* unseres Themes:

```php
<?php get_header(); ?>
  <div id="primary" class="content-area">
    <main id="main" class="site-main" role="main">

    <?php
      while ( have_posts() ) : the_post();
        get_template_part( 'content', get_post_format() );

        $bilder = get_attached_media( 'image' );
        $pdfs = get_attached_media( 'application/pdf' );

        if( count( $bilder ) > 0 || count( $pdfs ) > 0 ):
        ?>
          <div class="anhaenge">
            <h3>Anhänge</h3>
            <?php
            if( count( $bilder ) > 0 ):
            ?>
              <div class="anhaenge-bild">
                <h4>Bilder</h4>
                <ul>

                  <?php
                  foreach( $bilder as $bild ):
                    $bild = wp_get_attachment_image_src(
```

---

[55]. Zur Verwendung von Bildergrößen vergleichen Sie bitte den Abschnitt „Beitragsbilder" im Theme-Kapitel.

```php
                            $bild->ID,
                            'thumbnail'
                        );
                    ?>
                    <li>
                        <img
                            src="<?php echo esc_attr($bild[0]);?>"
                            width="<?php echo esc_attr($bild[1]);?>"
                            height="<?php echo esc_attr($bild[2]);?>"
                        />
                    </li>
                    <?php
                        endforeach;
                    ?>
                </ul>
            </div>
            <?php endif; ?>

            <?php if( count( $pdfs ) > 0 ): ?>
            <div class="anhaenge-pdf">
                <h4>PDFs</h4>
                <ul>
                    <?php foreach( $pdfs as $pdf ):
                        $url = wp_get_attachment_url( $pdf->ID   );
                    ?>
                    <li>
                        <a
                            href="<?php echo esc_url( $url ); ?>"
                            target="_blank"
                        >
                            <?php echo get_the_title( $pdf->ID ); ?>
                        </a>
                    </li>
                    <?php endforeach; ?>
                </ul>
            </div>
            <?php endif; ?>
        </div>
        <?php
            endif;
        endwhile;
        ?>

    </main>
  </div>
<?php get_footer();
```

Statt `wp_get_attachment_image_src()` können Sie auch auf `wp_get_attachment_image( $id, $size )` zurückgreifen. Diese Funktion wird

Ihnen den kompletten `<img>`-Tag zurückgeben und erwartet die ID des Anhangs, sowie die Bildgröße.

Sie haben im Kapitel „Themes erstellen" schon die Template-Datei *attachment.php* und *image.php* kennengelernt. Diese dient der Darstellung von Anhängen. So könnten Sie beispielsweise auf der *single.php* eine Liste aller Bilder im Thumbnail-Format ausgeben und diese auf die *attachment.php* verlinken. Dort könnte man das Bild dann in voller Größe darstellen. Den entsprechenden Permalink auf einen Anhang erhalten Sie mit `get_attachment_link()`, beziehungsweise mit `the_attachment_link()`. Dabei wird die ID des Anhangs als Parameter erwartet. Während also `wp_get_attachment_url()` direkt auf die Datei verweist, verweist uns `get_attachment_link()` auf die entsprechende Anhangs-Seite im WordPress-System. Auf dieser könnten Sie nun weitere Informationen zu dem Anhang hinterlegen, beispielsweise wann dieser angelegt wurde, die Dateigröße, EXIF-Daten und so weiter.

Wo bin ich: Konditionale Abfragen

Oft genug werden Sie vor dem Problem stehen, nicht zu wissen, wo Sie sind. Bin ich gerade auf einer Übersichtsseite, auf der Startseite oder auf einer Beitragsseite? Das kann wichtig sein, vielleicht möchten Sie ein Widget nur anzeigen lassen, wenn sich der Besucher auf einer Beitragsseite befindet. Die Sidebar jedoch wird eventuell auch auf anderen Seiten angezeigt. Vielleicht soll Ihr Widget aber auch einfach nur andere Inhalte anzeigen, wenn es dem Besucher auf einer Übersichtsseite angezeigt wird.

WordPress hält zur Standort-Bestimmung einige Befehle bereit, die wir in diesem Kapitel erläutern werden. Diese Befehle können Sie in `if()`-Statements nutzen, um bestimmte Codefragmente nur auszuführen, wenn der Benutzer sich auf bestimmten Seiten befindet.

Nutzen kann man konditionale Abfragen frühestens ab dem Action Hook `'wp'`.[56] Dieser Hook wird ausgeführt, nachdem der WP_Query für die Seite erzeugt wurde, denn auch die Standortbestimmung wird letztlich im Hauptloop, also in der globalen `$wp_query` vorgenommen. So verweist uns die Funktion `is_home()` nur an die `$wp_query->is_home()`, die Funktion `is_page()` an `$wp_query->is_page()` und so weiter. Im Folgenden wollen wir die wichtigsten konditionalen Abfragen kennenlernen.

Blog und Startseite: is_home() versus is_front_page()

Ob man sich auf der Startseite befindet, darüber gibt es immer wieder Konfusion, denn wir haben zwei Befehle, die irgendwie auf das Gleiche zu verweisen scheinen: `is_home()` und `is_front_page()`. Die Konfusion lichtet sich etwas, wenn man sich erinnert, das WordPress tatsächlich als Blogger-Software angefangen hatte. Die Startseite war also immer die Haupt-Beitragsseite. Noch aus dieser Zeit stammt `is_home()`. Hiermit fragt man, ob man sich auf der Haupt-Beitragsseite befindet, welche, betreibt man WordPress als Blog, identisch ist mit

---

[56] Einen guten Eindruck über die Reihenfolge, in welcher Hooks in WordPress ausgeführt werden, erhalten Sie hier: https://codex.wordpress.org/Plugin_API/Action_Reference.

der Startseite. Legt man allerdings im Admin eine statische Seite als Startseite fest und verlegt den Blog auf eine bestimmte Unterseite, so ist mit `is_home()` eben nicht mehr die Startseite, sondern der Blog bezeichnet. Wollen Sie also tatsächlich ermitteln, ob Sie sich auf der Startseite der Webseite befinden, der „Frontseite", so sollten Sie deshalb auf `is_front_page()` zurückgreifen.

```php
<?php
function plugin_head(){
    if( is_front_page() ):
        /** Code für die Front-Seite **/
    elseif( is_home() ):
        /** Code für die Blog-Startseite **/
    endif;
}
add_action( 'wp_head', 'plugin_head' );
```

Im Admin: is_admin()

Mit Hilfe von `is_admin()` können Sie prüfen, ob Admin-Seiten aufgerufen werden. Hierbei ist wichtig zu bedenken, dass `is_admin()` durch den bloßen Aufruf einer solchen Seite wahr ist und nicht erst, wenn der Benutzer auch eingeloggt ist. Selbst wenn ein Nutzer nicht eingeloggt ist und auf das *wp-admin/*-Verzeichnis zugreift wird `is_admin()` also true zurückgeben. Kritischer Code sollte deshalb nur ausgeführt werden, wenn Sie zusätzlich noch prüfen, ob der Benutzer über die entsprechenden Rechte verfügt (siehe dazu das Kapitel „WordPress Benutzerverwaltung").

Einzelne Seiten

is_single()

Mit `is_single()` können Sie überprüfen, ob Sie sich auf einer Beitragsseite befinden:

```php
<?php
function plugin_head(){
    if( is_single() ):
        /** Code wird ausgeführt **/
    else:
        /** Anderer Code wird ausgeführt **/
```

```
        endif;
}
add_action( 'wp_head', 'plugin_head' );
```

Diese Abfrage wird immer dann true zurückgeben, wenn eine Beitragsseite eines beliebigen Posttypen (außer 'attachment' und 'page') ausgegeben wird. Sie können optional auch eine Post ID übergeben. is_single() wird dann true zurückgeben, wenn der Beitrag mit der entsprechenden Post ID angezeigt wird. Statt der Post ID können Sie auch den Titel, den Slug eines Beitrags oder einen Array mit verschiedenen Werten übergeben:

```
<?php
function plugin_head(){
    if( is_single( array( 18, 'Hallo Welt', 'mit-slug' ) ) ):
        /** Code wird ausgeführt **/
    else:
        /** Anderer Code wird ausgeführt **/
    endif;
}
add_action( 'wp_head', 'plugin_head' );
```

In diesem Beispielcode wird is_single() wahr sein, wenn ein Post der ID 18 oder mit dem Titel „Hallo Welt" oder mit dem Slug „mit-slug" angezeigt wird.

is_sticky()

Ist wahr, wenn bei dem betreffenden Post die Checkbox „Beitrag auf der Startseite halten" aktiviert wurde. Optional können Sie hier auch eine Post ID übergeben.

is_page()

Diese Funktion wird immer dann true zurückgeben, wenn ein Beitrag des Posttypen 'page' angezeigt wird. Auch hier können Sie – analog zu is_single() – optional einen Parameter übergeben. is_page() wird dann nur true zurückgeben, wenn diese bestimmte(n) Seite angezeigt wird.

is_page_template()

Diese Bedingung ist erfüllt, wenn die Seite ein Template verwendet. Mit einem Parameter können Sie prüfen, ob ein bestimmtes Template Verwendung findet:

```
<?php
if( is_page_template( 'about.php' ) ){
    /* Code */
}
```

So wird der obige Code nur ausgeführt, wenn die Seite das Template mit dem Dateinamen *about.php* verwendet.

is_attachment()

Diese Bedingung ist wahr, wenn ein Post des Typs 'attachment' angezeigt wird. Dabei handelt es sich für gewöhnlich um Bilder und andere Dateien, welche hochgeladen wurden. Dabei ist die Bedingung noch nicht erfüllt, wenn man dieses Bild beispielsweise in einem Beitrag sieht, sondern erst, wenn man sich auf der entsprechenden Attachment-Seite befindet. Mit wp_attachment_is_image($id) können Sie zusätzlich prüfen, ob der Anhang ein Bild ist oder ein anderer Dateityp. Die Post ID können Sie dabei optional übergeben. Ansonsten wird die aktuelle Post ID genutzt.

is_singular()

Diese Funktion wird true zurückgeben, wenn entweder is_page( ), is_single( ) oder is_attachment( ) wahr ist. Damit fängt man sozusagen ab, ob man sich auf der Beitragsseite eines beliebigen Posttypen befindet. Mit Hilfe eines Parameters kann man diesen Typ spezifizieren.

Übersichtsseiten

is_category()

is_category( ) gibt true zurück, wenn man sich auf einer Kategorien-Seite befindet. Mit Hilfe eines Parameters kann man nicht nur prüfen, ob man sich auf einer Kategorien-Seite befindet, sondern darüber hinaus, ob man sich auf einer speziellen Kategorie befindet. Den Parameter können Sie aufbauen, wie bei `is_single()`. Das heißt, Sie können eine ID, einen Titel oder den Kategorien-Slug übergeben. Sie können auch einen Array übergeben, welcher IDs, Titel und/oder Kategorien-Slugs enthält.

is_tag()

Ist wahr, wenn man sich auf einer Schlagwort-Seite befindet. Sie können – analog zu `is_category()` – auch einen Parameter übergeben.

is_tax()

Diese Funktion prüft, ob Sie sich auf einer Taxonomien-Übersicht befinden. Sie können dabei bis zu zwei Parametern übergeben. Als erstes können Sie die Taxonomie näher bestimmen. Im zweiten können Sie darüber hinaus noch auf bestimmte Terme eingehen:

```php
<?php
if(
   is_tax(
     'category',
     array( 'Allgemein', 9, 'betriebssystem' )
   )
) {
    /** Code **/
}
```

Wir prüfen im obigen Code also, ob wir uns auf einer Taxonomien-Übersicht befinden, welche entweder den Term „Allgemein", die Term ID 9 oder den Term-Slug „betriebssystem" aus der Taxonomie „category" darstellt. Sie denken sich hier wahrscheinlich schon, dass Sie dafür doch besser auf `is_category()` zurückgreifen sollten. `is_tax()` ist deshalb auch eher für benutzerdefinierte Taxonomien gedacht, welche wir im entsprechenden Kapitel kennengelernt haben.

is_author()

Ist wahr, wenn man sich auf einer Autorenseite befindet. Auch hier kann man einen Parameter übergeben – analog zu `is_category()`.

is_date(), is_year(), is_month(), is_day(), is_time()

`is_date()` ist wahr wenn eine zeitbasierte Übersichtsseite angezeigt wird. `is_year()`, wenn ein Jahresarchiv angezeigt wird, `is_month()`, wenn ein Monatsarchiv angezeigt wird, und so weiter.

is_archive()

Diese Funktion wird `true` zurückgeben, wenn man sich auf irgendeiner Art von Übersichtsseite befindet.

Suchergebnisseite: is_search()

`is_search()` wird wahr, wenn man sich auf einer Suchergebnisseite befindet.

NOT FOUND: is_404()

Ist wahr, wenn unter der Adresse keine Inhalte gefunden wurden.

SSL-Verbindungen: is_ssl()

Wenn die Webseite aktuell über eine mit einem SSL Zertifikat gesicherte Verbindung ausgegeben wird (also beispielsweise: https://www.example.com), wird `is_ssl()` `true` zurückgeben. Andernfalls `false`.

Menüs erstellen

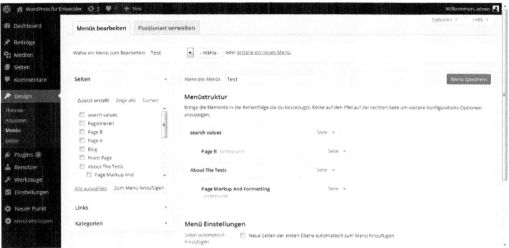

Abbildung 18: Ein Menü in WordPress anlegen

Sie kennen sicherlich schon die Möglichkeit Menüs unter *Design > Menüs* zu erstellen. In diesem Kapitel geht es nun darum, wie sich diese Funktionalität aus der Sicht eines Programmierers darstellt. Um dem Anwender die Möglichkeit zu geben, ein Menü zu erstellen und zu platzieren müssen Sie dafür zunächst eine Position registrieren, an welcher Sie das Menü darstellen möchten. Der Anwender kann dann ein Menü erstellen und mit dieser Position verknüpfen.

Eine Menüposition registrieren

Mit `register_nav_menu( $ort, $beschreibung );` können Sie eine solche Menüposition registrieren. Dazu übergeben Sie zunächst einen Bezeichner, mit welchem Sie später den Ort des Menüs identifizieren können, sowie eine Beschreibung. Menüs sollten innerhalb der Aktion `'after_setup_theme'` registriert werden:

```php
<?php
function register_menu(){
    register_nav_menu( 'header', 'Top Menü' );
}
add_action( 'after_setup_theme', 'register_menu' );
```

themes/menu-theme/inc/register-nav.php

In unserem Beispielcode registrieren wir das Menü mit der Bezeichnung 'header' und dem Namen „Top Menü".

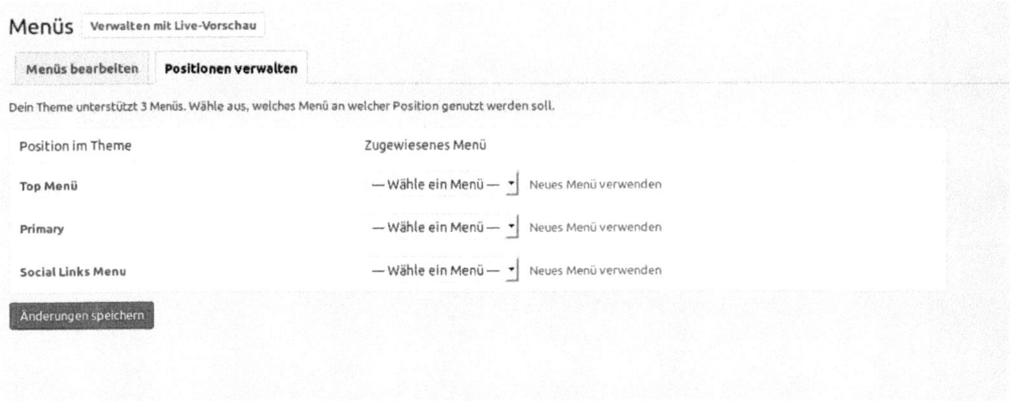

Abbildung 19: Menüpositionen verwalten

Wie Sie sehen erscheint nun im „Positionen verwalten"-Tab dieses „Top Menü" und der Anwender kann ein von ihm erstelltes Menü dieser Position zuweisen.

Die Aktion 'after_setup_theme' wird mit jedem Page Load ausgeführt und zwar direkt nachdem ein Theme initialisiert ist. Auch Plugins können auf diese Aktion zugreifen, da Sie vor dem Theme initialisiert werden und folgerichtig schon aktiv sind.

Wenn Sie auf einen Schlag mehrere Menüs registrieren möchten, können Sie dies mit register_nav_menus($array); tun. Hierbei wird ein assoziativer Array übergeben, wobei der Schlüssel den jeweiligen Ort enthält und der Wert die Beschreibung darstellt.

Menüs ausgeben

Nachdem Sie nun Ihre Menüposition registriert haben, können Sie anschließend mit wp_nav_menu( ) das Menü ausgeben. Das kann in einem Theme beispielsweise in der *header.php* oder der *footer.php* der Fall sein. Doch, wie erwähnt, auch Plugins können Menüs registrieren und platzieren. Wenn Sie möchten, können Sie Menüs sogar innerhalb von Shortcodes anzeigen lassen!

`wp_nav_menu()` erwartet einen Argumenten-Array mit welchem Sie die Darstellung beeinflussen können. Über diesen Array übergeben Sie beispielsweise die Position des Menüs.

Argument	Bedeutung
theme_location	Position des Menüs. Wenn mit diesem Ort ein Menü verknüpft ist, wird dieses genommen.
menu	ID, Slug oder Name eines bestimmten Menüs, welches im Admin angelegt wurde.
container	Ein HTML-Container für das Menü. Dieser Container kann entweder ein `<div>` ('div', Standard) oder ein `<nav>` ('nav') sein. Wenn Sie keinen Container wünschen, welcher das Menü (ein `<ul>`) umschließt, geben Sie `false` an.
container_class	Die Klasse für den Container. Der Standard-Wert ist hier `menu-{menu slug}-container`.
container_id	Die ID des Containers.
menu_class	Die Klasse für das `<ul>`-Element, in welchem die einzelnen Menüpunkte gelistet sind.
menu_id	Die ID für das `<ul>`-Element.
echo	Soll das Menü direkt auf den Bildschirm ausgegeben werden (`true`, Standard) oder als String zurückgegeben werden (`false`).
before	Was vor den einzelnen `<a>`-Elementen der Menüs dargestellt wird. Also zwischen `<li>` und `<a>`.
after	Was nach den einzelnen `<a>`-Elementen der Menüs dargestellt wird. Also zwischen `</a>` und `</li>`.
link_before	Was vor dem Linktext dargestellt wird.
link_after	Was nach dem Linktext dargestellt wird.
items_wrap	Hiermit kann das umschließende `<ul>` nochmal näher definiert werden. Der Standard-Wert ist `<ul id="%1$s" class="%2$s">%3$s</ul>`

Argument	Bedeutung
depth	Bis zu welcher Ebene das Menü gehen kann. Da Menüs hierarchisch organisiert werden, können Sie hier die Hierarchie-Tiefe begrenzen. Der Standard-Wert 0 begrenzt die Tiefe nicht.
walker	Mit Hilfe eines Walker-Objekts kann man hier noch tiefer in die Konfiguration einsteigen. Vergleichen Sie dazu den Abschnitt „Walk the tree" (S. 374).

So könnten Sie unser `'header'`-Menü also folgendermaßen ausgeben:

```php
<?php if ( has_nav_menu( 'header' ) ) : ?>
    <nav
        id="site-navigation"
        class="main-navigation"
        role="navigation"
    >
        <?php
        wp_nav_menu( array(
            'menu_class'     => 'nav-menu',
            'theme_location' => 'header',
        ) );
        ?>
    </nav><!-- .main-navigation -->
<?php endif;
```

themes/menu-theme/nav.php

Zunächst prüft das Theme mit Hilfe von `has_nav_menu( )` (siehe unten), ob der Position `'header'` ein Menü zugeordnet ist. Wenn dies der Fall ist, erzeugt es den notwendigen HTML-Wrapper und platziert darin `wp_nav_menu( )`. Sie sehen, beschränkt sich das Theme darauf, nur die Menü-Klasse sowie die Menüposition zu übergeben.

Weitere Funktionen rund um die WordPress Navigationen

Mit `has_nav_menu( $ort )` können Sie überprüfen, ob einem bestimmten Navigationsort ein Menü zugewiesen ist. Dazu muss dieser Ort natürlich zunächst registriert worden sein. Eine registrierte Position können Sie mit Hilfe von `unregister_nav_menu( $ort )` auch wieder abmelden.

Wenn Sie auf die ID eines bestimmten Menüs zugreifen müssen, welches sich an einem bestimmten Ort befindet, können Sie auf `get_nav_menu_locations()` zugreifen. Damit erhalten Sie einen Array zurück mit den IDs sämtlicher Menüs. Der Ort bildet dabei den Schlüssel des Arrays.

```php
<?php
$locations = get_nav_menu_locations();
echo 'ID des Menues „primary": ' . $locations['primary'];
```

Das angelegte Menü selbst ist ein Term der Taxonomy `'nav_menu'`. Somit können Sie über `get_term()` auf andere Eigenschaften wie den Namen des Menüs oder die Anzahl der Menüpunkte zugreifen:

```php
<?php
$locations = get_nav_menu_locations();
$menu_obj = get_term( $locations['test'], 'nav_menu' );
echo '<pre>';print_r( $menu_obj );echo '</pre>';
echo '<p>Name: ' . $menu_obj->name . '</p>';
echo '<p>Anzahl: ' . $menu_obj->count . '</p>';
```

Das gleiche Objekt erhalten Sie auch mit `wp_get_nav_menu_object( $menu_id );`. Der Vorteil dieser Funktion ist, dass Sie an diese sowohl die ID, als auch den Slug oder den Namen des Menüs übergeben können.

Auch auf die einzelnen Elemente eines von einem Nutzer angelegten Menüs kann man zugreifen. Dies erfolgt über `wp_get_nav_menu_items()`. Dazu übergeben Sie die ID des Menüs (Achtung, dies ist nicht der Ort, an welchem ein Menü dargestellt wird, sondern die ID eines bestimmten mit Inhalten gefüllten Mcnüs!), sowie einen Argumenten-Array. Menü-Elemente werden im Übrigen als ein neuer Posttyp in der `wp_posts` abgelegt: `'nav_menu_item'`. Mit Hilfe des WP_Query können Sie hier also wieder sehr umfangreich auf das Menü zugreifen. `wp_get_nav_menu_items()` bietet allerdings eine schöne Abkürzung, denn über den entsprechenden Argumenten-Array können Sie die wesentlichen Einstellungen vornehmen:

Argument	Bedeutung
`order`	Ob die Menü-Elemente aufsteigend (`'ASC'`) oder absteigend (`'DESC'`) sortiert werden sollen.
`orderby`	Nach welchem Wert die Elemente sortiert werden sollen. Standard ist hier `'menu_order'`, aber Sie könnten natürlich auch nach dem Titel (`'title'`) sortieren lassen. Hier können Sie auf die Möglichkeiten des WP_Query zurückgreifen.
`post_type`	Der Standard `'nav_menu_item'` sollte beibehalten werden, wenn Sie nach Menü-Elementen suchen möchten.
`post_status`	Hier können Sie den `'post_status'` wechseln. Standard ist hier natürlich `'publish'`.
`output`	Wie Sie die Elemente erhalten möchten: `'ARRAY_A'` bietet Ihnen einen assoziativen Array. Andernfalls erhalten Sie die Elemente als Post-Objekte zurück.
`output_key`	Geben Sie hier das Feld an, nach welchem der Output sortiert wird. Dies überschreibt den `'orderby'`-Parameter.
`nopaging`	Standardmäßig auf `true` gesetzt bewirkt dies, dass alle Menü-Elemente angezeigt werden, auch wenn dies die normalerweise angelegte Beschränkung, wie viele Posts pro Seite angezeigt werden, überschreitet.

Den Navigationsprozess filtern

Neben Funktionen, um Menüs darzustellen, gibt es natürlich auch hier eine Vielzahl von Hooks, um in den Prozess einzugreifen.

Die Argumente, welche an `wp_nav_menu()` übergeben werden können Sie mit `'wp_nav_menu_args'` filtern, bevor daraufhin das Menü erstellt wird.

Wenn Sie komplett Ihre eigenständige Menü-Funktion schreiben möchten, so können Sie mithilfe von `'pre_wp_nav_menu'` in den Prozess eingreifen und Ihr eigenes Menü ausgeben. Der Filter übergibt Ihnen sämtliche Argumente, welche auch `wp_nav_menu()` verwendet und sollte Ihre Funktion etwas zurückgeben, so wird `wp_nav_menu()` abgebrochen und Ihr Content, je nach Einstellung entweder mit echo ausgegeben oder zurückgegeben. Mit diesem Filter haben Sie also die

Möglichkeit jedes Menü der WordPress Seite durch Ihr eigenes System ausgeben zu lassen, falls Ihnen `wp_nav_menu()` aus bestimmten Gründen nicht zusagen sollte.

Die sortierten Menü-Elemente übergibt `wp_nav_menu()` zum Filtern dann an `'wp_nav_menu_objects'`, wo Sie die Elemente entgegennehmen und bearbeiten können. Danach werden die Elemente hierarchisch angeordnet und der String Ihnen nochmals via `'wp_nav_menu_items'` zugänglich gemacht. Wenn Sie diesen Filter nur auf ein bestimmtes vom Nutzer angelegtes Menü anwenden möchten, verwenden Sie den Filter `'wp_nav_menu_{$menu->slug}_items'` und fügen den Slug des jeweiligen Menüs hinzu.

Am Ende von `wp_nav_menu()` können Sie mit Hilfe des Filters `'wp_nav_menu'` nochmal den gesamten HTML-Output der Funktion filtern und ändern.

`'wp_get_nav_menu_items'` ermöglicht es Ihnen, die Menü-Elemente kurz vor der Rückgabe durch die entsprechende Funktion `wp_get_nav_menu_items()` zu filtern. Hier werden Ihnen bis zu drei Parameter zurückgegeben: `$items`, `$menu`, `$args`. Die meisten hier angesprochenen Filter geben Ihnen für gewöhnlich neben dem zu filternden Argument noch die Argumente mit auf den Weg. Es schadet also nicht, ein wenig auszuprobieren, welche Informationen Sie erhalten können. Erweitern Sie dazu Ihren `add_filter()` zum einen um die Priorität, aber eben auch um die Anzahl der erwarteten Argumente, um zu testen, ob weitere Argumente bereitgehalten werden, welche es Ihnen beispielsweise ermöglichen können, Ihren Filter nur auf bestimmte Menüs oder Menüorte auszurichten.

Errormeldungen abfangen und erstellen

Manche WordPress-Funktionen geben bei einem Fehler ein Fehlerobjekt zurück, das sogenannte WP_Error Objekt. Möchten Sie beispielsweise mit Hilfe von register_post_type() einen neuen Posttypen anlegen und der Bezeichner ist länger als zwanzig Zeichen wird diese Funktion Ihnen ein WP_Error Objekt zurückgeben. Nehmen wir folgenden Beispielcode:

```php
<?php
add_action( 'init', 'fehlerhafter_posttype' );
function fehlerhafter_posttype(){
    $is_wp_error = register_post_type( '123456789101112131565' );
}
```

Wenn Sie in der *wp-config.php* die Kontante WP_DEBUG auf true gesetzt haben, werden Sie folgenden Notice bekommen:

Notice: register_post_type wurde fehlerhaft aufgerufen. Namen von Inhaltstypen dürfen maximal 20 Zeichen lang sein. Schau Dir Debugging in WordPress an, um mehr darüber zu erfahren. (Diese Meldung wurde in Version 4.0 hinzugefügt.)

```php
<?php
add_action( 'init', 'fehlerhafter_posttype' );
function fehlerhafter_posttype(){
  $is_wp_error = register_post_type( '123456789101112131565' );
  if( is_wp_error( $is_wp_error ) ){
    $errormsg = $is_wp_error->get_error_messages();
    $errorcode = $is_wp_error->get_error_codes();
    ?>
    <ul class="error">
      <?php foreach( $errormsg as $key => $m ): ?>
      <li>
        <?php echo '[' . $errorcode[ $key ] . '] ' . $m; ?>
      </li>
      <?php endforeach; ?>
    </ul>
    <?php
  }
}
```

Doch auch unsere is_wp_error enthält Informationen. Mit Hilfe der Funktion $is\_wp\_error()$ können wir prüfen, ob es sich um ein WP_Error Objekt handelt. $is\_wp\_error->get\_error\_messages()$ enthält einen Array mit den Fehlermeldungen, $is\_wp\_error->get\_error\_codes()$ enthält einen Array mit den Fehlercodes. Im obigen Code Snippet sehen Sie, wie dies verwendet werden kann.

Auch für Ihre Funktionen können Sie WP_Error-Objekte definieren:

```php
<?php
function addiere( $a, $b ){
  if( ! is_numeric( $a ) || ! is_numeric( $b ) ){
    $error = new WP_Error();
    $error->add(
      'no-numbers',
      'Bitte geben Sie jeweils zwei Zahlen an.'
    );
    return $error;
  }
  $c = $a + $b;
  return $c;
}
add_action( 'wp_footer', 'footerausgabe' );
function footerausgabe(){
  $ergebnis = addiere( 'a', 'b' );
  if( is_wp_error( $ergebnis ) ){
    $errormsg = $ergebnis->get_error_messages();
    $errorcode = $ergebnis->get_error_codes();
    ?>
    <ul class="error">
      <?php foreach( $errormsg as $key => $m ): ?>
      <li>
        <?php echo '[' . $errorcode[ $key ] . '] ' . $m; ?>
      </li>
      <?php endforeach; ?>
    </ul>
    <?php
  }
}
```

In unserem Beispielcode erstellen wir eine Funktion addiere(), an welche zwei Zahlen übergeben werden sollen. Deren Summe soll zurückgegeben werden. Wenn $a oder $b jedoch keine Zahl ist, wird stattdessen ein WP_Error Objekt erzeugt und mit $error->add() eine neue Fehlermeldung hinzugefügt. An $error->add() übergeben wir dabei zwei Parameter, zum einen den Fehlercode und zum anderen die Fehlermeldung. Schließlich geben wir dieses Objekt mittels `return` zurück. Im `'wp_footer'` erzeugen wir nun eine fehlerhafte Eingabe und erhalten so das WP_Error-Objekt zurück.

Einstellungen speichern und auslesen

Wir sind nun relativ weit gekommen und beherrschen eine Vielzahl von Techniken, um WordPress auf unsere Bedürfnisse anzupassen. Mitunter entstehen dabei so komplexe Plugins, dass es sinnvoll ist, diese – beispielsweise durch den Administrator – konfigurieren zu lassen. In diesem Kapitel werden wir daher auf die Möglichkeiten zu sprechen kommen, wie man Einstellungen in der Datenbank ablegen und aus der Datenbank auslesen kann. In einem späteren Kapitel lernen Sie, sich in den Admin von WordPress einzuklinken, um dort eine Konfigurationsoberfläche bereitzustellen.

Eigene Einstellungen speichern: update_option()

Dynamische Einstellungen werden in der Datenbanktabelle `wp_options` abgespeichert. Dort sind sie in Schlüssel=>Wert-Paaren hinterlegt. In der Spalte `option_name` ist für jede Einstellung ein Name hinterlegt und der entsprechende Wert wird in `option_value` hinterlegt.

Mit `update_option( $key, $value );` können Sie dort also selbstständig Einstellungen abspeichern. Der Wert kann dabei ein Integer, ein Boolean, Float, String, selbst ein Array oder ein Objekt sein. Maximal können als Wert 2^{32} Bytes abgelegt werden, was mit etwas mehr als 500 Megabyte für jedes Plugin ausreichen sollte.

Sollte unter dem entsprechenden Schlüssel noch kein Wert hinterlegt sein, so wird `update_option()` diesen anlegen, ansonsten wird der existierende Schlüssel überschrieben. Das funktioniert hier ganz ähnlich wie bei `update_post_meta()`, dennoch sollten wir hier noch einmal kurz bei `add_option()` verweilen, da diese Funktion mehr Parameter entgegennehmen kann als `update_option()`. In `add_option()` können Sie zusätzlich bestimmen, ob diese Einstellung jedes Mal, wenn WordPress gestartet wird (also mit jedem Page Load), geladen werden soll, oder ob die Datenbank-Abfrage erst ausgelöst wird, wenn die Einstellung benötigt wird: `add_option( 'key', '123', '', 'yes' );`

Dieser Funktionsaufruf würde unter dem Bezeichner `'key'` den Wert `'123'` abspeichern und bestimmen, dass diese Einstellung bei jedem Page Load geladen wird. Wenn Sie statt `'yes'` `'no'` verwenden, würden Sie dies explizit verhindern. Sie sehen, dass Sie eigentlich vier Parameter angeben. Der dritte ist ein Leerstring. Dort befand sich ein Parameter, der mittlerweile veraltet ist. Um allerdings auch alte Plugins, welche noch mit diesem Parameter arbeiten, lauffähig zu halten, wird dieser Parameter nach wie vor übergeben und man setzt hier nun einfach einen Leerstring.

Eigene Einstellungen auslesen: get_option()

Mit `get_option( $key )`; können Sie nun eine zuvor gespeicherte Einstellung auslesen. Je nachdem ob Sie einen String oder einen Array abgespeichert haben, erhalten Sie das entsprechende Format zurück. Sollte der Schlüssel nicht existieren wird diese Funktion `false` zurückgeben, oder Sie geben als einen zweiten Parameter einen Standard-Wert an, welcher als Default zurückgegeben wird.

Eine Einstellung löschen: delete_option()

Mit `delete_option( $key )`; kann man eine Option wieder aus der Datenbank entfernen.

Standard Optionen

Jedes WordPress System unterscheidet sich von einem anderen, beispielsweise hinsichtlich der URL, dem Namen, dem verwendeten Theme und so weiter. Auch diese Standard Unterscheidungsmerkmale werden in der `wp_options` Datenbank gespeichert. Wenn Sie also eine neue Einstellung ablegen möchten, sollten Sie darauf achten, nicht versehentlich eine Standard-Option zu überschreiben. Eine Übersicht über die Options-Keys welche WordPress reserviert, sowie deren Funktion erhalten Sie auf der entsprechenden Seite im WordPress Codex.[57] Interessant in diesem Zusammenhang ist auch die Funktion `get_bloginfo()`. Mit Hilfe dieser Funktion erhalten Sie zahlreiche dieser Einstellungen. Dazu übergeben Sie auch hier einen Schlüssel. Dieser ist nicht zwingend identisch mit dem `'option_key'` in der Datenbank, aber die meisten Schlüssel greifen zum

---

[57]. http://codex.wordpress.org/Option_Reference

Schluss auf irgendeine Art und Weise auf die `wp_options` zu. Dennoch sollten Sie, um Standard Einstellungen zu erhalten, in der Regel auf `get_bloginfo()` zurückgreifen, da hier auch noch einige Filter mit ins Spiel kommen, die mit `get_option()` übersprungen würden.

So gibt `get_bloginfo( 'url' );` die Adresse zu Ihrer Homepage aus. Diese Adresse durchläuft allerdings noch den Filter `'home_url'`. So könnte es sein, dass der Administrator statt www.example.com immer auf www.example.com/?return verweisen möchte, um mit einem anderen Plugin zu messen, wie häufig Benutzer, welche sich auf dem Blog befinden von dort auf die Startseite zurückgehen. Beziehen Sie über `get_option( 'home' );` die URL, würden Sie die ungefilterte URL ausgeben, was vom Administrator in diesem Fall nicht gewollt wäre.

Wichtige Schlüssel für `get_bloginfo()` sind neben `'url'`

- `'name'`, welcher den Blognamen zurückgibt,
- `'description'`, welcher die Blogbeschreibung zurückgibt,
- `'stylesheet_directory'`, welcher das Verzeichnis der *style.css*, für gewöhnlich das Theme-Verzeichnis, zurückgibt
- `'stylesheet_url'`, welcher den kompletten Pfad zum Theme-Stylesheet – gewöhnlich *style.css* – ausgibt.

Weitere Schlüssel können auch im Codex nachgeschlagen werden.[58] `get_bloginfo()` akzeptiert noch einen weiteren Parameter, dessen Standard-Wert `'raw'` ist. Hier können Sie `'display'` angeben, was dazu führt, dass bei URL-Ausgaben noch der Filter `'bloginfo_url'` ausgeführt wird und bei anderen Ausgaben der Filter `'bloginfo'`. Wenn Sie den von `get_bloginfo()` ausgegebenen Wert gleich auf den Bildschirm ausgeben möchten, bietet sich `bloginfo()` an, welcher `get_bloginfo()` sogleich auf dem Bildschirm ausgibt. `bloginfo()` übergibt dabei den Schlüssel sowie als zweiten Parameter `'display'`, um die angesprochenen Filter zu aktivieren.

---

[58]. https://codex.wordpress.org/Function_Reference/get_bloginfo

WordPress Benutzerverwaltung

Da Sie sich ja schon einmal in WordPress eingeloggt haben ist Ihnen bewusst, dass WordPress über ein Benutzersystem verfügt. Für gewöhnlich loggt sich der Administrator über *wp-login.php* ein und hat danach Zugriff auf das WordPress Dashboard im Verzeichnis */wp-admin/*.

WordPress verfügt in der Tat über ein ziemlich ausgeklügeltes Benutzerverwaltungssystem mit verschiedenen Rollen und Fähigkeiten, die Nutzern zu und abgesprochen werden können. So können Benutzer einfach nur Abonnenten eines Blogs sein, Mitarbeiter, Redakteure, Autoren oder eben Administratoren. Sie können das Recht haben ihre eigenen Einträge oder aber alle Einträge zu editieren, Kommentare zu löschen, Plugins oder Themes zu installieren. Sie können auch neue Rollen und Fähigkeiten definieren, um beispielsweise bestimmten Nutzern die Rolle 'kunde' mit bestimmten Fähigkeiten zuzuschreiben.

In diesem Kapitel werden Sie die Benutzerverwaltung kennenlernen und wie Sie sich diese mit Ihrem Plugin zu Nutze machen können.

Rollen und Fähigkeiten erklärt

Jeder registrierte Benutzer hat bestimmte Fähigkeiten in WordPress. Rollen fassen ein ganzes Bündel von Fähigkeiten zusammen und weisen einem Benutzer diese zu. Fähigkeiten können allerdings auch einzelnen Benutzern individuell zugewiesen werden, wie wir später sehen werden.

WordPress bringt von Haus aus fünf verschiedene Rollen mit:

- Admin
- Redakteur
- Autor
- Mitarbeiter
- Abonnent

WordPress Benutzerverwaltung

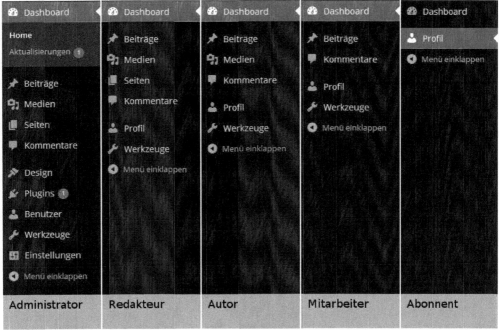

Abbildung 20: Das WP Dashboard der verschiedenen Nutzerrollen

In Abbildung 20 sieht man beispielhaft, wie sich die Fähigkeiten vom Administrator (ganz links) zum Abonnenten (ganz rechts) nach und nach reduzieren. So hat ein Redakteur nicht mehr die Möglichkeit Plugins zu installieren oder das Theme zu wechseln, kann aber sehr wohl noch Seiten anlegen. Der Autor kann hingegen keine Seiten mehr anlegen, sondern nur noch Beiträge und Medien. Er kann nur noch seine eigenen Beiträge ändern und löschen und auch nur noch die Kommentare seiner eigenen Beiträge editieren. Der Mitarbeiter hat keinen Zugriff mehr auf die Mediendatenbank und kann – im Gegensatz zum Autoren – seine Beiträge nicht mehr selbstständig veröffentlichen. Stattdessen werden seine Beiträge einem Nutzer mit mehr Rechten zur Revision vorgelegt. Der Abonnent schließlich kann noch sein Profil ändern.

Mit Hilfe von Rollenzuweisungen kann man also Fähigkeiten-Bündel bestimmten Nutzern zuweisen. Doch, was sind eigentlich „Fähigkeiten"? Sie bilden sozusagen die Grundlage des Nutzersystems und beinahe jede Tätigkeit, welche registriere Benutzer in WordPress ausführen können, ist mit einer bestimmten Fähigkeit versehen, sei es das Anlegen eines neuen Beitrags, das Löschen oder Publizieren eines solchen, das Wechseln eines Themes, das Verändern der Rechte eines anderen Benutzers, die Installation eines Plugins oder die Verwaltung der WordPress Einstellungen. WordPress liefert von sich aus über fünfzig definierte Fähigkeiten, welche dann von anderen Plugins noch erweitert werden können. Im Folgenden werden wir nun in die Programmierung einsteigen und im ersten Schritt erst mal feststellen, wer wir eigentlich selber sind.

Wer bin ich: wp_get_current_user()

Bevor wir mit der Benutzerverwaltung arbeiten können ist es natürlich zentral, zunächst in Erfahrung zu bringen, wer der derzeitige Nutzer eigentlich ist. Dies können Sie mit wp_get_current_user():

```php
<?php
add_action( 'wp_footer', 'userinfo' );
function userinfo(){
    if( ! is_user_logged_in() ){
        echo 'Nicht eingeloggt';
        return;
    }
    $user = wp_get_current_user();
    echo 'Hallo ' . $user->first_name;
}
```

plugins/17-hello-user/wp-get-current-user.php

wp_get_current_user() funktioniert erst ab dem Filter 'init' und sollte deshalb nicht außerhalb eines Hooks aufgerufen werden. In unserem Beispiel rufen wir die Funktion der 'wp_footer'-Action auf. Dabei prüfen wir zunächst mit is_user_logged_in() ob der Besucher überhaupt eingeloggt ist. Falls dies der Fall ist wird true zurückgegeben, ansonsten false. Danach holen wir uns die Benutzerdaten mit wp_get_current_user(). Diese Funktion übergibt uns ein WP_User Objekt. Sollte der Benutzer nicht eingeloggt sein, so erhalten wir ein leeres WP_User Objekt. Man könnte also auch über if($user->ID == 0) prüfen, ob ein Benutzer angemeldet ist oder nicht. Wenn Sie nur die ID des aktuellen Benutzers brauchen, so können Sie diese mit get_current_user_id() ermitteln.

Das WP_User Objekt

$user = new WP_User($user_id);
Die WP_User Klasse übergibt Ihnen das Objekt mit allen relevanten Informationen zu einem User. Sie können entweder die ID des Users oder den Loginnamen angeben.

Parameter	Bedeutung
ID (int)	Die ID des Users.
last_name (string)	Der Nachname des Users, wenn angegeben.
first_name (string)	Der Vorname des Users, wenn angegeben.
caps (array)	Array der zugewiesenen Fähigkeiten.
cap_key (string)	Fähigkeiten werden in der wp_usermeta gespeichert. 'cap_key' ist hierbei der Schlüssel, hinter dem sich die Fähigkeiten verbergen.
roles (array)	Die Benutzerrollen, welche dem Benutzer zugewiesen wurden.
allcaps (array)	Während 'caps' nur die Fähigkeiten enthalten, die dem User individuell zugewiesen wurden, sind in diesem Array auch jene Fähigkeiten enthalten, die der User dank seiner Zuordnung zu bestimmten Rollen innehat.
data (std Class)	Zusätzliches Objekt mit Informationen: user_login: Loginname user_pass: Verschlüsseltes Passwort user_nicename: Spitzname user_email: Email-Adresse user_url: Webseite user_registered: Registrierdatum user_activation_key: Die user_activation_key-Spalte der wp_users-Tabelle user_status: Die user_status-Spalte der wp_users-Tabelle display_name: Öffentlich angezeigter Name

Berechtigungen abfragen: current_user_can() und user_can()

WordPress stellt natürlich auch zur Abfrage von Benutzerberechtigungen eine Schnittstelle zur Verfügung und bietet die beiden Befehle user_can(), sowie current_user_can().

```
<?php
add_action( 'wp_footer', 'kannIch' );
function kannIch(){
    if( current_user_can( 'edit_post', 1 ) ){
        echo 'Der Nutzer kann den Post "' .
            get_the_title( 1 ) . '" editieren.';
    }
}
```
plugins/17-hello-user/current-user-can.php

In unserem Beispielscript fragen wir mittels `current_user_can()` ob der aktuelle Benutzer die Fähigkeit besitzt, den Beitrag mit der ID 1 zu bearbeiten. Dazu übergeben wir als erstes die abzufragende Fähigkeit (`'edit_post'`). Optional kann man als zweiten Parameter ein Argument übergeben, welches die Fähigkeit spezifiziert. In unserem Falle begrenzen wir die Fähigkeit auf den Beitrag mit der ID 1. `user_can()` erwartet als ersten Parameter entweder das WP_User Objekt oder die User ID und als zweiten Parameter dann die Fähigkeit. Auch hier kann man diese in einem dritten Parameter optional noch näher spezifizieren.

Befindet sich die Fähigkeiten Abfrage für `'edit_post'` allerdings innerhalb eines Loops, so wird hier automatisch der dritte Parameter auf den aktuellen Post gesetzt.

Der Fähigkeiten-Parameter unterscheidet dabei zwischen Groß- und Kleinbuchstaben, das bedeutet `'Edit_themes'` ist nicht gleich `'edit_themes'`. Alle Buchstaben sollten deshalb klein geschrieben werden.

Alternativ zu `user_can()` können Sie auch über das WP_User Objekt gehen. So fragen wir in folgendem Script ab, ob der aktuelle Nutzer das Recht hat, neue Benutzer hinzuzufügen:

```php
<?php
$user = new WP_User( get_current_user_id() );
if( $user->has_cap( 'add_users' ) ){
    /** Code **/
}
```

Dieser Weg macht Sinn, wenn man schon relativ früh im WordPress-Lade-Prozess auf bestimmte Fähigkeiten des aktuellen Nutzers zurückgreifen muss. Möchte man beispielsweise einen Benutzer, nachdem er sich eingeloggt hat, je nach seiner Rolle oder seiner Fähigkeiten auf eine bestimmte Seite im Dashboard umleiten, würde man vermutlich auf den Filter 'login_redirect' zurückgreifen. Zu diesem Zeitpunkt funktioniert current_user_can() noch nicht korrekt, da das Benutzersystem noch nicht vollständig initialisiert ist, so dass man nicht darüber auf die Fähigkeiten des aktuellen Nutzers zurückgreifen kann. Allerdings gibt 'login_redirect' als dritten Parameter das aktuellen WP_User Objekt mit an die Filter-Funktion, so dass man hier mit $user->has_cap() die Berechtigungen des Nutzers prüfen kann, um ihn entsprechend umzuleiten:

```php
<?php
add_filter( 'login_redirect', 'faehig_pruefen', 10, 3 );
function faehig_pruefen( $redirect_to, $request, $user ) {
    if( ! isset( $user->ID ) )
        return $redirect_to;

    if( ! $user->has_cap( 'edit_posts' ) )
        return get_home_url();
    return $redirect_to;
}
```

plugins/17-hello-user/login-redirect.php

Loggt sich nun ein Benutzer ein, prüfen wir, ob dieser Beiträge editieren kann. Ist dies nicht der Fall leiten wir ihn auf die Startseite um. Als erstes überprüfen wir allerdings, ob $user->ID existiert. Diese existiert beispielsweise nicht mehr, wenn der User sich ausloggt, denn auch der Logout-Prozess durchläuft den Filter 'login_redirect'. Auch in diesem Fall leiten wir den User an die URL $redirect_to, welche in diesem Fall normalerweise *wp-login.php?loggedout=true* ist. Dasselbe gilt für den Fall, dass ein Nutzer versucht, sich mit einem fehlerhaften Passwort einzuloggen. In diesem Fall wird über $user ein WP_Error übergeben. Man könnte also statt if(!isset($user->ID)) auch folgendermaßen prüfen: if(is_wp_error($user))

Kurze Liste der Fähigkeiten, welche WordPress mitbringt

Im Folgenden sind die Fähigkeiten, welche WordPress standardmäßig bereitstellt dokumentiert. Da die meisten sich selbst erklären wird auf eine nähere Erläuterung verzichtet:

```
activate_plugins              edit_themes
add_users                     edit_users
create_users                  export
delete_others_pages           import
delete_others_posts           install_plugins
delete_pages                  install_themes
delete_plugins                list_users
delete_posts                  manage_capabilities
delete_private_pages          manage_categories
delete_private_posts          manage_links
delete_published_pages        manage_options
delete_published_posts        moderate_comments
delete_themes                 promote_users
delete_users                  publish_pages
edit_dashboard                publish_posts
edit_files                    read
edit_others_pages             read_private_pages
edit_others_posts             read_private_posts
edit_pages                    remove_users
edit_plugins                  switch_themes
edit_posts                    unfiltered_html
edit_private_pages            unfiltered_upload
edit_private_posts            update_core
edit_published_pages          update_plugins
edit_published_posts          update_themes
edit_theme_options            upload_files
```

Eigene Rollen anlegen

Nehmen wir an, Sie möchten ein Plugin für einen Onlineshop schreiben. Dabei sollen sich Besucher als Kunden registrieren können, um dann Waren an der Kasse bezahlen zu können. Dazu möchten Sie nun die Rolle 'kunde' anlegen.

Dafür steht Ihnen die Funktion `add_role()` zur Verfügung. Diese Funktion erwartet drei Parameter: Einmal ein Bezeichner, mit welchem Sie später die Rolle identifizieren können, dann einen Klarnamen für die Rolle und einen Array mit Fähigkeiten:

```php
<?php
function kunden_rolle_init(){
    add_role(
        'kunde',
        'Kunde',
        array( 'read' => true, 'buy' => true )
    );
}
$root_datei = __DIR__ . '/index.php';
register_activation_hook( $root_datei, 'kunden_rolle_init' );
```

plugins/17-kunden-rolle/code.php

Zunächst fällt Ihnen wahrscheinlich register_activation_hook() auf. Dies ist ein besonderer Action Hook, welchen Sie hier registrieren, der nur bei der Aktivierung des Plugins ausgeführt wird. Als erstes wird der Pfad zur Plugin-Root-Datei übergeben (In unserem Beispiel nutzen wir dazu __DIR__ . '/index.php', da die Root-Datei unseres Plugins hier *index.php* ist.) und als zweiten Parameter wird die Funktion, welche bei der Aktivierung des Plugins ausgeführt werden soll, angegeben. Wir nutzen register_activation_hook(), da add_role() die neue Rollendefinition in die Datenbank schreiben wird. Dieser Vorgang ist also nur einmal nötig und eine Verwendung von add_role() in einem normalen Action Hook würde eine unnötige Belastung der Datenbank bedeuten. In diesem Zusammenhang sei auch auf register_deactivation_hook() sowie register_uninstall_hook() hingewiesen. Diese beiden Funktionen erwarten als ersten Parameter ebenfalls den Pfad zur Root-Datei und als zweiten den Namen einer Callback-Funktion. register_deactivation_hook() wird ausgeführt, wenn das Plugin deaktiviert wird.[59] register_uninstall_hook() wenn das Plugin über das WordPress Dashboard gelöscht wird.

Für Themes kann man mit Hilfe des Action Hooks 'after_switch_theme' den Moment abpassen, an dem das eigene Theme aktiviert wird. Der Action Hook 'switch_theme' wird ausgeführt, wenn das eigene Theme deaktiviert wird. Mit register_deactivation_hook(), sowie 'switch_theme' hat man somit die Möglichkeit, eigene Deinstallations-Routinen zu schreiben, welche es ermöglichen, dass die eigene Software nach Ihrem Gebrauch hinter sich aufräumt.

---

[59]. Ein Beispiel zur Verwendung dieses Hooks finden Sie im Abschnitt „WordPress Cronjobs" (S. 367).

Doch kehren wir zu unserem Thema zurück: In unserer Funktion `kunden_rolle_init()` sehen Sie nun, wie `add_role()` funktioniert. Die Fähigkeiten werden als ein Array übergeben, wobei der Werte-Schlüssel den Fähigkeiten-Bezeichner darstellt und der Wert ein Boolean ist. Wir weisen der Rolle dabei die Fähigkeit 'buy' zu, welche es so im WordPress System nicht gibt. Mehr müssen Sie allerdings nicht tun, um eine neue Fähigkeit zu registrieren, welche später mit `user_can()` abgefragt werden kann.

Wenn die Rolle erfolgreich angelegt wurde, wird ein WP_Role Objekt übergeben. Falls die Rolle allerdings schon existierte (beispielsweise wird das Plugin zum zweiten Mal aktiviert), so wird `NULL` zurückgegeben.

Mit der Funktion `get_role( $bezeichner )` erhalten Sie ebenfalls das WP_Role Objekt. Im folgenden Abschnitt werden Sie sehen, dass Sie mit Hilfe dieses Objekts die Rollendefinition abändern können.

Fähigkeiten von Rollen verwalten: add_cap(), remove_cap()

```php
<?php
function autorfaehig() {
    $role = get_role( 'author' );
    $role->add_cap( 'edit_others_posts' );
    $role->remove_cap( 'moderate_comments' );
}
register_activation_hook( __FILE__, 'autorfaehig');
```

Da diese Änderungen auch in der Datenbank wirksam werden, müssen Sie nicht mit jedem Page Load neu initialisiert werden und sind am Besten während der Aktivierung eines Plugins auszuführen. In unserem Beispiel holen wir uns mit `get_role()` zunächst die Rolle des Autoren. Im Anschluss geben wir dem Autoren mehr Rechte, indem wir ihm die Fähigkeit zuordnen auch die Beiträge anderer User zu editieren. Allerdings untersagen wir ihm das Recht, Kommentare zu moderieren. Das WP_Role Objekt, welches wir mit `get_role()` erhalten haben, hält zur Verwaltung der Fähigkeiten die zwei Funktionen `add_cap()` und `remove_cap()` bereit. Hierbei übergibt man den Bezeichner der Fähigkeit, welchen man auch verwendet, wenn man mit `user_can()` später abfragt, ob ein bestimmter Benutzer ein bestimmtes Recht besitzt oder nicht.

Metadaten für Benutzer

Wie schon im Abschnitt über benutzerdefinierte Felder in Posts angesprochen, gibt es auch für Benutzer ein Metadaten-System, welches in der Datenbank-Tabelle wp_usermeta hinterlegt ist. Hier können Sie also zusätzliche Angaben wie die Adresse eines Benutzers oder seine Bankverbindungen hinterlegen. Statt get_post_meta() nutzt man nun allerdings get_user_meta(). Doch auch hier werden die gleichen Parameter erwartet, um die hinterlegten Daten zu erhalten:

```php
<?php
$data = get_user_meta( $user_id, $key, $single );
```

Um einen Wert zu aktualisieren verwendet man update_user_meta(), welche die gleichen Parameter wie update_post_meta() erwartet:

```php
<?php
update_user_meta( $user_id, $key, $neuer_wert );
```

Mit delete_user_meta($user_id, $key); können Sie die Daten schließlich wieder löschen.

Neue Benutzer registrieren

Wenn Sie im Admin die entsprechenden Einstellungen vornehmen, können sich neue Benutzer über ein Standard-Interface von WordPress registrieren. In den Einstellungen legen Sie dazu unter dem Reiter Allgemein fest, dass sich Benutzer selbst registrieren können und welche Standardrolle sie dabei zugewiesen bekommen sollen. Wenn Sie dies gemacht haben erscheint auf der Login-Seite ein Link, der zur Registrierseite führt. Mit Hilfe der Angabe eines Benutzernamens und einer Email-Adresse kann sich dort nun jeder Besucher registrieren.

In diesem Abschnitt werden wir zunächst darauf eingehen, wie man die Standard-Registrierung seinen eigenen Vorstellungen anpassen kann. Danach werden wir dann das Standard-Formular verlassen um ein komplett eigenständiges Formular zu erstellen.

Abbildung 21: Das Registrierungsformular von WordPress

Die Standard-Registrierung anpassen

Die Standard-Registrierung erfolgt über die *wp-login.php*, welche komplett außerhalb des vom Theme vorgegebenen Layouts dargestellt wird. Das Theme wird hier nicht über *header.php* und *footer.php* inkludiert. Stattdessen muss man für diese Seite noch einmal die gewünschten Layout Modifikationen vornehmen.

So können wir Stylesheets und Scripte über den Action-Hook `'login_enqueue_scripts'` einbinden:

```php
<?php
add_action( 'login_enqueue_scripts', 'login_scripts' );
function login_scripts(){
    wp_enqueue_style(
        'login-style',
        get_stylesheet_directory_uri() . '/style.css'
    );
}
```

Im Anschluss erfolgt mit `'login_head'` die Möglichkeit, erneut in den HTML-Header der Datei einzugreifen, nachdem dort sämtliche Scripte geladen wurden.

Dort wo Sie in das WordPress-Logo sehen, verbirgt sich eigentlich ein h1-Tag mit einem Link auf wordpress.org und der Blogtitel. Dieser wird allerdings mit Hilfe von `'text-indent'` verborgen und dem entsprechenden `<h1>`-Element ist das WordPress-Logo als Background zugewiesen. Diese Einstellungen können Sie dann natürlich mittels CSS überschreiben. Wichtig zur Umgestaltung der *wp-login.php* sind auch die Filter `'login_headerurl'` und `'login_headertitle'`, mit welchen Sie die URL des Links oben (normalerweise wordpress.org), sowie den Text der Überschrift der Seite beeinflussen.

Mit Hilfe des Filters `'login_body_class'` können Sie die Klassen des `<body>`-Elements modifizieren.

Mit dem Filter `'login_message'` können Sie die Login-Message ändern. Übergeben wird hier das `<p>`-Element mit dem Text. Also beispielsweise:

```
<p class="message register">Für diese Seite registrieren</p>
```

Fehler welche im Login oder auch bei der Registrierung auftauchen, werden über den Filter `'login_errors'` weitergeleitet. Nachrichten, die dabei auftauchen über `'login_messages'`.

Mit dem Action-Hook `'login_footer'` können Sie sich dann direkt vor den `</body>`-Tag noch einmal in den Seitenfuß der *wp-login.php* einklinken.

Mit dem Filter `'registration_redirect'` können Sie selbst bestimmen, wohin ein Nutzer nach seiner erfolgreichen Registrierung umgeleitet wird.

Das Formular selbst können Sie auch erweitern. So können Sie zwar an den ersten beiden Input-Feldern keine Änderungen vornehmen (außer eben via CSS), doch Sie können weitere Felder, wie beispielsweise Namen, Anschrift und so weiter hinzufügen. Dazu wird von WordPress der Action-Hook `'register_form'` bereitgehalten. Dieser wird im Formular zwischen dem E-Mail-Feld und dem Hinweis, dass das Passwort zugemailt wird, ausgeführt, so dass Sie dort weitere Felder hinzufügen können.

Wenn Sie weitere Daten abfragen, so müssen diese natürlich auch gespeichert werden. Dazu bieten sich das Metadaten-System für Benutzer an. Mit dem Action-Hook `'user_register'` können Sie sich an dem Punkt der Nutzerregistrierung einhaken, an welchem der Nutzer schon angelegt ist. An Ihre Funktion wird dabei auch die User-ID übergeben, so dass Sie ohne Probleme die in `$_POST` enthaltenen Formulardaten, welche Sie hinzufügen möchten, über `update_user_meta()` dem Benutzer zuschreiben können:

```php
<?php
add_action( 'user_register', 'neue_benutzer_ext', 10, 1 );
function neue_benutzer_ext( $user_id ) {
    if ( isset( $_POST['mobil_telefon'] ) ) {
        update_user_meta(
            $user_id,
            'mobil_telefon',
            sanitize_text_field( $_POST['mobil_telefon'] )
        );
    }
}
```
plugins/17-mobil-telefon/user-register.php

Einen eigenständigen Registrierungsprozess erstellen

Für bestimmte Anwendungsfälle ist das Standard-Formular mit Email-Adresse und Benutzername allerdings nicht ausreichend und deshalb stellt WordPress natürlich auch die Möglichkeit bereit, selbst den Registrierungsprozess zu übernehmen. In unserem Beispiel werden wir zunächst ein Formular entwickeln, welches per Shortcode auf einer Seite eingefügt werden kann:

```php
<?php
add_shortcode( 'registerform', 'registerform' );
function registerform(){
  if( is_user_logged_in() ){
    $string = '<div class="message">Du bist schon';
    $string .= ' eingeloggt.</div>';
    return $string;
  }

  $errormsg = array();
  $new_user = false;
  if(
    isset( $_POST['action'] )
    && 'reg' === $_POST['action']
  ){
```

```php
    $user = trim( sanitize_text_field( $_POST['username'] ) );
    $email = trim( sanitize_text_field( $_POST['email'] ) );
    $telefon = trim( sanitize_text_field( $_POST['telefon'] ) );

    if( false !== username_exists( $user ) )
      $errormsg[] = 'Der Nutzer existiert schon';
    if( false !== email_exists( $_POST['email'] ) )
      $errormsg[] = 'Diese Email-Adresse ist registriert';
    if( ! is_email( $email ) )
      $errormsg[] = 'Bitte gebe Deine Email an.';
    if( empty( $telefon ) )
      $errormsg[] = 'Bitte gebe Dein Telefon an.';

    if( count( $errormsg ) == 0 ){
      $pwd = wp_generate_password();
      $user_id = wp_create_user(
        $user, $pwd, $email
      );

      if( is_wp_error( $user_id ) )
        $errormsg[] = 'Unbekannter Fehler.';
      else{
        update_post_meta(
          $user_id, 'telefon', $telefon
        );
        $new_user = true;
        wp_new_user_notification(
          $user_id
        );
      }
    }
  }

  $string = '';
  if( count( $errormsg ) > 0 ){
    $string .= '<ul class="error">';
    foreach( $errormsg as $e )
      $string .= '<li>' . $e . '</li>';
    $string .= '</ul>';
  }

  if( $new_user ) {
    $string .= '<p>Sie haben Post.</p>';
    return $string;
  }

  $string .= '<form method="post">';
  $string .= '<input type="hidden" name="action" value="reg" />';
  $string .= '<p><label for="username">Username</label>';
  $string .= '<input id="username" name="username" /></p>';
  $string .= '<p><label for="email">Email</label>';
  $string .= '<input id="email" name="email" /></p>';
```

```
    $string .= '<p><label for="telefon">Telefon</label>';
    $string .= '<input id="telefon" name="telefon" /></p>';
    $string .= '<button>Registrieren</button>';
    $string .= '</form>';
    return $string;
}
```

plugins/17-register-shortcode/code.php

Zunächst prüft der Shortcode also, ob der Nutzer, welcher dieses Formular sehen soll, eventuell schon eingeloggt ist. Ist das der Fall wird einfach eine kleine Meldung zurückgegeben, dass man schon eingeloggt ist. Wir definieren anschließend einen $errormsg-Array, sowie einen $new_user-Boolean welcher auf false gesetzt wird. Wird der Array später im Prozess leer bleiben, so bedeutet dies, dass alle Angaben korrekt sind und der Nutzer abgespeichert werden kann. Nachdem der User erfolgreich angelegt wurde, wird $new_user auf true gesetzt. Sollte $new_user wahr sein, werden wir das Formular nicht mehr anzeigen, sondern eine Meldung, dass der Nutzer sich erfolgreich registriert hat.

Doch kehren wir erst einmal zurück zur Definition der beiden Variablen. Anschließend prüfen wir, ob $_POST['action'] existiert und wenn ja, ob $_POST['action'] 'reg' als Wert enthält. In unserem Formular, welches wir später erstellen, haben wir ein verstecktes Feld angelegt, welches diesen Wert übermittelt. Sollte also $_POST['action'] 'reg' enthalten, so wissen wir, dass das Formular abgeschickt wurde. Wir bearbeiten anschließend ein wenig die Eingaben und kommen nun zu den eigentlich interessanten Funktionen, die wir bisher noch nicht kennen: username_exists(), email_exists(), is_email(), wp_generate_password(), wp_create_user().

Eigentlich sind die Namen dieser Funktionen selbsterklärend, dennoch gehen wir sie kurz durch. Mit username_exists() wird geprüft, ob der übergebene Benutzername schon in der Datenbank existiert. Sollte dies der Fall sein gibt diese Funktion die ID des Users zurück. Ist dies nicht der Fall wird false zurückgegeben. Existiert also der User, so geben wir über $errormsg eine entsprechende Mitteilung heraus. email_exists() prüft, ob eine Email-Adresse schon in der Benutzer-Datenbank hinterlegt ist. Ist dies nicht der Fall, wird false ausgegeben, ansonsten die ID des Users. Mit is_email() wird geprüft, ob es sich überhaupt um eine gültige Email-Adresse handelt.

Sind also keine Fehlermeldungen im $errormsg-Array, so können wir damit beginnen, den Nutzer anzulegen. Dafür generieren wir für diesen zunächst ein Passwort mit Hilfe von wp_generate_password(). Optional können Sie hier bis zu drei Parameter übergeben. Zunächst einen Integer, welcher die Länge des Passworts definiert. Der Standard ist hier zwölf. Einen Boolean, welcher festlegt, ob auch die folgenden Sonderzeichen in dem Passwort vorkommen können: !@#$%^&*(). Dieser Parameter ist standardmäßig true. Der dritte Parameter ermöglicht Ihnen darüber hinaus, nochmal besondere Sonderzeichen zuzulassen oder nicht. Standardmäßig ist dieser dritte Wert auf false gesetzt. Sollte dieser dritte Parameter wahr sein, so werden zur Generierung eines Passworts auch folgende Zeichen zugelassen: -_[]{}<>~`+=,.;:/?|'.

Nachdem wir sämtliche Daten zusammen haben, können wir unseren neuen Benutzer mit Hilfe von wp_create_user() anlegen. Dazu müssen wir den Benutzernamen, das Passwort und die Email-Adresse übergeben. Natürlich prüft auch wp_create_user(), ob der Benutzername et cetera schon existiert. Sollte dies der Fall sein (bei uns ist dies so gut wie ausgeschlossen, da wir diese Prüfungen vorher schon vornehmen und wp_create_user() gar nicht ausführen, falls dies der Fall sein sollte), so würde ein WP_Error Objekt zurückgegeben. Im Normalfall gibt uns diese Funktion allerdings die angelegte User ID zurück. Mit Hilfe von is_wp_error() prüfen wir also nochmal, ob alles funktioniert hat. Ist dies der Fall, so legen wir die Telefonnummer noch als Metainformation an, setzen $new_user auf true und versenden mit wp_new_user_notification() die Standard-Benachrichtigung, welche WordPress an neue Benutzer verschickt.

Der Rest des Shortcodes gibt nun einfach noch – falls vorhanden – die Fehlermeldungen zurück. Im Anschluss daran wird das Formular ausgegeben, oder aber eben die Erfolgsmeldung, dass der Nutzer angelegt wurde. Das Formular könnte natürlich noch ausgefeilter sein. Bei fehlerhaften Eingaben sollten die restlichen Felder nach wie vor ausgefüllt sein, damit man nicht immer wieder sämtliche Angaben tätigen muss und ähnliche Dinge. Aber mit diesem Script haben Sie schon sehr schnell ein Formular, mit welchem Sie Ihre Nutzer registrieren können.

Als Benutzer einloggen

Der Einlogbereich kann natürlich ebenfalls individuell gestaltet werden. Auch hier kann man zwei unterschiedliche Pfade wählen: Man kann sich, ähnlich wie bei der Standard-Registrierung in die *wp-login.php* einschalten, oder aber den gesamten Login-Prozess übernehmen und beispielsweise in einen Shortcode oder einem Widget platzieren. Beide Wege werden im Folgenden erörtert.

Änderungen am Standardlogin

Wie die Registrierung wird auch der Login (sowie die „Passwort vergessen"-Funktion) über die *wp-login.php* realisiert und als Plugin Entwickler können Sie sich mit verschiedenen Hooks in den Ablauf des Logins einschalten. Der Standard-Login verfügt über ein WordPress-Logo, ein Formular in welches man Benutzernamen und Passwort eingeben und festlegen kann, ob man via Cookie wiedererkannt werden möchte. Im Fuß findet sich der Link zur Registrierung (welcher nur angezeigt wird, wenn man im Admin festgelegt hat, dass sich jeder registrieren kann), sowie ein Link zum „Passwort vergessen"-Formular. Unterhalb dieser beiden Links findet sich abschließend noch ein Link, welcher zurück auf die Startseite führt.

Da alle drei Funktionen (Login, Registrierung, Passwort vergessen) durch die gleiche Header-Funktion laufen, kann man auch den Header der Login-Seite mit Hilfe der Action-Hooks `'login_enqueue_scripts'` und `'login_head'` verändern. Folgender Code würde so beispielsweise das Logo von WordPress durch ein eigens definiertes ersetzen:

```php
<?php
function login_logo() { ?>
    <style type="text/css">
        body.login div#login h1 a {
            background-image: url(<?php
       echo get_stylesheet_directory_uri();
    ?>/images/logo.png);
            padding-bottom: 30px;
        }
    </style>
    <?php
}
add_action( 'login_head', 'login_logo' );
```

Wie wir im Abschnitt zur Registrierung schon erwähnt haben, ist das Logo als CSS Hintergrundbild hinterlegt. Deshalb ersetzen wir diese Definition durch ein Bild, welches in unserem Theme (man könnte hier natürlich auch auf die Plugin-URL oder jede andere beliebige URL verweisen) im Verzeichnis */images/* liegt. `login_header` ist ein Action Hook mit dessen Hilfe man direkt HTML-Code ausgeben kann. Natürlich ist es in `login_enqueue_scripts` auch möglich, mit wp_enqueue_script() und wp_enqueue_style() zu arbeiten.

Mit Hilfe der Filter `login_headerurl` und `login_headertitle` kann man die Link-URL der Logo-Zeile, sowie den Text der Logo-Zeile (denn, wie man im Code-Beispiel sieht, handelt es sich um ein h1 > a) ändern. Da der Text im Standard-Layout mit `text-indent` aus dem Bild geschoben wurde, sieht man ihn für gewöhnlich nicht, auch dies kann via CSS geändert werden.

Auch der Filter `login_body_class` ist wieder vorhanden, der es Ihnen ermöglicht, dem body-Tag mit Klassen zu erweitern. Mit den Filtern `login_message`, `login_errors` und `login_messages` können Sie erneut die entsprechenden Daten abändern und vor dem </body>-Tag können Sie sich erneut in den `login_footer` einhaken.

Wenden wir uns jedoch nun dem eigentlichen Login-Bereich zu, welcher sich von der Registrier- und der „Passwort vergessen"-Seite unterscheidet. Dabei handelt es sich zunächst einmal um den Action-Hook `login_form`, welcher zwischen dem Passwort-Feld und der Checkbox ausgeführt wird. Mit Hilfe dieses Hooks könnten Sie also beispielsweise ein Captcha einfügen, welches automatisierte Anmeldungen erschwert.

Doch natürlich können Sie sich auch in den eigentlichen Login-Prozess einschreiben. Das beginnt mit dem Filter `login_redirect`, der es Ihnen ermöglicht, die URL, auf welche der Nutzer nach erfolgreicher Anmeldung weiterverwiesen wird, zu alterieren. Dazu werden bis zu drei Parameter angegeben: Die bisher vorgesehene URL, die vom Nutzer angefragte URL (wenn er beispielsweise über */wp-admin/post.php?post=3&action=edit* auf den Login kommt, so wäre diese URL die von ihm angefragte), sowie das aktuelle WP_User Objekt (beziehungsweise ein WP_Error, wenn das Einloggen fehlgeschlagen ist).

In den eigentlichen Prozess, welcher über die Funktion wp_signon() erfolgt, können Sie sich mit dem Action-Hook `wp_authenticate` einhaken. Dieser übergibt den Nutzernamen und das Passwort, welches Sie ändern können. Da diese als Referenz übergeben werden, können Sie beide Werte alterieren, ohne dass sie zurückerwartet werden:

```php
<?php
add_action ( 'wp_authenticate', 'immer_einloggen', 10, 2 );
function immer_einloggen( $user, $pwd ){
    $user = 'admin';
    $pwd = 'abc';
}
```

Einen eher gefährlichen Anwendungsfall für diesen Action-Hook bietet das obige Beispiel, welches (für den Fall dass der User „Admin" das Passwort „abc" hinterlegt hat) immer für einen erfolgreichen Login sorgt, egal, welche Daten beim Login angegeben wurden.

Anschließend werden die Daten an die „pluggable" Funktion `wp_authenticate()` übergeben. „pluggable" bedeutet, dass Sie mit Ihrem Plugin die eigentlich in */wp-includes/pluggable.php* abgelegte Funktion überschreiben können, indem Sie selbst eine solche Funktion schreiben.[60]

Je nachdem, was Sie eigentlich vorhaben, müssen Sie jedoch nicht die komplette Funktion neu schreiben, sondern können sich einfach über den Filter `'authenticate'` in den Prozess einfügen. Dieser erwartet das aktuelle WP_User Objekt oder aber NULL, falls der Login fehlgeschlagen ist, zurück. Wir können an dieser Stelle nicht sämtliche Filter und den Login-Prozess in all seiner Tiefe durchgehen, da dies den Umfang sprengen würde. Das Lesen des eigentlichen Core-Codes kann Ihnen bei Bedarf schnell einen kompletten Überblick liefern.

Wenn der Login über den Filter `'authenticate'` wegen falscher Eingaben scheitert, so wird noch die Aktion `'wp_login_failed'` ausgeführt. Statt eines WP_User Objekts wird dann ein WP_Error Objekt zurückgegeben, ansonsten schlicht das WP_User Objekt und der Nutzer ist eingeloggt.

---

60. Sämtliche Funktionen in der Datei */wp-includes/pluggable.php* werden nur ausgeführt, wenn diese Funktion nicht zuvor schon definiert wurde. Da diese Datei erst geladen wird, nachdem sämtliche Plugins geladen wurden, kann man die darin enthaltenen Funktionen mit Hilfe von Plugins überschreiben. Da die *pluggable.php* allerdings vor den Themes geladen wird, können diese Funktionen nicht von Themes überschrieben werden.

Abbildung 22: Sicherheitsfrage beim Login

Beispiel-Plugin: Eine Sicherheitsabfrage für den Login erstellen

Nach diesen eher trockenen Ausführungen möchten wir nun ein Beispiel-Plugin erstellen, das Ihnen zeigt, wie Sie sich in den Login-Mechanismus einklinken können. Dazu erstellen wir ein Plugin, welches zusätzlich eine Sicherheitsfrage in das Login-Formular einbringt. Diese muss der Besucher korrekt beantworten, bevor er sich einloggen kann. Mit Hilfe dieses Plugins werden Sie einige Filter und Funktionen besser verstehen und anwenden lernen:

```php
<?php
/**
 * Plugin Name: Secure my Login
 * Plugin URI: http://websupporter.net/
 * Description: This plugin secures your login with a question.
 * Author: David Remer
 * Version: 1.0
 * Author URI: http://websupporter.net/
 **/

function create_secure_question(){
    if( !session_id() )
        session_start();

    $fragen = array(
        array(
            'frage' => 'Wieviel ist eins minus 2?',
            'antwort' => '-1',
        ),
        array(
            'frage' => 'Welches Element passt nicht?<br />
             "Dreieck", "Viereck", "Linie", "Rechteck"',
            'antwort' => 'Linie',
        ),
        array(
            'frage' => 'Wieviel ist acht mal 1?',
            'antwort' => '8',
        ),
    );

    $_SESSION['sec_fragen'] = $fragen;
    shuffle( $_SESSION['sec_fragen'] );

    $key = mt_rand( 0, count( $_SESSION['sec_fragen'] ) -1 );

    return array(
        'key' => $key,
        'frage' => $_SESSION['sec_fragen'][ $key ]['frage']
    );
}
add_action( 'login_form', 'secure_form' );
function secure_form(){
    $sec = create_secure_question();
    ?>
    <p>
        <label for="sec_input"><?php echo $sec['frage']; ?></label>
        <input type="text" name="secure" id="sec_input" />
        <input type="hidden" name="securekey" value="<?php
        echo $sec['key']; ?>" />
    </p>
    <?php
}
```

```php
add_filter( 'authenticate', 'secure_authenticate', 99, 3 );
function secure_authenticate( $user, $username, $password ){
    if( !session_id() )
        session_start();

    if( isset( $_POST['log'] ) && (
            !isset( $_POST['securekey'] ) ||
            !isset( $_POST['secure'] )
        ) ){
        $error = new WP_Error();
        $error->add(
            'wrong_sec',
            '<strong>ERROR</strong>:
 Die Sicherheitsfrage wurde falsch beantwortet.'
        );
        return $error;
    }

    if(
        !isset( $_POST['securekey'] )
        || !isset( $_POST['secure'] )
    ){
        return $user;
    }

    $sec_key = (int) $_POST['securekey'];
    if(
        $_SESSION['sec_fragen'][ $sec_key ]['antwort'] ==
        $_POST['secure']
    ){
        $user = get_user_by( 'login', $username );

        if (
        !wp_check_password($password, $user->user_pass, $user->ID)
        )
            return null;

        return $user;
    }

    $error = new WP_Error();
    $error->add( 'wrong_sec', '<strong>ERROR</strong>:
 Die Sicherheitsfrage wurde falsch beantwortet.');
    return $error;
}
```

plugins/17-sicherheitsabfrage/index.php

Gehen wir den Code nun Schritt für Schritt durch. Als erstes kommt natürlich der Plugin-Kopf, welcher den Namen, die Beschreibung und so weiter enthält. Im nächsten Schritt definieren wir zunächst eine Funktion namens `create_secure_question()`. Ziel dieser Funktion ist es, uns eine Sicherheitsfrage zurückzugeben. Dazu prüfen wir, ob schon eine Session gestartet wurde, und wenn dies nicht der Fall ist, startet die Funktion eine Session mit Hilfe von `session_start()`. Wir benötigen diese, da wir später alle möglichen Fragen und Antworten in die $_SESSION-Variable laden werden, um während des Einlogprozesses auf diese zugreifen zu können. Als nächstes erstellen wir unseren Fragen-Array `$fragen`. Dieser enthält drei Unterarrays, welche Fragen und Antworten kombiniert (natürlich sollten für ein vernünftiges Plugin hier mehr Fragen enthalten sein). Hier findet sich beispielsweise die Frage „Wieviel ist eins minus 2?" mit der Antwort -1. Diesen Array speichern wir nun in unserer Session mit Hilfe von `$_SESSION['sec_fragen']` ab. Da wir später in unserem Formular sowohl die Frage ausgeben, als auch in einem versteckten Feld den Array-Key zur Antwort, mischen wir diesen Array mit Hilfe von `shuffle()` durch, so dass einer Frage nicht immer der gleiche Array-Schlüssel zugeordnet ist. Ansonsten könnte man unser Fragesystem nämlich recht einfach umgehen. Im Anschluss wählen wir per Zufall eine Frage aus. Dazu erzeugen wir einen Array-Schlüssel, welchen wir in $key ablegen. Die Funktion selbst gibt nun $key und die dazugehörige Frage zurück.

Soweit zu unseren Vorbereitungen. Im nächsten Schritt klinken wir uns in den Action Hook `'login_form'` ein. Wie im vorherigen Abschnitt schon erwähnt, wird dieser Hook unterhalb des Passwort-Feldes ausgeführt. Hier möchten wir nun unsere Sicherheitsfrage einklinken und führen dazu `create_secure_question()` aus. Das Ergebnis speichern wir in $sec. Danach geben wir unseren Teil des Formulars aus. Wir schreiben unsere Frage auf den Bildschirm, um anschließend in einem Input-Feld mit dem Namen `'secure'` die Antwort zu erwarten. In einem versteckten Input-Feld mit dem Namen `'securekey'` übergeben wir dazu noch den Array-Schlüssel. Wenn der Besucher nun das Formular abschickt erhalten wir über $_POST seine Antwort, sowie den Array-Schlüssel, so dass wir seine Antwort mit der von uns vorgegebenen abgleichen können.

Genau dazu dient unsere Funktion `secure_authenticate()`, welche wir in den Filter `'authenticate'` einklinken. Der Filter übergibt uns dabei drei Parameter, welche wir in $user, $username und $password ablegen. Auch hier starten wir zunächst wieder eine Session, falls noch keine gestartet sein sollte. Im Anschluss erfolgen unsere Abfragen, ob sich der User erfolgreich einloggt. Wir prüfen, ob wir über $_POST zwar den Benutzernamen erhalten aber unsere Sicherheits-Eingabefelder fehlen. Sollte dies der Fall sein erzeugen wir einen neuen WP_Error und geben die Fehlermeldung zurück, dass die Sicherheitsfrage falsch – beziehungsweise gar nicht – beantwortet wurde. Was wir damit verhindern ist, dass ein vermeintlicher Angreifer einfach ein Formular abschickt ohne unsere Sicherheitsabfrage zu übergeben. Würde diese Abfrage fehlen könnte man sich, ohne unsere Frage beantwortet zu haben, einloggen.

Die nächste if()-Schleife fragt nochmals ab, ob eines unserer beiden Input-Felder fehlt. Wenn dies der Fall ist, wird schlicht $user zurückgegeben. Dies ist notwendig, da dieser Filter auch bei einem ganz normalen Aufruf der *wp-login.php* durchlaufen wird.

Sollte auch diese if()-Schleife zu keinem return geführt haben, so haben wir es tatsächlich mit einer Anfrage zu tun und sind sicher, dass unsere Sicherheitsfrage auch beantwortet wurde. Deshalb prüfen wir nun, ob die Antwort korrekt ist. Sollte sie korrekt sein, holen wir uns mittels des Loginnamens, welcher uns via $username übergeben wurde, das WP_User Objekt. Dazu verwenden wir get_user_by(). Mit Hilfe dieser Funktion kann man über den Loginnamen ('login'), die Email-Adresse ('email'), die User ID ('id') oder den User Slug ('slug') das WP_User Objekt erhalten. Dazu übergibt man zunächst, über welche dieser vier Möglichkeiten wir das WP_User Objekt suchen möchten, in unserem Fall über 'login' und im zweiten Parameter übergeben wir dann den Benutzernamen. Mit wp_check_password() prüfen wir, ob das eingegebene Passwort, welches wir über $password erhalten haben, das Passwort unseres gefundenen Benutzers ist. Dazu übergeben wir zunächst dieses Passwort und daraufhin das im WP_User Objekt verschlüsselt vorliegende korrekte Passwort, sowie die ID des Benutzers. Sollten die Passwörter nicht übereinstimmen, geben wir null zurück, das heißt, wir lehnen es ab, diesen Benutzer einzuloggen. Die nötigen Fehlermeldungen in diesem Fall wird WordPress generieren. Wenn nun aber sowohl unsere Sicherheitsfrage korrekt beantwortet wurde als auch die Passwörter stimmen, geben wir das WP_User Objekt zurück.

Wurde die Funktion bis jetzt noch nicht mit einem return beendet, besteht nur noch eine Möglichkeit: Die Sicherheitsfrage wurde nicht korrekt beantwortet. Wir erzeugen deshalb ein WP_Error-Objekt und ergänzen dieses um die

Fehlermeldung, dass die Sicherheitsfrage nicht korrekt beantwortet wurde. Nun geben wir dieses Objekt zurück.

Damit ist unser Plugin fertig. Es wählt aus einem Set von Sicherheitsfragen eine Frage aus, stellt diese in unserem Formular dar und prüft im `authenticate`-Filter, ob die Frage korrekt beantwortet wurde.

Das Login-Formular: wp_login_form()

WordPress ermöglicht es Entwicklern, das Login-Formular auch außerhalb der *wp-login.php* einzusetzen und hält dafür den Befehl `wp_login_form()` bereit. Der Befehl wird über einen Argumenten-Array gesteuert, mit dessen Hilfe man die Darstellung spezifizieren kann:

Parameter	Bedeutung
echo	Mit `true` wird das Formular gleich ausgegeben, mit `false` als String zurück gegeben.
redirect	URL, auf welche der erfolgreich eingeloggte Benutzer anschließend verwiesen wird.
form_id	Die ID des `<form>`-Elements.
label_username	Der Text für das Benutzernamen-Feld.
label_password	Der Text für das Passwort-Feld.
label_remember	Der Text für die „Eingeloggt bleiben"-Checkbox.
label_log_in	Der Login-Text.
id_username	Die ID des Benutzernamen-Input-Feldes.
id_password	Die ID des Passwort-Input-Feldes.
id_remember	Die ID der Checkbox.
id_submit	Die ID des Anmelde-Buttons.
remember	Mit `true` wird die „Eingeloggt-bleiben"-Checkbox angezeigt, mit `false` nicht.

Parameter	Bedeutung
value_username	Der Wert, mit dem der Benutzername vorausgefüllt ist.
value_remember	Mit `true` wird die Checkbox standardmäßig gecheckt. Mit `false` ist die Checkbox standardmäßig nicht angeklickt.

`wp_login_form()` macht keinen Unterschied, ob der Nutzer schon angemeldet ist, oder nicht. Es wird in beiden Fällen angezeigt, weshalb es sinnvoll ist, eine entsprechende Abfrage vor der Anzeige noch einzubauen:

```php
<?php
add_shortcode( 'login', 'my_login' );
function my_login(){
    if( is_user_logged_in() )
        return;
    return wp_login_form( array( 'echo' => false ) );
}
```

plugins/17-login-form/wp-login-form.php

Wenn Sie diese Funktion zusammen mit unserem oben erstellten Plugin benutzen, werden Sie feststellen, dass unsere Sicherheitsfrage nicht dargestellt wird und sich der Nutzer nicht einloggen kann. Wenn er sich über das von `wp_login()` erstellte Formular einloggt, wird er auf die *wp-login.php* verwiesen mit der Fehlermeldung, dass die Sicherheitsfrage nicht gelöst wurde. `wp_login()` bietet aber auch selbst Filter an, über die man das Formular verändern kann: `'login_form_top'`, `'login_form_middle'` und `'login_form_bottom'`. Sie sollten das Plugin deshalb wie folgt erweitern:

```php
<?php
add_filter( 'login_form_middle', 'get_secure_form' );
function get_secure_form(){
    $sec = create_secure_question();
    $string = '
  <input type="hidden" name="securekey" value="'.$sec['key'].'" />
  <p>
    <label for="sec_input">' . $sec['frage'] . '</label>
    <input type="text" name="secure" id="sec_input" />
  </p>';
    return $string;
}
```

plugins/17-login-form/secure-question.php

Im Wesentlichen handelt es sich dabei um den gleichen Code wie bei unserer Funktion `secure_form()`, nur diesmal haken wir diesen in den Filter `'login_form_middle'` ein und geben ihn mittels return zurück, statt direkt auf den Bildschirm aus.

Einen Benutzer einloggen: wp_signon()

Natürlich besteht auch die Möglichkeit, ein eigenes Formular zu schreiben und dann den Benutzer selbstständig einzuloggen. Dies erfolgt über den Befehl `wp_signon()`:

```php
<?php
function mein_login() {
    $creds = array();
    $creds['user_login'] = sanitize_text_field( $_POST['user'] );
    $creds['user_password'] = sanitize_text_field( $_POST['pwd'] );
    $creds['remember'] = false;
    $user = wp_signon( $creds, false );
    if ( is_wp_error($user) )
        echo $user->get_error_message();
}
add_action( 'after_setup_theme', 'mein_login' );
```

Dazu müssen Sie an die Funktion im ersten Parameter einen Array bestehend aus dem Usernamen (über den Schlüssel `'user_login'`), dem Passwort (über den Schlüssel `'user_password'`) und einem Boolean, ob der Login über die Session hinaus in einem Cookie gespeichert werden soll (über den Schlüssel `'remember'`), übergeben. In einem zweiten Parameter übergeben Sie einen Boolean, ob Sie einen „secure Cookie" verwenden oder nicht. Dies ist von Interesse, wenn Sie sich über SSL einloggen. In diesem Fall bietet WordPress die Möglichkeit, dass der Cookie mit den entscheidenden Informationen nur über eine sichere SSL-Verbindung übertragen wird. `wp_signon()` gibt bei einem erfolgreichen Login das WP_User Objekt zurück, oder aber, sollte der Login fehlgeschlagen sein, ein WP_Error Objekt.

Einen Benutzer ausloggen: wp_logout()

Mit dem Befehl wp_logout() kann man einen Benutzer auch wieder ausloggen:

```php
<?php
add_action( 'init', 'logout_check' );
function logout_check(){
    if( isset( $_GET['logout'] ) )
        wp_logout();
}
```

In unserem Beispielcode wird der Benutzer nun jedes Mal ausgeloggt, wenn die URL den GET-Parameter 'logout' enthält, also beispielsweise über die URL www.example.com/?logout.

Sicherheit erhöhen mit WordPress Nonces

Das Nonce-Konzept stammt aus der Kryptographie und bedeutet übersetzt Nummern, welche nur einmal verwendet werden. Die Idee dahinter ist, dass beispielsweise Formularfelder ein zusätzliches verstecktes Feld enthalten, in welchem eine Nummer enthalten ist. Diese Nummer ist einer bestimmten Aktion zugeordnet und wird auch nur ein einziges Mal generiert. Somit erhält man eindeutige Sitzungsschlüssel und schützt sich beispielsweise gegen Replay-Angriffe.

WordPress hat dieses Konzept aufgegriffen und in abgewandelter Form übernommen: die WordPress Nonces. Damit sichert sich WordPress gegen CSRF und ähnliche Angriffe ab.

Die erste Sicherheitsschranke, welche WordPress einzieht, ist der Session-Cookie, für eingeloggte Benutzer. Mit diesem wird überprüft, ob ein bestimmter Benutzer überhaupt das Recht hat, eine bestimmte Aktion durchzuführen. Doch es gibt Angriffe, welche auf eingeloggte Benutzer abzielen. So können präparierte URLs auf einer anderen Seite liegen, durch welche ein eingeloggter Benutzer in sein WordPress Dashboard geleitet wird und dort unabsichtlich eine bestimmte Aktion ausführt, welche in der URL angegeben ist. Ohne weitere Sicherheitsmaßnahmen könnte ein eingeloggter Benutzer so, ohne es zu wollen, Beiträge löschen. WordPress Nonces sind nun quasi Passwörter, welche 24 Stunden gültig sind und sicherstellen sollen, dass ein solcher Angriff nicht stattfindet.

Nehmen wir also an, ein Blogger betreibt eine Newsseite, in welcher er kritisch über die Machenschaften der Firma „Dubioser Graubereich AG" berichtet. Diese betreibt Abzocken im Netz und da der Blogger wahrheitsgemäß berichtet ist ihm juristisch nicht beizukommen. Ein Mitarbeiter der „Dubioser Graubereich AG" sieht sich nun den Blog näher an und findet heraus, das der kritische Beitrag die ID 123 besitzt, was sich häufig aus dem Quelltext auslesen lässt. Er bereitet nun eine Webseite vor, in welcher sich folgender Link befindet: http://kritischer-blog.de/wp-admin/post.php?post=123&action=delete. Da der Mitarbeiter weiß, der Blogger interessiert sich für Geschichten über seine Firma, lautet der Linktext „weitere Erfahrungsberichte mit der Firma Dubioser Graubereich AG" und die gesamte Webseite ist als ein kritischer Beitrag über diese Firma aufgemacht. Der Blogger nun ist die meiste Zeit als Administrator eingeloggt, da er den ganzen Tag an seiner Newsseite arbeitet. Die Firma setzt einen Kommentar auf der Newsseite ab, in welcher berichtet wird, dass auf der zuvor präparierten Seite weitere interessante Informationen über die „Dubiose Graubereich AG" gesammelt sind. Interessiert folgt der Blogger auf die Webseite und klickt schließlich den vergifteten Link: Sein kritischer Beitrag ist gelöscht und die Geschäfte der Firma können ungehindert weitergehen.

WordPress Nonces zielt genau auf derartige Angriffe. Dazu wird kritischen URLs ein 'wpnonce'-Parameter angehängt, welcher sicherstellt, dass die Anfrage tatsächlich nur aus dem WordPress Admin heraus erfolgt: post.php?post=123&action=delete&_wpnonce=1396a4e4a9. Fehlt ein gültiger Nonce wird die Anfrage nicht weiter bearbeitet. Da dieser Parameter ständig neu generiert wird, kann er auch nicht einfach von einem Dritten genutzt werden und man kann davon ausgehen, dass ein Zugriff mit gültigem Nonce nur aus dem WordPress-System heraus stammen kann.

Auch Sie können WordPress Nonces nutzen, um Ihre Anwendung abzusichern.

Nonces für URLs

In unserem Codebeispiel entwickeln wir nun einen Logout-Link, welcher zusätzlich über ein Nonce abgesichert ist. Dieser Logout-Link wird über den Shortcode [logoutlink] in einem Beitrag eingesetzt:

```php
<?php
add_shortcode( 'logoutlink', 'logoutlink' );
function logoutlink(){
    $link = wp_nonce_url(
        get_permalink() . '?logout=1',
        'logout-' . get_current_user_id(),
        'logout_nonce'
    );
    return '<a href="' . $link . '">Logout</a>';
}
```

plugins/18-nonce-logout/shortcode.php

Mit dem Befehl `wp_nonce_url()` erstellen wir also einen Link, welcher mit einem Nonce versehen ist. Dazu muss man drei Parameter angeben:

1. Die Linkbasis: In unserem Fall ist das der aktuelle Link zum Post ergänzt um den GET-Parameter `'logout'`.
2. Als zweites einen Aktionnamen, welcher so spezifisch wie möglich die jeweilige Aktion beschreiben sollte. In unserem Fall nennen wir die Aktion deshalb `'logout-AktuelleBenutzerID'`.
3. Den Nonce-Namen, welcher später als GET-Parameter an die URL angehängt wird.

Die erstellte URL kann also beispielsweise so aussehen: www.example.com/hallo-welt/?logout=1&logout_nonce=066ac993a4

Der Nonce wird dabei aus der speziellen Aktion und anderen System-Variablen erstellt und anschließend verschlüsselt.

Nonces validieren

In einem zweiten Schritt muss man das übergebene Nonce natürlich validieren. Wir erweitern deshalb unser bestehendes Beispiel folgendermaßen:

```php
<?php
add_action( 'template_redirect', 'logout_check' );
function logout_check(){
    if( isset( $_GET['logout'] ) ){
        if (
            !isset($_GET['logout_nonce']) ||
            !wp_verify_nonce(
                $_GET['logout_nonce'],
                'logout-' . get_current_user_id()
            )
        )
            wp_die( 'Fehlerhafter Zugriff' );

        wp_logout();
        wp_redirect( home_url(), 301 );
        die();
    }
}
```

plugins/18-nonce-logout/validate-nonce.php

Wir haken uns in den `'template_redirect'`-Prozess von WordPress ein. In diesem Action Hook hat WordPress schon sämtliche Daten gesammelt, welche auf der Seite angezeigt werden sollen und ist kurz davor, die jeweilige Template-Datei des Themes zu laden. Bisher wurde von WordPress allerdings noch kein HTTP-Header oder ähnliche Informationen an den Client übertragen.

In unserer Funktion führen wir nun den Logout aus, wenn der GET-Parameter `'logout'` existiert. Bevor wir dies allerdings in Angriff nehmen, prüfen wir zunächst, ob auch unser `'logout_nonce'`-Parameter übergeben wurde und wenn dies der Fall ist, prüfen wir mit Hilfe von `wp_verify_nonce()` ob dieser Nonce valide ist. Sollte dies nicht der Fall sein, brechen wir die Scriptausführung mit `wp_die()` ab.

Damit `wp_verify_nonce()` in der Lage ist, zu überprüfen, ob ein Nonce valide ist, müssen wir diesen im ersten Parameter mitgeben und im zweiten die von uns definierte Aktion `'logout-AktuelleBenutzerID'`.

Sobald nun geprüft wurde, ob der Zugriff berechtigterweise erfolgt ist, loggen wir den Benutzer aus und verweisen ihn mit `wp_redirect()` auf die Startseite. Dazu übergeben wir im ersten Parameter die URL, an welche der Nutzer weitergeleitet werden soll. Im zweiten Parameter übergeben wir den Status-Code, welcher über den HTTP-Header übertragen werden soll.

Nonces für Formulare

Nun übergibt man sensible Informationen nicht ausschließlich über URL-Parameter, sondern zumeist über Formulare. `wp_nonce_field()` dient deshalb dazu, versteckte Formularfelder mit dem jeweiligen Nonce zu erstellen. Als ersten Parameter übergibt man wieder die Aktion und als zweiten den Namen. Im dritten kann man mit einem Boolean festlegen, ob das Formular zusätzlich noch ein „Referer"-Feld überträgt und im letzten Parameter, ebenfalls ein Boolean, legt man fest, ob dieses Feld gleich ausgegeben oder aber als String zurückgegeben werden soll.

Mit Hilfe von `true`, welches als Parameter übergeben werden kann, wird das Feld gleich auf den Bildschirm ausgegeben (Standard). `false` gibt das Feld stattdessen nur zurück, um es beispielsweise vor der Ausgabe weiterzuverarbeiten.

Sicherheit erhöhen mit WordPress Nonces

Erstellen wir zur Verdeutlichung der Vorgehensweise ein kleines Plugin. Wir möchten einen Shortcode bereitstellen, über den ein Formular zum Einloggen ausgegeben wird. Dieses Formular wird über ein Nonce-Feld abgesichert. Erst nachdem geprüft wurde, ob das Nonce, welches mit dem Formular übertragen wird, korrekt ist, soll der Login via `wp_signon()` erfolgen:

```php
<?php
/**
 * Plugin Name: Nonce Login
 **/
add_shortcode( 'login', 'neuer_login' );
function neuer_login() {
    $string  = '<form method="post">';
    $string .= '
<input type="hidden" name="action" value="neuer_login" />';
    $string .= '<p><label for="user">Benutzername</label>';
    $string .= '<input type="text" id="user" name="user" /></p>';
    $string .= '<p><label for="pwd">Passwort</label>';
    $string .= '<input type="password" id="pwd" name="pwd" /></p>';
    $string .= wp_nonce_field(
        'neuer_login',
        'nonce_field',
        false,
        false
    );
    $string .= '<button>Login</button>';
    $string .= '</form>';
    return $string;
}

function login_prozess() {
    if(
        !isset( $_POST['action'] ) ||
        $_POST['action'] != 'neuer_login'
    )
        return;
    if(
        ! isset( $_POST['nonce_field'] ) ||
        ! wp_verify_nonce( $_POST['nonce_field'], 'neuer_login' )
    )
        return;
    $creds = array();
    $creds['user_login'] = $_POST['user'];
    $creds['user_password'] = $_POST['pwd'];
    $creds['remember'] = false;
    $user = wp_signon( $creds, false );
    if ( is_wp_error( $user ) )
        return;
```

```
    wp_redirect( admin_url(), 301 );
    die();
}
add_action( 'template_redirect', 'login_prozess' );
```
plugins/18-nonce-login/index.php

In unserem Shortcode stellen wir das Formular bereit und nutzen dabei wp_nonce_field(). Als erstes übergeben wir den Namen der Aktion und danach den Namen des Feldes. Da wir kein verstecktes Referrer-Feld anlegen, setzen wir den entsprechenden Boolean auf false und da wir das Feld zunächst an die Variable $string ausgeben möchten, erklären wir im vierten Parameter mit Hilfe von false, dass das Feld nicht gleich auf den Bildschirm ausgegeben werden soll.

Danach klinken wir uns in den Action Hook 'template_redirect' ein, um den Login-Prozess durchzuführen. Zunächst prüfen wir, ob überhaupt ein Login vorgenommen werden soll, indem wir prüfen, ob unser verstecktes Aktionsfeld mit den richtigen Werten übertragen wurde. Danach wird, wie im vorangegangenen Abschnitt erläutert, geprüft, ob das Nonce korrekt übermittelt wurde.

Sollten diese beiden Bedingungen erfüllt sein, nutzen wir wp_signon(), um den Nutzer einzuloggen.

Den Admin erweitern

Wir haben nun einen sehr umfassenden Überblick, wie man die Funktionalität von WordPress erweitern kann und in die einzelnen Prozesse mittels Action- und Filterhooks eingreift. Mit diesem Wissen lassen sich schon jetzt eine Vielzahl von Änderungen vornehmen. Ein wichtiger Bereich wurde bisher allerdings ausgespart. Im Kapitel „Einstellungen speichern und auslesen" haben wir zwar schon gelernt, dass man prinzipiell das eigene Plugin konfigurierbar machen kann, doch dazu fehlt uns natürlich noch eine vernünftige Oberfläche im Admin, in welcher der Administrator unser Plugin einstellen kann. In diesem Kapitel werden deshalb die verschiedenen Möglichkeiten den Admin zu erweitern erörtert.

Eigene Optionsseiten

Abbildung 23: Eigener Menüpunkt im WordPress Dashboard

In diesem Abschnitt möchten wir nun erst einmal eine eigene Optionsseite anlegen und dazu die Menü-Leiste um einen Punkt erweitern. Dazu muss man in zwei Schritten vorgehen. Zunächst muss man eine Funktion schreiben, welche die notwendigen Definitionen enthält. Diese Funktion muss in die WordPress Action `'admin_menu'` eingehakt werden. Und schließlich braucht man noch den HTML-Code, welcher auf der neuen Seite angezeigt werden soll:

Den Admin erweitern

```php
<?php
add_action( 'admin_menu', 'wpadminpage' );
function wpadminpage() {
    add_menu_page(
        'Neuer Punkt',
        'Neuer Punkt',
        'edit_posts',
        'np',
        'np_output'
    );
}

function np_output(){
    ?>
    <div class="wrap">
        <h1>Hallo Welt</h1>
    </div>
    <?php
}
```

plugins/19-admin-menu/add-menu.php

In unserem Beispielcode haken wir uns mit unserer Funktion in den 'admin_menu'-Hook von WordPress und erklären WordPress mit Hilfe der Funktion add_menu_page(), dass wir einen neuen Menüpunkt anlegen möchten.

add_menu_page() nimmt bis zu sieben Parameter auf. Benötigt werden der Seiten-Titel, welcher im <title>-Tag Verwendung findet, der Menü-Titel, also der Text im Menü, sowie die Fähigkeiten, über welche ein Benutzer verfügen muss, um diesen Menüpunkt zu sehen. Darüber hinaus wird ein Menü-Slug gefordert, der das Menü eindeutig bezeichnet und beispielsweise als GET-Parameter später zur Verfügung stehen wird. Der fünfte Parameter enthält den Namen einer Funktion, welche den HTML-Output realisiert. In unserem Beispiel haben wir diese Funktion np_output() genannt. Optional kann man desweiteren noch eine URL zu einem Icon angeben, welches dann links im Menü mit angezeigt würde, sowie die Position im Menü angeben. Allerdings kann es bei konkreten Menü-Positionierungen zu Plugin-Konflikten kommen, wenn der jeweilige Punkt schon von einem anderen Plugin besetzt ist, beziehungsweise die eigene Positionierung von einem anderen Plugin überschrieben wird. Die Position ist dabei ein Integer und je größer der Integer, desto weiter unten platziert sich der jeweilige Menüpunkt.

Mit der Funktion np_output(), welche wir als die Funktion zum HTML-Output definiert haben, besitzen wir nun beinahe den kompletten Zugriff auf die Admin-Seite. Der Ausgabe-Bereich für unsere Einstellungsseite ist im Wesentlichen der graue Bereich in Abbildung 23. Wir haben oben unsere Administratoren-Leiste und links das Menü. Dieser Teil ist von WordPress vorgegeben. Der restliche graue Bereich kann nun mit unserem HTML-Output gefüllt werden.

Wenn wir zu unserem Menüpunkt einen Unterpunkt erstellen möchten, so können wir dies mit dem WordPress-Befehl add_submenu_page() realisieren. Dazu werden die gleichen Parameter wie für add_menu_page() angegeben. Vor dem Seitentitel muss allerdings noch angegeben werden, welcher Menü-Punkt das Elternelement bildet:

```php
<?php
function wpadminpage() {
        add_menu_page(
                'Neuer Punkt',
                'Neuer Punkt',
                'edit_posts',
                'np',
                'np_output'
        );

        add_submenu_page(
                'np',
                'Unterpunkt',
                'Unterpunkt',
                'edit_posts',
                'np-unkterpunkt',
                'np_unterpunkt_output'
        );
}
```

Als Menü-Slug des Elternelements wurde in unserem Beispiel 'np' gewählt. Dieser Slug muss bei add_submenu_page() nun also als erster Parameter übergeben werden. Mit Hilfe dieses Befehls kann man auch Unterpunkte zu schon bestehenden WordPress-Menü-Punkten erzeugen. Man muss dazu lediglich den Slug für den jeweiligen Oberpunkt kennen:

Menüpunkt	Slug
Dashboard	index.php
Beiträge	edit.php

Menüpunkt	Slug
Medien	upload.php
Seiten	edit.php?post_type=page
Kommentare	edit-comments.php
Design	themes.php
Plugins	plugins.php
Benutzer	users.php
Werkzeuge	tools.php
Einstellungen	options.php
Eigene Posttypen	edit.php?post_type=post_type_slug

Admin Styles und Scripte registrieren

Wenn Sie eigene Styles und Scripte für Ihre Admin-Seiten benötigen, können Sie diese ganz normal mit `wp_enqueue_script()`, bzw. `wp_enqueue_style()` registrieren. Allerdings sollten Sie dabei nicht über den normalen Hook gehen, welchen Sie für das Frontend verwenden, sondern über den Action-Hook `'admin_enqueue_scripts'`.

Dieser Hook übergibt als Parameter die aktuelle Admin-Seite. Über diesen Parameter können Sie Scripte nur laden lassen, wenn der Nutzer auf Ihrer Optionen-Seite ist:

```php
<?php
function adminscripts( $hook ){
    if ( 'toplevel_page_np' !== $hook )
        return;

    wp_enqueue_script(
        'my_custom_script',
        plugin_dir_url( __FILE__ ) . 'myscript.js'
    );
}
add_action( 'admin_enqueue_scripts', 'adminscripts' );
```

plugins/19-admin-menu/enqueue-script.php

Um den konkreten Bezeichner einer Seite herauszufinden, lohnt es sich, im Action-Hook den Parameter testweise einfach via `echo` auszugeben.

Wie Sie sehen verwenden wir in diesem Beispiel nicht `plugins_url()` um die URL zu unserem Plugin zu ermitteln, sondern `plugin_dir_url()`. Diesen Befehl können Sie alternativ nutzen. Dabei übergeben Sie den Pfad zur aktuellen Datei und erhalten die URL zum aktuellen Verzeichnis zurück.

Die Settings-API

Für einfache Options-Seiten sollte man sich mit der Settings-API vertraut machen, welche WordPress mitliefert. Über eine einfache und überschaubare Anzahl von Befehlen lässt sich damit eine Standard-Optionen-Seite erstellen, welche sich nahtlos in das Design von WordPress einpasst. Darüber hinaus erhöht die Verwendung der API die Sicherheit der eigenen Applikation, da viele Validierungsmaßnahmen dann von WordPress übernommen werden und nicht zusätzlich programmiert werden müssen. Seiten, welche mit der Settings-API erstellt werden, können dabei nur von Benutzern genutzt werden, welche über die Fähigkeit `'manage_options'` verfügen, in der Grundeinstellung von WordPress sind dies nur Administratoren.

In diesem Abschnitt werden wir nun Schritt für Schritt eine Admin-Seite mit Hilfe der API erstellen.

Einstellungen registrieren: register_setting()

Während der Admin initialisiert wird, muss WordPress mitgeteilt werden, welche Einstellungen registriert werden sollen. Dazu dient die Funktion `register_setting()`, die innerhalb des Action-Hooks `'admin_init'` ausgeführt wird.

An diese Funktion muss man zunächst den Namen einer Optionen-Gruppe übergeben und in einem zweiten Parameter den Namen der Option, unter welcher die Einstellungen schließlich abgespeichert werden sollen. Mit Hilfe von `get_option()` können wir so später die getroffenen Einstellungen auslesen. Optional kann man noch den Namen einer Funktion angeben, welche die Werte vor dem Speichern reinigt.

```php
<?php
add_action( 'admin_init', 'einstellungen' );
function einstellungen(){
        register_setting( 'optionen-gruppe', 'opt' );
}
```
plugins/19-settings/index.php

Einstellungs-Sektionen und -Felder

Eine Optionen-Seite besteht aus einzelnen Sektionen, welche wiederum aus einem oder mehreren Options-Feldern (Text-Feldern, Check- oder Radioboxen, Selectboxen und so weiter) bestehen. Wir erweitern deshalb unseren 'admin_init'-Hook und registrieren im nächsten Schritt unsere Sektionen. Nehmen wir an, unser Plugin hat zwei verschiedene Sektionen. In der ersten kann man Schriftarten auswählen und in der zweiten Schriftfarben, dann könnte unsere erweitere Funktion nun folgendermaßen aussehen:

```php
<?php
add_action( 'admin_init', 'einstellungen' );
function einstellungen(){
        register_setting( 'optionen-gruppe', 'opt' );
        add_settings_section(
                'schriftarten',
                'Schriftarten',
                'schriftarten_render',
                'optionen-gruppe'
        );
        add_settings_section(
                'schriftfarben',
                'Schriftfarben',
                'schriftfarben_render',
                'optionen-gruppe'
        );
}
```
plugins/19-settings/index.php

Wir registrieren also unsere Optionen. Die Optionen-Gruppe haben wir einfach 'optionen-gruppe' genannt und speichern diese unter dem Schlüssel 'opt'. Danach erstellen wir unsere Sektionen. Dazu müssen wir an die add_settings_section() zunächst die Sektions-ID übergeben, anschließend den Titel, sowie eine Renderfunktion. Die Renderfunktion übernimmt die HTML-Darstellung zwischen Überschrift und den einzelnen Feldern. So kann unsere Funktion schriftarten_render() beispielsweise wie folgt aussehen:

```php
<?php
function schriftarten_render(){
	?>
		<p>Bitte wählen Sie die Schriftarten aus.</p>
	<?php
}
```
plugins/19-settings/index.php

Danach ordnen wir diese Sektion der Optionen-Gruppe 'optionen-gruppe' zu, wie wir sie zuvor in `register_setting()` definiert haben. Nun müssen wir den einzelnen Sektionen noch Felder zuordnen. Wenn wir sagen, man kann die Schriftart und Farbe jeweils für Überschriften und normale Texte definieren, so könnten wir unsere `einstellungen()`-Funktion wie folgt erweitern:

```php
<?php
add_settings_field(
	'sa_ueberschrift',
	'Überschrift',
	'sa_feld_render',
	'optionen-gruppe',
	'schriftarten',
	array( 'id' => 'sa_ueberschrift' )
);
add_settings_field(
	'sa_text',
	'Text',
	'sa_feld_render',
	'optionen-gruppe',
	'schriftarten',
	array( 'id' => 'sa_text' )
);
add_settings_field(
	'sf_ueberschrift',
	'Überschrift',
	'sf_feld_render',
	'optionen-gruppe',
	'schriftfarben',
	array( 'id' => 'sf_ueberschrift' )
);
add_settings_field(
	'sf_text',
	'Text',
	'sf_feld_render',
	'optionen-gruppe',
	'schriftfarben',
	array( 'id' => 'sf_text' )
);
```
plugins/19-settings/index.php

Mit der Funktion `add_settings_field()` können wir nun neue Felder hinzufügen. Dazu übergeben wir zunächst eine ID, im Anschluss eine Überschrift und dann eine Renderfunktion. Danach weisen wir das Feld der Optionen-Gruppe, sowie der Sektion zu. Im letzten Schritt können wir – optional – einen Array an Argumenten übergeben, welcher dann von der Renderfunktion aufgegriffen werden kann. In unserem Fall übergeben wir hier noch einmal die ID des jeweiligen Feldes, da uns dies später Programmierarbeit ersparen wird. Statt vier verschiedenen Funktionen (für jedes Feld) benötigen wir so nur noch zwei (für jeden Feldtyp).

Schauen wir uns nun also die beiden Renderfunktionen an:

```php
<?php
function sa_feld_render( $args ){
        $option = get_option( 'opt' );
        $schriftarten = array(
                'Arial',
                'Helvetica',
                'Times New Roman'
        );
?>
        <select name="opt[<?php echo $args['id']; ?>]">
                <?php foreach( $schriftarten as $s ): ?>
                        <option <?php
                        selected( $option[ $args['id'] ], $s );
                        ?>><?php echo $s; ?></option>
                <?php endforeach; ?>
        </select>
        <?php
}
function sf_feld_render( $args ){
        $option = get_option( 'opt' );
?>
        <input
                name="opt[<?php echo $args['id']; ?>]"
                value="<?php echo $option[ $args['id'] ]; ?>"
                class="color" />
        <?php
}
```

plugins/19-settings/index.php

Zunächst holen wir uns die mit dem Schlüssel `'opt'` gespeicherten Einstellungen mit Hilfe von `get_option()`, wie wir es schon im entsprechenden Kapitel zuvor gelernt haben. Im Falle der Schriftarten-Funktion `sa_feld_render()` erstellen wir uns anschließend einen Array aus Schriftarten, welchen wir in einer Selectbox ausgeben. Zunächst interessiert uns der Name der Box. Wie Sie sehen handelt es sich um einen Array, nämlich um `opt[ $args['id'] ]`. Dies ist einmal `'opt[sa_ueberschrift]'` und ein zweites Mal `'opt[sa_text]'`, je nachdem, welche ID mit dem `$args`-Parameter übergeben wurde. Der erste Teil des Namens `'opt'` ist identisch mit dem Schlüssel, welchen wir in der `register_settings()` für die Option übergeben haben. Dies ist derselbe Schlüssel, den wir auch an `get_option()` übergeben, um die gespeicherten Einstellungen abzufragen. In der Variablen `$option` mit den gespeicherten Einstellungen erhält man die einzelnen Einträge über den zweiten Teil des Namens, also entweder `$option['sa_ueberschrift']` oder `$option['sa_text']`, beziehungsweise eben `$option[ $args['id'] ]`. Dies ist wichtig, damit Sie wissen, wie Sie zum Schluss die gespeicherten Optionen in Ihrem Programm auslesen können, aber auch in der Konstruktion der einzelnen `<option>`-Elemente spielt es eine Rolle. Wie Sie sehen werden diese Elemente mit Hilfe unseres Schriftarten-Arrays erzeugt. Sie sehen allerdings auch die Funktion `selected()`, welche WordPress uns bereitstellt und die uns einige Arbeit ersparen kann. Statt sozusagen mit einer langen `if()`-Konstruktion zu prüfen, ob eine Option ausgewählt sein soll oder nicht, können wir auf `selected()` zurückgreifen. Dabei übergeben wir den aktuellen Wert, sowie den Wert der Option. Sind beide identisch so schreibt WordPress an dieser Stelle `selected="selected"`. Eine ganz ähnliche Funktion hält WordPress auch für Checkboxen bereit. Statt `selected()` können Sie dort auf `checked()` zurückgreifen. Beide akzeptieren neben den beiden zu vergleichenden Parametern noch einen dritten, nämlich einen Boolean. Wenn Sie diesen auf `false` setzen wird das Ergebnis nicht ausgegeben, sondern als String zurückgegeben.

Im Falle der Schriftfarben-Render-Funktion geben wir die Werte einfach als Input-Feld aus. Bisher müsste der Administrator die Farbe also als Hexadezimal-Code eingeben. Wir provozieren hier geradezu Falscheingaben. Deshalb wollen wir dieses Input-Feld, welchem wir ja schon die Klasse `'color'` gegeben haben, noch ein wenig bearbeiten. WordPress hält einige Javascript-Bibliotheken bereit, darunter unter anderem die Möglichkeit, Input-Felder in Farbselektoren zu verwandeln. Dies werden wir nun im nächsten Schritt für die Input-Felder der Klasse `'color'` machen. In einem ersten Schritt müssen wir die entsprechenden Scripte laden:

```php
<?php
add_action( 'admin_enqueue_scripts', 'farbwaehler_laden' );
function farbwaehler_laden( $hook ) {
        wp_enqueue_style( 'wp-color-picker' );

        wp_enqueue_script(
                'color-script',
                plugins_url( 'script.js', __FILE__ ),
                array( 'wp-color-picker' ),
                false,
                true
        );
}
```
plugins/19-settings/index.php

Der Farbwähler hat dabei den Bezeichner `'wp-color-picker'`. Im ersten Schritt laden wir die entsprechenden CSS Definitionen. Im zweiten Schritt laden wir unser kleines Javascript, welches wir allerdings definieren als abhängig von der Javascript-Bibliothek `'wp-color-picker'`. Damit laden wir dann nicht nur unser Script, sondern auch die Farbwähler-Bibliothek. Unser Script, welches wir in der *script.js* hinterlegen sieht folgendermaßen aus:

```js
jQuery( document ).ready( function(){
    jQuery( 'input.color' ).wpColorPicker();
});
```
plugins/19-settings/script.js

Es definiert also einfach nur, dass alle Input-Felder der Klasse `'color'` zu Farbfeldern transformiert werden sollen, was über den Befehl `wpColorPicker()` erfolgt.

Am Ende müssen wir noch eine Admin-Seite im Menü anlegen, welches wir – wie gelernt – mit Hilfe von `add_submenu_page()` realisieren können:

```php
<?php
add_action( 'admin_menu', 'options_menu' );
function options_menu() {
        add_submenu_page(
                'options-general.php',
                'Optionsseite',
                'Optionsseite',
```

```
                    'manage_options',
                    'optionsseite',
                    'options_page'
            );
}
```
plugins/19-settings/index.php

Wie Sie sehen nehmen wir 'options-general.php' als den Elternmenüpunkt, unter welchen wir uns platzieren möchten. 'options-general.php' ist der Bezeichner des „Einstellungen"-Tabs. Dementsprechend wird unser Menüpunkt ein Unterpunkt dieser Sektion. Interessant ist nun noch die entsprechende Renderfunktion für die Seite, welche in der Funktion options_page() platziert ist:

```
<?php
function options_page(){
        ?>
        <form action='options.php' method='post'>
                <h1>Optionen</h1>
                <?php
                settings_fields( 'optionen-gruppe' );
                do_settings_sections( 'optionen-gruppe' );
                submit_button();
                ?>
        </form>
        <?php
}
```
plugins/19-settings/index.php

Um mit der Settings-API arbeiten zu können benötigen wir zunächst ein Formular, welches auf die options.php verweist. Wir müssen allerdings das Formular jetzt nicht noch einmal eigenhändig programmieren, sondern rufen nun einfach Schritt für Schritt die Settings-API auf. Mit settings_fields() erzeugen wir notwendige versteckte Felder, wie beispielsweise das WordPress Nonce. Mit do_settings_sections() rendern wir das eigentliche Formular. Beiden Funktionen muss dabei die Optionen-Gruppe übergeben werden, damit die Felder korrekt dargestellt werden können.

submit_button() dient dazu, den für WordPress typischen Speicher-Knopf darzustellen.

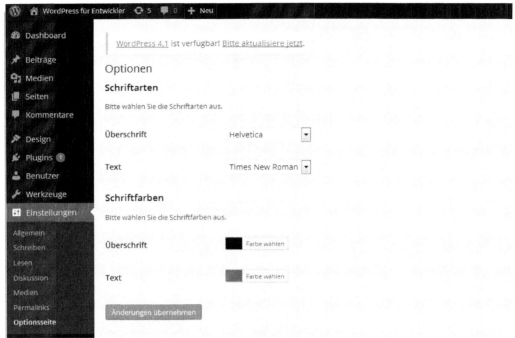

Abbildung 24: Die fertige Options Seite

Blöcke

Erinnern Sie sich noch an unseren Rezepte Posttypen, den wir entwickelt haben (S. 163)? Für diesen hatten wir ein Template eingerichtet, welche Blöcke wir für unsere Rezepte verwenden möchten. Bisher war Zutaten eine simple Überschrift und der Inhalt konnte von den Redakteuren bearbeitet werden. Sagen wir, wir möchten hier eine statische Überschrift haben, die nicht verändert werden kann. Wir könnten also einen zusätzlichen Block entwickeln, der nur eine einzige Aufgabe hat: Eine <h2>Zutaten</h2> auszugeben. Für einen schnellen Einstieg in die Entwicklung von Blöcken möchten wir nun genau einen solchen Block entwickeln.

In einem ersten Schritt müssen wir unseren Block registrieren. Ein Block ist im Wesentlichen eine Javascript-Datei, welche wir zunächst registrieren und dann über `register_block_type()` als Block deklarieren müssen:

```php
<?php
function register_zutaten_block() {
    wp_register_script(
        'block-zutaten',
        plugins_url( 'block.js', __FILE__ ),
        array( 'wp-blocks', 'wp-element' )
    );
    register_block_type( 'rezepte/zutaten', array(
        'editor_script' => 'block-zutaten',
    ) );
}
add_action( 'init', 'register_zutaten_block' );
```

plugins/19-zutatenblock/register-block-type.php

Sie sehen, wie wir zunächst ein ganz normales Javascript registrieren und die Abhängigkeit von 'wp-blocks' und 'wp-element' deklarieren. Diese Abhängigkeiten sind zentral, denn nur damit ist gewährleistet, dass die Block API auch geladen wird, welche wir später in unserem Script brauchen werden. WordPress liefert in Javascript ein umfangreiches wp-Objekt aus, in welchem sämtliche von WordPress bereitgestellten Javascript-Ressourcen gebündelt sind. Diese Pakete sind über verschiedene Schlüssel verteilt. So enthält wp.blocks eine Reihe von Funktionen um Blöcke zu erstellen und zu verwalten. Unter anderem auch registerBlockType(), welche wir gleich verwenden werden. Jedes Mal, wenn Sie eine Funktion benötigen, welche sich in einer dieser Untergruppen befindet, so müssen Sie die Abhängigkeit zu dieser Gruppe deklarieren. So werden wir in einem späteren Abschnitt beispielsweise das RichText-Element aus wp.editor verwenden. Um auf diese Gruppe Zugriff zu erlangen müssen Sie die Abhängigkeit zu 'wp-editor' deklarieren. Die generelle Abhängigkeitssyntax ist also 'wp-{Untergruppenbezeichner}'.

register_block_type() registriert unser Javascript nun in PHP als neuen Block. Zunächst müssen wir hier einen Blocknamen übergeben, beziehungsweise seinen „Namespace". Dieser sollte aus zwei Komponenten bestehen, die durch einen Schrägstrich getrennt werden. Vorgeschlagen wird, den Pluginslug als erste Komponente zu nehmen und als zweite den Bezeichner des jeweiligen Blocks. So reduzieren wir die Möglichkeit, dass Blöcke sich gegenseitig überschreiben.

Der zweite Parameter übergibt einen Konfigurationsarray. Wir übergeben für unseren Block hier nur `'editor_script'`. Dieser Schlüssel enthält das Handle unserer registrierten Javascript-Datei.

Folgende Tabelle gibt Ihnen Aufschluss über die weiteren Konfigurationsmöglichkeiten:

Parameter	Bedeutung
`editor_script`	Das registrierte Handle für den Javascript-Block
`script`	Wenn der Block im Frontend Javascript benötigt, so können Sie hier das registrierte Handle übergeben, damit das Script geladen wird, wenn der Block im Frontend angezeigt wird.
`editor_style`	Wenn Ihr Block im Editor bestimmte CSS Styles benötigt, können Sie hier das Handle eines mit `wp_register_style()` registrierten Stylesheets übergeben.
`style`	Wenn Ihr Block im Frontend bestimmte CSS Styles benötigt, können Sie hier das Handle eines mit `wp_register_style()` registrierten Stylesheets übergeben.
`render_callback`	Wenn der Block vor der Ausgabe im Frontend dynamisch via PHP gerendert werden soll, so können Sie hier eine Callback-Funktion angeben, welche diese Aufgabe übernimmt (S. 277).
`attributes`	Hier können Sie die Attribute des Blocks übergeben. Eine nähere Beschreibung zur Verwendung von Attributen finden Sie auf Seite 258 und eine Übersicht über die möglichen Attribute finden Sie auf Seite 262. Meistens werden Sie diese Attribute erst im eigentlichen Javascript angeben, aber spätestens, wenn Sie dynamische Blöcke nutzen, müssen Sie die Attribute schon im PHP Script definieren.

Interessant wird nun unsere Javascript-Datei: In unserem Beispiel verwenden wir Javascript nach dem ES5-Standard. Dies erschwert ein wenig die Lesbarkeit und es wird empfohlen, tatsächlich mit ESNext und JSX zu arbeiten. Bevor wir jedoch einen kurzen Exkurs in die moderne Javascript-Entwicklung wagen machen wir uns zunächst mit der grundlegenden Architektur eines Blocks vertraut.

Da wir `wp-blocks` als Abhängigkeit deklariert haben, haben wir nun Zugriff auf `wp.blocks.registerBlockType()`. Diese Funktion registriert den Block in Javascript.

```javascript
const createElement = wp.element.createElement;
const registerBlockType = wp.blocks.registerBlockType;

registerBlockType( 'rezepte/zutaten', {
    title: 'Zutaten Überschrift',
    icon: 'universal-access-alt',
    category: 'common',

    edit: function(props) {
        return createElement( 'h2', {
            className:props.className
        }, 'Zutaten' );
    },

    save: function(props) {
        return createElement( 'h2', {
            className:props.className
        }, 'Zutaten' );
    },
} );
```
plugins/19-zutatenblock/block.js

Auch hier müssen wir zunächst den Namespace übergeben und im Anschluss ein Konfigurationsobjekt. Dieses enthält hier den Titel, ein Icon, sowie die Kategorie unter der der Block gelistet werden soll.

Mit `icon` können Sie ein Icon definieren, welches angezeigt werden soll. WordPress liefert schon ein Set von Icons mit, welche Sie verwenden können, indem Sie den Bezeichner des Icons verwenden.[61] Alternativ können Sie ein eigenes SVG-Objekt nutzen (Ein Beispiel sehen Sie auf Seite 258).

Blöcke werden thematisch mit Hilfe von Kategorien wie beispielsweise „Layout" sortiert. An `category` können Sie deshalb folgende Werte übergeben: `common`, `formatting`, `layout`, `widgets`, oder `embed`.

---

[61] Eine Übersicht über die Icons finden Sie hier: https://developer.wordpress.org/resource/dashicons/

Interessant sind die beiden Methoden `edit()` und `save()`. `edit()` rendert die Ausgabe unseres Blocks im Editor, während `save()` festlegt, was letztlich als Content unseres Beitrags gespeichert werden soll. Dies ist von zentraler Bedeutung. Jeder Block kommt quasi mit zwei Ansichten: Zum einen sieht ein Besucher im Frontend den Block. Was dieser dort zu sehen bekommt ist der Inhalt, welchen Sie über `save()` in `'post_content'` abspeichern. Diese Ansicht kann sich unterscheiden von der Ansicht im Editor. Im Editor kann der Block Buttons, Eingabefelder und vieles mehr enthalten, über welche der Autor schließlich den Block modifiziert. Diese Ansicht erzeugen Sie über `edit()`.

Wir sehen dass beide Funktionen das Ergebnis von `wp.element.createElement()` zurückgeben. `createElement()` ist letztlich nur ein Wrapper für eine entsprechende Funktion aus React.[62] Dabei handelt es sich um eine Javascript Bibliothek, welche vom WordPress Editor genutzt wird. Was wir mit `createElement()` zurückgeben ist ein Objekt, welches ein HTML-Element beschreibt. In unserem Fall geben wir ein Objekt zurück, welches ein `<h2>`-Element beschreibt. Als ersten Parameter übergeben wir dazu den Namen des HTML-Elements. Der zweite Parameter ist ein Javascript-Objekt, welches die Attribute des Elements enthält. `className` entspricht dabei dem Attribut `class`. Wir können auch weitere Attribute zuweisen, wie beispielsweise Inline-Styles:

```
{
    className:props.className,
    style:{
        color:"#f00"
    }
}
```

Das Klassen-Attribut bildet hier einen Sonderfall. `class` ist ein reserviertes Wort in Javascript und kann nicht als Schlüssel verwendet werden. Deshalb muss man hier `className` verwenden, um die Klassen des HTML-Elements auszuweisen. Der dritte Parameter enthält die Kinder des Elements. Dies kann, wie in unserem Fall, einfach ein Text sein. Es können aber auch weitere mit Hilfe von `createElement` erzeugte Objekte sein.

Neben `'title'`, `'icon'`,`'category'`,`'edit'` und `'save'` gibt es noch zahlreiche weitere Eigenschaften, die man einem Block zuweisen kann. Mit Hilfe von `'keywords'` kann man einen Array mit bis zu drei Schlagwörtern übergeben. Dies erleichtert das Auffinden des Blocks durch den Autoren. Mit `'description'`

---

62. https://reactjs.org/

kann man den Block beschreiben. `'supports'` ermöglicht es Ihnen bestimmte Standards zu konfigurieren. So könnten Sie beispielsweise die HTML-Ansicht des Blocks deaktivieren:

```
supports: {
    html: false
}
```

Weitere Informationen finden Sie unter folgender URL: https://wordpress.org/gutenberg/handbook/designers-developers/developers/block-api/block-registration/

Einen Block mit Hilfe von JSX, webpack und npm erstellen

Sie haben nun schon grundlegend gelernt, wie man einen neuen Blocktyp registrieren kann. Bevor wir fortfahren und in die Einzelheiten gehen, möchten wir an dieser Stelle zu einem kleinen Exkurs ansetzen und uns ein wenig mit JSX und npm vertraut machen. Da es sich hier um einen Crashkurs für WordPress handelt können wir dies natürlich nicht in voller Breite ausführen. Sie sollten aber in die Lage versetzt werden, einen Block auch mit den moderenen Tools, die im Javascript Universum zur Verfügung stehen, zu erstellen.

Was genau ist unser Ziel? `createElement()` ist ein relativ umständlicher Befehl. Wie wäre es, wir könnten in `edit()` und `save()` HTML zurückzugeben? JSX ermöglicht genau dies. Wenn wir nun anfangen mit JSX zu arbeiten, so werden wir anfangen Javascript Code zu schreiben, der von Browsern nicht mehr verstanden wird. Dies ist das Javascript von unserem nächsten Block, den wir registrieren möchten:

```
const registerBlockType = wp.blocks.registerBlockType;

registerBlockType( 'rezepte/zubereitung', {
    title: 'Zubereitung Überschrift',
    icon: 'universal-access-alt',
    category: 'common',

    edit: function(props) {
        return <h2 className={ props.className }>Zubereitung</h2>;
    },
    save: function(props) {
        return <h2 className={ props.className }>Zubereitung</h2>;
    }
} );
```

plugins/19-zubereitungsblock/assets/js/blocks/src/zubereitung.js

Beachten Sie die `edit()` und `save()` Methoden. Sie sehen, wie wir dort nun scheinbar ein HTML-Element zurückgeben. Das ist kein valides Javascript! Es ist auch nicht wirklich ein HTML-Element, sondern ein JSX-Element. JSX ist Bestandteil von React[63] und ermöglicht es uns, mit Hilfe einer HTML-Syntax unsere Rückgabewerte zu beschreiben.

Doch wozu dieser Aufriss? Solange wir es mit einer einfachen Überschrift zu tun haben, scheinen wir hier tatsächlich mit Kanonen auf Spatzen zu schießen. Sobald wir allerdings etwas komplexere HTML-Strukturen entwickeln, zeigt sich, dass die JSX-Schreibweise sehr viel übersichtlicher ist. Sagen wir, wir wollten in der Überschrift ein `<span>`-Element platzieren:

```
edit: function() {
    return <h2><span>Zubereitung</span></h2>;
}
```

```
edit: function() {
    return createElement( 'h2', {},
        createElement( 'span', {}, 'Zubereitung' )
    );
}
```

In JSX verstehen wir intuitiv was vor sich geht. Als normales Javascript mit `createElement()` wird schon mit einer ersten Verschachtelung die Komplexität enorm erhöht und die Lesbarkeit des Codes erschwert. Und in diesem Beispiel haben wir nur zwei Elemente. Sie können sich vorstellen, wie dies bei fünf Elementen aussehen würde. Fügen Sie noch ein paar HTML-Attribute hinzu und das Desaster ist perfekt.

Wir benötigen nun eine Reihe von Tools, die unseren JSX-Code nach Javascript „kompilieren". Deshalb bereiten wir im nächsten Schritt unsere Tools vor. Sobald wir diese entsprechend konfiguriert haben, können wir dann über die Konsole einen Prozess anstoßen, der unseren Code nimmt und kompiliert. Willkommen im Ozean der modernen Javascript-Entwicklung.[64]

---

[63] https://reactjs.org/docs/introducing-jsx.html
[64] Einen interessanten Artikel zu diesem Thema finden Sie auch unter https://krautpress.de/2019/einrichtung-von-webpack-fuer-die-gutenberg-entwicklung/.

npm[65] ist ein Paketmanager für Javascript. Im Wesentlichen stellt npm eine Bibliothek für Javascript bereit und eine Applikation, mit der diese Bibliotheken in das eigene Projekt eingebunden werden können, ganz ähnlich wie dies Composer für PHP darstellt. npm kommt zusammen mit Node, das heißt, sie müssen Node installieren und haben npm dann automatisch mit installiert.[66] Node ist eine Runtime Umgebung, welche es Ihnen ermöglicht Javascript in der Konsole auszuführen. Die Compiler, welche wir benötigen, sind alle für Node geschrieben. Um diese also ausführen zu können, benötigen wir Node als Grundlage.

Über npm können wir dann unsere Werkzeuge laden. Dazu müssen wir unserem Plugin eine Datei beifügen, welche npm die Liste an Bibliotheken überreicht, die wir nutzen möchten: die sogenannte *package.json*.[67] Diese Datei legen wir einfach ins Root-Verzeichnis unseres Plugins ab.

```
{
  "name": "zubereitung-block",
  "description": "Der Editorblock für die Zubereitungsüberschrift",
  "version": "1.0.0",
  "license": "GPL-2.0-only",
  "devDependencies": {
    "babel-core": "^6.25.0",
    "babel-loader": "^7.1.1",
    "babel-plugin-transform-react-jsx": "^6.24.1",
    "babel-plugin-transform-object-rest-spread": "^6.26.0",
    "webpack": "^3.10.0"
  }
}
```

plugins/19-zubereitungsblock/package.json

Wir werden einen neuen Block erstellen, nämlich für unsere Zubereitung-Überschrift. Dieser wird exakt so funktionieren wie der Zutaten-Block, allerdings mit JSX und mit einer neuen Überschrift. Die *package.json* enthält ein JSON-Objekt. Wir geben unserem Projekt einen Namen, eine Beschreibung, eine Version und eine Lizenz. Vor allem aber deklarieren wir `devDependencies`. Dies sind Javascript-Bibliotheken, deren Zusammenspiel letzlich unseren Code kompiliert. Wir benötigen einige Babel-Funktionen,[68] sowie Webpack.[69]

---

65. https://www.npmjs.com/
66. https://nodejs.org/de/
67. https://docs.npmjs.com/files/package.json
68. https://babeljs.io/
69. https://webpack.js.org/

Wenn Sie Node installiert haben, sollten Sie jetzt einfach in der Konsole in das Root-Verzeichnis Ihres Plugins wechseln. Dort angelangt geben Sie folgenden Befehl ein: `npm install`. npm liest nun die *package.json* aus und installiert die angegebenen Programme in einem neuen Verzeichnis: `node_modules`. Sobald Sie Ihr Plugin geschrieben haben, werden Sie dieses Verzeichnis nicht mehr benötigen. Nach Abschluss Ihrer Entwicklungsarbeit können Sie das Verzeichnis also löschen.

Schauen Sie sich jetzt einmal folgendes Verzeichnis an: *node_modules/.bin*. Hier sind die ausführbaren Programme, welche Sie installiert haben.

Babel

Javascript hat sich in den letzten Jahren grundlegend gewandelt. Grund dafür ist vor allem die Entwicklung von Node, die zahlreiche neue Möglichkeiten geschaffen hat. Es sind neue Funktionen und Schreibweisen hinzugekommen, welche selbst von modernen Browsern nicht mehr interpretiert werden können. Babel dient uns als Brücke zwischen modernem Javascript und Javascript, dass von Browsern interpretiert werden kann.

Wir benötigen `babel-core`, also die zentrale Babel-Software, sowie drei Plugins: `babel-loader` dient uns als Brücke zu Webpack. Das `babel-plugin-transform-react-jsx`-Plugin übersetzt unsere JSX Elemente in React-Code. Erinnern Sie sich, dass `wp.element.createElement()` letztlich nur ein Wrapper für die entsprechende React-Funktion ist? Das `babel-plugin-transform-react-jsx`-Plugin übersetzt unsere `<h2>`-JSX-Elemente nach `React.createElement('h2',{},'Zubereitung')`. Doch letztlich wollen wir das Babel dies nach `wp.element.createElement()` übersetzt. Wir wollen die WordPress-Funktion benutzen und nur zu dieser in Abhängigkeit stehen. Sollten die Entwickler von WordPress sich entscheiden, im Hintergrund React auszutauschen, würde uns dies nicht tangieren, da wir weiterhin `wp.element.createElement()` nutzen und uns damit egal sein kann, wie diese Funktion im Hintergrund arbeitet. Deshalb benötigen wir noch `babel-plugin-transform-object-rest-spread`. Mit ein wenig Konfigurationsarbeit können wir Babel so mitteilen, dass es statt der React-Methode unsere WordPress-Methode verwenden soll. Babel kommt mit einer Konfigurationsdatei, der *.babelrc*. Auch diese Datei legen wir im Root-Verzeichnis ab.:

```json
{
    "plugins": [
        "transform-object-rest-spread",
        [
            "transform-react-jsx",
            {
                "pragma": "wp.element.createElement"
            }
        ]
    ]
}
```

plugins/19-zubereitungsblock/.babelrc

Knapp erläutert sagen wir Babel hier einfach, dass das `babel-plugin-transform-object-rest-spread`-Plugin doch bitte `wp.element.createElement` verwenden soll, wenn es die Transformation von JSX vornimmt.

Webpack

```js
const path = require( 'path' );
const webpack = require( 'webpack' );

module.exports = {
    entry: {
        zubereitung:'./assets/js/blocks/src/zubereitung.js'
    },
    output: {
        filename:'./assets/js/blocks/[name].js'
    },
    module: {
        rules: [
            {
                use: {
                    loader: 'babel-loader',
                },
            }
        ],
    }
};
```

plugins/19-zubereitungsblock/webpack.config.js

Webpack ist eine Anwendung, welche verschiedene Softwaremodule zusammenführt. Dies ermöglicht es Ihnen beispielsweise, Ihren Javascript-Code in verschiedene Dateien zu strukturieren. Webpack kann diese dann in eine Datei zusammenführen, so dass sich daraus ausführbarer Javascript Code ergibt. Mit Hilfe von Loadern kann Webpack während dieses Prozesses verschiedene Aufgaben übernehmen. Für unser Projekt haben wir deshalb den `babel-loader`, damit unsere Babel-Tasks ausgeführt werden können. Auch für Webpack legen wir erneut eine Konfigurationsdatei (es ist die Letzte, versprochen) im Root-Verzeichnis unseres Plugins ab: Die sogenannte *webpack.config.js* (siehe oben).

Das Javascript für unseren Block haben wir im Verzeichnis *js/blocks/src/zubereitung.js* abgelegt. Im `entry` legen wir dies unter dem Bezeichner `zubereitung` als Ausgangspunkt fest. `output` definiert, wo die kompilierte Javascript-Datei schließlich zu finden sein soll: Und zwar in *js/blocks/[name].js*. Der [name]-Teil wird dann durch unseren Bezeichner `zubereitung` ersetzt. Diese kompilierte Datei werden wir schließlich in WordPress mit Hilfe von `wp_register_script()` registrieren.

Für unseren Transformationsprozess legen wir eigentlich nur die Regel fest, dass wir den `babel-loader` verwenden möchten, also letztlich Babel ausführen möchten.

Kompilieren

Damit haben wir die Programme entsprechend konfiguriert und können uns daran machen, unsere Javascript-Datei, welche wir in *js/blocks/src/zubereitung.js* abgespeichert haben kompiliert in *js/blocks/zubereitung.js* abzulegen. Wir wechseln deshalb in die Konsole und dort in das Root-Verzeichnis unseres Plugins.[70] Falls Sie `npm install` noch nicht ausgeführt haben, sollten Sie dies nun tun.

Im nächsten Schritt geben wir `./node_modules/.bin/webpack` ein und starten damit Webpack. Sie sollten in etwa folgende Ausgabe erhalten:

```
$ ./node_modules/.bin/webpack
Hash: 596ff2832f879753f018
Version: webpack 3.11.0
Time: 334ms
                    Asset     Size  Chunks             Chunk Names
./js/blocks/zubereitung.js  3.06 kB       0  [emitted]  zubereitung
   [0] ./js/blocks/src/zubereitung.js 589 bytes {0} [built]
```

---

70. Dort haben wir ja sämtliche Konfigurationsdateien abgelegt

Prüfen Sie nun, ob die entsprechende Datei generiert wurde; Herzlichen Glückwunsch, Sie haben Javascript „kompiliert". Zugegeben, schön sieht dieser Code nicht aus.

Nachdem wir JavaScript Code nun kompilieren können, können wir beispielsweise auch ganz einfach unser eigenes Icon für unseren Block verwenden, denn das `<svg>`-Element wird nun von unserer Toolchain richtig in die entsprechenden Javascript-Befehle übersetzt.

```
const createElement = wp.element.createElement;
const registerBlockType = wp.blocks.registerBlockType;
const ExampleIcon = <svg viewBox="0 0 100 100"
                         width="20px" height="20px"
                         xmlns="http://www.w3.org/2000/svg"
>
    <circle cx="50" cy="50" r="50"/>
</svg>;

registerBlockType( 'rezepte/zutaten', {
    title: 'Zutaten Überschrift',
    icon: ExampleIcon,
    category: 'common',

    edit: function(props) {
        return <h2 className={props.className}>Zutaten</h2>;
    },

    save: function(props) {
        return <h2 className={props.className}>Zutaten</h2>;
    },
} );
```

Blöcke editierbar machen

Bisher hatten wir einfach einen Block registriert, welcher einen statischen Inhalt hatte. Nun ist jedoch die ganze Idee eines Editors, dass Inhalte editiert werden können. Im nächsten Schritt machen wir uns daran, editierbare Blöcke zu erstellen.

Für unsere Rezepte wollen wir deshalb einen Block einführen, in dem die Arbeits- und Kochzeit angegeben wird. Im Editor brauchen wir dafür zwei Eingabefelder. Nachdem wir unseren Block in PHP registriert haben wenden wir uns dem Javascript zu:

```js
const registerBlockType = wp.blocks.registerBlockType;

registerBlockType( 'rezepte/zeiten', {
    title: 'Rezeptzeiten',
    icon: 'universal-access-alt',
    category: 'common',

    attributes : {
        kochzeit : {
            source: 'text',
            selector: '.kochzeit-value',
            type: 'string'
        },
        arbeitszeit : {
            source: 'text',
            selector: '.arbeitszeit-value',
            type: 'string'
        }
    },

    edit: function( props ) {

        const ChangeKochzeit = (event) => {
            props.setAttributes({
                kochzeit: event.target.value
            });
        };
        const ChangeArbeitszeit = (event) => {
            props.setAttributes({
                arbeitszeit: event.target.value
            });
        };
        return <p className={ props.className }>
        <label className="kochzeit">
            <span>Kochzeit:</span>

            <input
                type="number"
                onChange={ ChangeKochzeit }
                value={props.attributes.kochzeit}
            />
            <span>Min</span>
        </label>
        <label className="arbeitszeit">
            <span>Arbeitszeit:</span>
            <input
                type="number"
                onChange={ ChangeArbeitszeit }
                value={props.attributes.arbeitszeit}
            />
            <span>Min</span>
        </label>
```

```
        </p>;
    },
    save: function( props ) {
        return <p className={ props.className }>
        <span className="kochzeit">
            Kochzeit: <span className="kochzeit-value">
            {props.attributes.kochzeit}
        </span> Min.
        </span> <span className="arbeitszeit">
            Arbeitszeit: <span className="arbeitszeit-value">
            {props.attributes.arbeitszeit}
        </span> Min.
        </span>
        </p>;
    },
} );
```

plugins/19-editierbare-bloecke/assets/js/blocks/src/rezeptzeiten.js

Zunächst sehen wir den neuen `attributes`-Schlüssel. Alle Werte, die wir editierbar machen möchten müssen wir als Attribut hinterlegen. In unserem Beispiel sind dies `kochzeit` und `arbeitszeit`. Diese beiden Objekte bestimmen näher, wo WordPress die jeweiligen Werte, also die Minutenangaben für Koch- und Arbeitszeit findet. Dazu geben wir den CSS-Selektor des HTML-Elements an, in welchem der Wert in unserem Block-Content zu finden ist: `'.kochzeit-value'` beispielsweise. Danach geben wir den Quelltypen (`source: 'text'`) und schließlich den erwarteten Type des Wertes an: `'string'`. Wir teilen WordPress also mit: Um den Wert für die Kochzeit zu finden, sehe dir den Quelltext unseres gespeicherten Blocks an und suche nach dem `.kochzeit-value`-Element. Dort findest Du den Wert als String.

Wenn Sie nun einen Blick auf die `save()` Methode werfen, so sehen Sie, dass sich dort ein `span.kochzeit-value` findet. Wir haben gelernt, dass die `save()` Methode den tatsächlich zu speichernden HTML-Code ausgibt. Dass heißt, wir haben dort ein Element definiert, auf welches unser Selektor zutrifft. Wenn wir uns den Inhalt dieses Elements ansehen, so sehen wir, dass dieser dynamisch über das als Parameter übergebene `props`-Element eingespielt wird. `props.attributes.kochzeit` enthält nun die Kochzeit, welche der Autor eingegeben hat. `props.attributes.arbeitszeit` enthält die vom Autoren angegebene Arbeitszeit.

Sie sehen, dass Sie in JSX eine Variable einfach übergeben können, indem Sie es in einer geschwungenen Klammer übergeben. Über unseren Compiler wird aus dem .kochzeit-value-Element schließlich folgender Code:

```
wp.element.createElement(
    'span',
    { className: 'kochzeit-value' },
    props.attributes.kochzeit
)
```

Die save()-Methode speichert also den Attributwert als Text in dem Element. Wird der Block im Editor geladen, kann WordPress mit Hilfe des Selektors aus diesem HTML-Code schließlich den Wert wieder auslesen.

Sehen wir uns nun die edit()-Methode an. Auch hier wird der props-Parameter übergeben. In props.attributes finden sich nun unsere definierten Attribute mit den Werten, welche im Quelltext, den die save-Methode beim Speichern erstellt hat, gefunden wurden. Wir erstellen jeweils zwei Eingabefelder, und setzen den Wert auf die aktuell eingestellten Arbeits- und Kochzeiten. Sie sehen auch, dass wir einen Eventhandler anhängen: Ändert der Autor nun die Arbeitszeit, so wird entsprechend die Funktion ChangeArbeitszeit() aufgerufen. Ändert er die Kochzeit, so wird ChangeKochzeit() aufgerufen. Das props-Objekt enthält die Methode setAttributes() über welche wir schließlich die Werte der Attribute aktualisieren können. setAttributes() wird also die Werte in props.attributes aktualisieren. Wenn der Block dann über save(props) wieder gespeichert wird, werden die aktualisierten Werte in den Quelltext übernommen und das nächste Mal, wenn Sie den Block bearbeiten von dort wieder ermittelt.

Sollten Sie sich über die Schreibweise wundern, (event) => { } ist letztlich function(event){ }. Einen guten Überblick über diese Neuerungen in Javascript finden Sie unter anderem auf dieser Seite: https://babeljs.io/learn-es2015/.

In folgender Übersichtstabelle sehen Sie, welche Werte der source-Wert eines Attributs annehmen kann.

Wert	Beschreibung

text	Der Text des über selector gewählten Elements. Beispiel:
	``
	{
	    source:"text",
	    selector:"span"
	}
	``
	HTML:
	`<span>Hier ist der Wert</span>`
	Extrahierter Wert:
	`Hier ist der Wert`

html	Der HTML Code innerhalb des über selector gewählten Elements. Beispiel:
	``
	{
	    source:"html",
	    selector:"span"
	}
	``
	HTML:
	`<span>Hier ist der <strong>Wert</strong></span>`
	Extrahierter Wert:
	`Hier ist der <strong>Wert</strong>`

attribute	Der Wert befindet sich im HTML-Attribut eines über selector ausgewählten HTML-Elements. Beispiel:
	``
	{
	    source:"attribute",
	    attribute:"src",
	    selector:"img"
	}
	``
	HTML:
	`<img src="http://example.com/image.jpg">`
	Extrahierter Wert:
	`http://example.com/image.jpg`

query	Ein spezifischer Query auf die im selector ausgewählten Elemente Beispiel:

Wert	Beschreibung
| | ```
{
    source: 'query'
    selector: 'img',
    query: {
        url: {
                source: 'attribute',
                attribute: 'src'
        },
        alt: {
                source: 'attribute',
                attribute: 'alt'
        },
    }
}
```<br><br>HTML:<br>```
<img
    src="http://example.com/image-1.jpg"
    alt="Beispiel 1"
>
<img
    src="http://example.com/image-2.jpg"
    alt="Beispiel 2"
>
```<br><br>Extrahierter Wert:<br>```
[
{
    url:"http://example.com/image-1.jpg",
    alt:"Beispiel 1"
},
{
    url:"http://example.com/image-2.jpg",
    alt:"Beispiel 2"
}
]
``` |
| meta | Der Wert wird aus einem benutzerdefiniertem Feld gezogen. Beachten Sie, dass Sie nur Metafelder in Betracht ziehen können, welche Sie mit Hilfe von `register_meta()` für die REST API zugänglich gemacht haben (S. 354). Außerdem sollten Sie, wenn Sie mit benutzerdefinierten Feldern arbeiten das Rendern des Blocks im Frontend PHP überlassen, indem Sie einen `render_callback` in `register_block_type()` angeben (S. 277). |
```

Wert	Beschreibung

	`{`
	`    source:"meta",`
	`    meta:"meta-key",`
	`}`

An dieser Stelle sei erwähnt: Während Sie Blöcke entwickeln werden Sie häufig auf Fehlermeldungen wie diese stoßen:

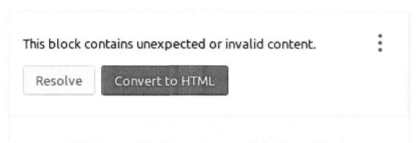

Abbildung 25: Unerwarteter Inhalt im Block

Dies passiert dann, wenn Sie die Ausgabe-Syntax Ihres Blockes ändern und ein schon in der Datenbank gespeicherter Block auf das neue Schema nicht mehr passt. Während der Entwicklung ist dies okay. Problematisch wird es, wenn Sie Blöcke, welche schon aktiv genutzt werden, überarbeiten müssen. Im Rahmen eines Crashkurses können wir hier nicht näher darauf eingehen, aber es gibt eine Möglichkeit die veraltete Syntax als solche zu markieren, so dass WordPress diese erkennt und entsprechend umwandeln kann. Mehr dazu erfahren Sie unter https://wordpress.org/gutenberg/handbook/designers-developers/developers/block-api/block-deprecation/.

Richtext und Medien-Upload

Bisher haben wir einen relativ einfach editierbaren Block geschrieben, in welchem sich zwei Input-Felder fanden. WordPress stellt uns darüber hinaus eine Reihe von Ressourcen zur Verfügung, mit welchen wir eine sehr viel umgfangreichere UX kreieren können. Im folgenden Abschnitt werden wir zwei dieser Ressourcen näher kennenlernen.

Das `RichText` Element kennen Sie beispielsweise aus dem Absatzblock. Es ermöglicht Ihnen, Teile des Textes fett, kursiv oder durchgestrichen zu machen, oder aber auch, einen Teil des Textes zu verlinken.

```
const registerBlockType = wp.blocks.registerBlockType;
const RichText = wp.editor.RichText;
registerBlockType( 'plugin/richtext', {
    title: 'Richtext-Block',
    icon: 'universal-access-alt',
    category: 'common',

    attributes : {
        text : {
            selector: '.text',
            source: 'html'
        }
    },

    edit: function( props ) {

        const onChangeContent = (content) => {
            props.setAttributes({
                text: content
            });
        };
        return <div className={props.className}>
            <RichText
                tagName="div"
                onChange={onChangeContent}
                value={props.attributes.text}
            />
        </div>;
    },

    save: function( props ) {
        return <div className={props.className}>
            <RichText.Content
                tagName="div"
                className="text"
                value={props.attributes.text}
            />
        </div>;
    },
} );
```
plugins/19-editierbare-bloecke/assets/js/blocks/src/richtext.js

Dieses Element ist unter `wp.editor.RichText` registriert. Bedenken Sie also, dass Sie in PHP Ihr Javascript in Abhängigkeit zu `'wp-editor'` registrieren müssen!

In der zweiten Zeile holen wir uns dieses Element dort erst einmal heraus und verwenden es in unserer `edit()`-Methode mit Hilfe von <RichText>. An dieses Element übergeben wir nun einige Attribute: `tagName` ist der Name des HTML-Elements, welches unseren Editor umschließen soll. An `onChange` übergeben wir einen Callback, der aufgerufen wird, wenn der Content sich geändert hat. So können wir diesen schließlich in unserer Methode `onChangeContent()` abspeichern. `value` enthält den bisher abgespeicherten Text.

In der `save()`-Methode geben wir den gespeicherten Text nun mit Hilfe von <RichText.Content> aus, wobei der Text über das `value`-Attribut übergeben wird. Da das RichText Element selbst HTML enthält müssen wir während der Deklaration unseres Attributs die Quelle `'html'` wählen. Den restlichen Code des Blocks kennen Sie schon aus unseren vorangegangenen Übungen. Im nächsten Beispiel wollen wir den Medien-Upload in unseren Block einbinden:

```
const registerBlockType = wp.blocks.registerBlockType;
const MediaUpload = wp.editor.MediaUpload;
registerBlockType( 'plugin/mediapuload', {
    title: 'Mediaupload Beispiel',
    icon: 'universal-access-alt',
    category: 'common',
    attributes : {
        url : {
            selector: 'img',
            source: 'attribute',
            attribute: 'src'
        },
        id : {
            selector: 'img',
            source: 'attribute',
            attribute: 'id'
        },
        alt : {
            selector: 'img',
            source: 'attribute',
            attribute: 'alt'
        }
    },
    edit: function( props ) {
        const hasImage = () => {
            const remove = () => {
                props.setAttributes({
                    id:null,
                    url:null,
                    alt:null
                });
```

```jsx
            };
            return <div className={ props.className }>
                <img
                    src={props.attributes.url}
                    alt={props.attributes.alt}
                    id={props.attributes.id}
                />
                <button onClick={remove}>Remove</button>
            </div>;
        };
        const hasNoImage = () => {

            const onSelectImage = (img) => {
                props.setAttributes( {
                    id: img.id,
                    url: img.url,
                    alt: img.alt
                } );
            };

            return <div className={ props.className }>
                <MediaUpload
                    onSelect={onSelectImage}
                    allowedTypes={['image']}
                    multiple={false}
                    value={ props.attributes.id }
                    render={ ( { open } ) => (
                        <button onClick={ open }>
                            Open Media Library
                        </button>
                    ) }
                />
            </div>;
        };

        return (props.attributes.id) ? hasImage() : hasNoImage();
    },

    save: function( props ) {
        return <div className={ props.className }>
            <img
                src={ props.attributes.url }
                alt={ props.attributes.alt }
                id={ props.attributes.id }
            />
        </div>;
    },
} );
```

plugins/19-editierbare-bloecke/assets/js/blocks/src/mediaupload.js

Dazu holen wir uns zunächst den `MediaUpload` aus `wp.editor.MediaUpload`.[71] Werfen wir einen Blick auf die `edit()` Methode. Wir haben zwei unterschiedliche Ansichten, eine für den Fall, dass ein Bild vorhanden ist und eine für den Fall dass noch kein Bild ausgewählt wurde. Je nachdem, ob wir in unseren Attributen schon eine Bild-ID haben laden wir die eine Ansicht (`hasImage()`), oder aber die andere (`hasNoImage()`).

Nur für den Fall, dass wir bisher kein Bild ausgewählt haben, möchten wir den `MediaUpload` bereitstellen. Sehen wir uns also an, wie wir in `hasNoImage()` vorgehen:

An `<MediaUpload>` übergeben wir mehrere Attribute: Über `onSelect` übergeben wir den Callback, der ausgeführt wird, wenn ein Bild ausgewählt wurde. `allowedTypes` beschränkt die Medienauswahl auf Bilder, `multiple` gibt an, ob man mehr als eine Mediendatei auswählen kann, was wir in unserem Fall nicht möchten. Und schließlich übergeben wir noch einen `render`-Callback. Da der MediaUpload eine Dialogbox ist, welche wir irgendwie öffnen müssen, können wir hier eine UI definieren, über welche der Benutzer den Dialog öffnen kann. Wir definieren einen Button und mit einem Klick auf diesen wird das Medien-Dialogfenster geöffnet. Wie Sie sehen übergibt der `MediaUpload` an unsere Renderfunktion einen Callback. Dieser wird das Öffnen des Dialogs ausführen, weshalb wir ihn an den `onClick` Event des Buttons binden. Mit `title` könnten wir dem Mediendialog einen eigenständigen Titel geben und mit `modalClass` könnten wir dem Dialog noch eine weitere CSS-Klasse hinzufügen.

Für den Fall, dass schon ein Bild ausgewählt wurde, wird der Block im Editor über `hasImage()` gerendert. Dann möchten wir einfach nur das Bild anzeigen und einen Button bereit halten, das Bild wieder zu entfernen.

Jedes Mal, wenn Sie ein Bild hinzufügen oder entfernen wird `edit()` den Block automatisch erneut rendern, da sich die Werte der `attributes` geändert haben. Das ist einer der Vorteile, für die es sich lohnt mit React zu entwickeln.

---

71. Auch hier: Bedenken Sie, dass Ihr Script nun in Abhängigkeit zu `'wp-editor'` steht!

Die Toolbar erweitern

Abbildung 26: Die Toolbar

In diesem Abschnitt wollen wir lernen, wie wir die Toolbar für unsere eigenen Blöcke anpassen und erweitern können. Das RichText Element kommt für gewöhnlich einfach mit einer Toolbar, mit deren Hilfe man einen Text fett, kursiv oder durchstreichen kann. Außerdem kann man einen Link setzen.

Wir wollen diese Toolbar nun erweitern und auch die Textausrichtung bestimmbar machen. Schauen wir uns folgenden Block an, welcher der RichText Toolbar die Alignment Toolbar hinzufügt:

```
const registerBlockType = wp.blocks.registerBlockType;
const RichText = wp.editor.RichText;
const BlockControls = wp.editor.BlockControls;
const AlignmentToolbar = wp.editor.AlignmentToolbar;
registerBlockType( 'plugin/alignment', {
    title: 'Richtext with Alignment',
    icon: 'universal-access-alt',
    category: 'common',

    attributes: {
        text: {
            selector: '.text',
            source: 'html'
        },
        alignment: {
            type: 'string'
        }
    },

    edit: function( props ) {

        const onChangeContent = ( content ) => {
            props.setAttributes( {
                text: content,
            } );
        };
```

```
        const onChangeAlignment = ( alignment ) => {
            props.setAttributes( {
                alignment: alignment
            } );
        };
        
        return <div>
            <BlockControls>
                <AlignmentToolbar
                    value={ props.attributes.alignment }
                    onChange={ onChangeAlignment }
                />
            </BlockControls>
            <RichText
                tagName="div"
                className={ props.className }
                onChange={ onChangeContent }
                style={ { textAlign: props.attributes.alignment } }
                value={ props.attributes.text }
            />
        </div>;
    },
    save: function( props ) {
        return <div className={ props.className }>
            <RichText.Content
                tagName="div"
                className="text"
                style={ { textAlign: props.attributes.alignment } }
                value={props.attributes.text}
            />
        </div>;
    },
} );
```

plugins/19-editierbare-bloecke/assets/js/blocks/src/alignment.js

Zunächst sehen wir, dass wir zwei weitere Elemente der wp-Bibliothek nutzen: `BlockControls` und `AlignmentToolbar`. `BlockControls` ist der Wrapper, in welche sämtliche Toolbar-Elemente geladen werden. Das heißt: Sämtliche Elemente, welche wir innerhalb von `<BlockControls>` platzieren, landen später in der Toolbar. Die `AlignmentToolbar` ist die Bibliothek, welche auch WordPress intern nutzt, um die Ausrichtungsbuttons einzufügen.

Wir erweitern unsere Attribute dann natürlich um ein `alignment`-Element. Wie sie sehen geben wir für dieses Attribut keine `source` an. Der WordPress Editor wird die Information nun in den Metadaten zu diesem Block hinterlegen. Das bedeutet:

Für kleinere Werte wie beispielsweise Booleans müssen Sie nicht zwingend eine Quelle angeben, aus der dieser Wert ausgelesen werden kann. Wenn Sie sich mal einen Beitrag in der Datenbank ansehen, so werden Sie sehen, dass um die Blöcke herum HTML-Kommentare platziert sind, welche die Blöcke markieren. Hier kann WordPress auch Attribut-Werte speichern. Sobald es sich allerdings um komplexere Daten handelt sollten Sie eine andere Quelle finden, in welcher diese Werte zuverlässig hinterlegt und auslesbar sind.

In der `edit`-Methode definieren wir natürlich einen Callback, um unser neues Attribut aktualisieren zu können. Nun setzen wir das `BlockControls`-Element und darin die `AlignmentToolbar`. An diese übergeben wir den aktuellen `value`, sowie über `onChange` einen Speichercallback.

Auch in der Editorenansicht wollen wir die Ausrichtung sehen, weshalb wir diese in der `edit()`-Methode als `'style'`-Attribut an das `<Richtext>`-Element übergeben. Zu guter Letzt hinterlegen wir die Ausrichtung auch in der `save()`-Methode.

Neben der `AlignmentToolbar` hält WordPress auch die `BlockAlignmentToolbar` bereit. Diese kennen Sie beispielsweise aus dem Bild-Block. Diesen können Sie links, zentriert oder rechts anordnen, insgesamt kann diese Toolbar bis zu fünf Optionen bereithalten. Wenn Sie diese einsetzen möchten, würden Sie auch hier an `value` den aktuellen Wert übergeben und an `onChange` einen Speichercallback.

Im nächsten Schritt möchten wir nun nicht auf vorgefertigte Toolbar-Elemente zurückgreifen, sondern eigene Buttons erstellen. Wir möchten einen Button in die Toolbar integrieren, welcher die Zeilenhöhe des Absatzes ändert. Die Zeilenhöhe soll entweder `1` oder `1.5` betragen. Sehen wir uns dazu den Code des Blocks an:

```
const registerBlockType = wp.blocks.registerBlockType;
const RichText = wp.editor.RichText;
const BlockControls = wp.editor.BlockControls;

const Toolbar = wp.components.Toolbar;
const ToolbarButton = wp.components.ToolbarButton;

const icon = <svg
    viewBox="0 0 100 100"
    width="20px" height="20px" xmlns="http://www.w3.org/2000/svg">
    <circle cx="50" cy="50" r="50"/>
</svg>;
```

```
registerBlockType( 'plugin/spacing', {
    title: 'Spacing Toolbar',
    icon: 'universal-access-alt',
    category: 'common',

    attributes: {
        text: {
            selector: '.text',
            source: 'html'
        },
        spacing: {
            type: 'boolean',
            default: false
        }
    },

    edit: function( props ) {

        const onChangeContent = ( content ) => {
            props.setAttributes( {
                text: content,
            } );
        };

        const ToggleSpacing = () => {
            props.setAttributes( {
                spacing: ! props.attributes.spacing
            } );
        };

        const style = {
            lineHeight: (props.attributes.spacing)? 1.5 : 1
        };
        return <div>
            <BlockControls>
                <Toolbar>
                    <ToolbarButton
                        title="Spacing"
                        isActive={props.attributes.spacing}
                        onClick={ToggleSpacing}
                        icon={icon}
                    />
                </Toolbar>
            </BlockControls>
            <RichText
                tagName="div"
                className={ props.className }
                onChange={ onChangeContent }
                style={style}
                value={ props.attributes.text }
                isSelected={ props.isSelected }
            />
```

```
            </div>;
        },

        save: function( props ) {
            const style = {
                lineHeight: (props.attributes.spacing)? 1.5 : 1
            };

            return <div className={ props.className }>
                <RichText.Content
                    tagName="div"
                    className="text"
                    style={style}
                    value={props.attributes.text}
                />
            </div>;
        },
} );
```

plugins/19-editierbare-bloecke/assets/js/blocks/src/custom-toolbar.js

Zunächst sehen wir, dass wir neben den üblichen, uns schon bekannten, Elementen nun einige Komponenten aus wp.components ziehen.[72] Komponenten sind sehr allgemeine Elemente, welche man immer wieder verwenden kann. Die Komponenten, welche wir zusätzlich nutzen, sind Toolbar und ToolbarButton. Danach erstellen wir uns ein kleines Icon, welches wir für den Button verwenden möchten, in unserem Fall einen einfachen Kreis.

Wir sehen auch, dass wir uns ein neues Attribut definieren: spacing, ein simpler Boolean, der zunächst immer false ist.

Wie spielen nun Toolbar und ToolbarButton zusammen? Die Toolbar-Komponente definiert die neue Toolbar innerhalb der BlockControls, welche wir schon kennengelernt haben. Letzten Endes ist auch die schon besprochene Komponente AlignmentToolbar ein Element, welches im Wesentlichen aus der Toolbar-Komponente zusammengesetzt ist. Innerhalb eines BlockControls können mehrere Toolbars nebeneinander existieren. Sie könnten dieses Script also auch erweitern und die AlignmentToolbar hinzufügen.

Unsere Toolbar besteht aus einem einzigen Button, dem ToolbarButton. Dieser erhält einen Titel ('title'). Darüber hinaus nutzen wir unseren Boolean

---

72. Deklarieren Sie also 'wp-components' als eine weitere Abhängigkeit für Ihr Javascript.

props.attributes.spacing, um dem Button mitzuteilen, ob er aktiv ist ('isActive') und entsprechend gerendert werden muss. An 'onClick' übergeben wir einen Callback, der unser 'spacing'-Attribut aktualisiert. Schließlich übergeben wir noch unser Icon im entsprechenden ToolbarButton-Parameter.[73]

Die Zeilenhöhe wird in unserem Block als Inline-Style übergeben und in der Konstanten style entsprechend berechnet. Diese Konstante übergeben wir unserem RichText-Element über den style-Parameter.

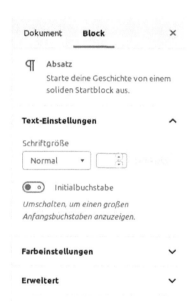

Abbildung 27: Der Block Inspektor

Der Block Inspektor

Eine Toolbar besteht letztlich nur aus Knöpfen, welche man Ein- und Ausschalten kann. Man kann damit dem Benutzer also immer nur eine binäre Wahl geben und dazu noch auf einem ziemlich begrenzten Raum. Wenn Sie nun also eine Funktion bereitstellen möchten, welche darüber hinausgeht, sollten Sie sich überlegen, ob diese Funktion im sogenannten Block Inspektor nicht besser aufgehoben wäre.

---

[73]. Es macht Sinn, sich den Quelltext von <ToolbarButton> näher anzusehen. Dieser ist im Wesentlichen ein <IconButton> (ein Button für Icons), der wiederum vor allem ein <Button> darstellt. Der Grund, weshalb man in der Toolbar die <ToolbarButton>-Komponente benutzt liegt letztlich darin, dass diese Komponente an <Button> ein entsprechendes Set an CSS-Klassen übergibt, die diese Art von Buttons an die Toolbar anpasst.

Den Admin erweitern

Wenn Sie den Absatzblock aktivieren, so stehen Ihnen in der rechten Sidebar neben den Dokumenteneinstellungen unter „Dokument" auch Blockeinstellungen unter dem Tab „Block" zur Verfügung. Hinter diesem Tab verbirgt sich der Block Inspektor.

Sie können dort beispielsweise die Schriftgröße auf einen bestimmten Wert setzen. Mit einem Button in der Toolbar könnten Sie lediglich zwei Schriftgrößen anbieten. Im Block Inspektor sind Sie nun sehr viel freier, was die Wahl der Größe angeht. So bietet der Absatzblock dem Autoren hier eine Auswahlbox sowie ein numerisches Eingabefeld, um die Schriftgröße zu definieren.

Um uns mit dem Block Inpsektor vertraut zu machen, möchten wir also die Zeilenhöhe, welche wir in unserer letzten Komponente nur mit einem Button steuern konnten, dahingehend erweitern, dass der Nutzer im Block Inspektor ein Eingabefeld erhält, in welchem er die Zeilenhöhe individuell festlegen kann.

```
const registerBlockType = wp.blocks.registerBlockType;
const Panel = wp.components.Panel;
const PanelRow = wp.components.PanelRow;
const PanelBody  = wp.components.PanelBody;
const InspectorControls = wp.editor.InspectorControls;
const RichText = wp.editor.RichText;

registerBlockType( 'plugin/blockwithinspector', {
    title: 'Block mit Inspektor',
    icon: 'universal-access-alt',
    category: 'common',
    attributes : {
        text: {
            selector: 'p',
            source: 'html'
        },
        lineHeight : {
            type: 'string',
            source: 'attribute',
            selector: '.text',
            attribute: 'data-lineHeight',
            default:'1'
        },
    },
    edit: function( props ) {

        const onChangeLineHeight = (event) =>
        {
            props.setAttributes( {
                lineHeight: event.target.value,
            } );
        };

        const onChangeContent = ( content ) => {
```

```
            props.setAttributes( {
                text: content,
            } );
        };

        const style = {
            lineHeight: props.attributes.lineHeight
        };
        return (
            <div>
                <InspectorControls>
                    <PanelBody title="Line Height">
                        <PanelRow>
                            <input
                                type="number"
                                onChange={onChangeLineHeight}
                                value={props.attributes.lineHeight}
                                step="0.01"
                                min="0.01"
                            />
                        </PanelRow>
                    </PanelBody>
                </InspectorControls>
                <RichText
                    style={ style }
                    value={ props.attributes.text }
                    onChange={ onChangeContent }
                />
            </div>
        )
    },
    save: function( props ) {

        const style = {
            lineHeight: props.attributes.lineHeight
        };
        return <div className={ props.className }>
            <RichText.Content
                style={ style }
                tagName="p"
                className="text"
                data-lineHeight={props.attributes.lineHeight}
                value={props.attributes.text}
            />
        </div>;
    },
} );
```

plugins/19-editierbare-bloecke/assets/js/blocks/src/block-with-inspector.js

Neben den uns schon bekannten Elementen benötigen wir für diesen Abschnitt `PanelBody`, `PanelRow` und vor allem die `InspectorControls`. Sehen wir uns nun an, wie das Zusammenspiel hier funktioniert. In der `edit`-Methode sehen wir, dass, ganz ähnlich wie mit der Toolbar, einfach die `<InspectorControls>` eingesetzt werden. Alle Elemente zwischen `<InspectorControls>` und `</InspectorControls>` erscheinen schließlich im sogenannten Block Inspektor.

Dort rendern wir zunächst ein `PanelBody`. Das wird uns ein zusammenklappbares Element erzeugen, welchem wir den Titel „Line Height" in `'title'` geben. Innerhalb des `PanelBody` können wir nun eine `PanelRow` anlegen, also eine Zeile. Die Verwendung von `PanelRow` gewährleistet uns dabei ein einheitliches Gesamtbild. Ein `PanelBody` kann selbstverständlich mehrere Zeilen enthalten.

Schließlich, hinterlegen wir in der Zeile dann unser Eingabefeld, welches die Zeilenhöhe festlegt.

Dynamische Blöcke

Bisher konnten wir quasi nur das HTML Markup, welches letztlich in `post_content` in der Datenbank gespeichert wird, ändern. Was jedoch, wenn sich der eigentliche Inhalt dynamisch ändern soll?

Erinnern Sie sich an unseren [angesehen]-Shortcode (S. 24)? Hierbei wird letztlich die aktuelle Uhrzeit ausgegeben. Lassen Sie uns nun diesen Shortcode in einen dynamischen Block verwandeln.

```php
<?php
function register_current_time_block() {
    wp_register_script(
        'current-time',
        plugins_url( 'assets/js/blocks/block.js', __FILE__ ),
        array( 'wp-blocks', 'wp-components' )
    );

    register_block_type( 'example/current-time', array(
        'editor_script'   => 'current-time',
        'render_callback' => 'render_current_time',
    ) );
}
add_action( 'init', 'register_current_time_block' );
```

```php
function render_current_time( $args ) {
    $string = '<p>Angesehen am: ';
    $string .= date( 'Y-m-d H:i:s', time() );
    $string .= '</p>';
    return $string;
}
```
plugins/19-dynamischer-block-1/register.php

Zunächst müssen wir unseren Block wieder registrieren. Diesmal übergeben wir an register_block_type() allerdings auch den Parameter 'render_callback'. Hier übergeben wir den Namen einer Funktion, welche in PHP aufgerufen werden soll, wenn wir den Block rendern. In unserem Beispiel ist dies render_current_time() und Sie sehen schon die Ähnlichkeit zu unserem Shortcode. Schauen wir uns nun im zweiten Schritt die Javascript-Datei an:

```js
const registerBlockType = wp.blocks.registerBlockType;
const ServerSideRender = wp.components.ServerSideRender;
registerBlockType( 'example/current-time', {
    title: 'Angesehen am',
    icon: 'universal-access-alt',
    category: 'common',
    edit: function( props ) {
        return (<ServerSideRender
                block="example/current-time"
            ></ServerSideRender>
        );
    },
    save: function( props ) {
        return null;
    }
} );
```
plugins/19-dynamischer-block-1/assets/js/blocks/src/block.js

Was Ihnen hier auffallen dürfte ist zunächst, dass wir in der save()-Methode einfach null zurückgeben. Denn tatsächlich werden wir ja die Ausgabe mit PHP vornehmen. Darüber hinaus sehen Sie, wie wir in der edit()-Methode den ServerSideRender verwenden, welchen man unter wp.components findet. Diese Komponente ermöglicht es nun, dass wir die Ausgabe, welche in PHP gerendert werden soll, auch im Editor erhalten. Dazu müssen wir näher angeben, welchen Block wir rendern möchten, weshalb wir dies mit Hilfe des block-Attributs näher bestimmen. Natürlich wollen wir unseren eigenen Block rendern. Im Hintergrund wird nun über einen REST-Endpoint unsere PHP-Renderfunktion aufgerufen und die Ausgabe hier dargestellt.

Unseren Shortcodes konnten wir jedoch Argumente übergeben, dies können wir bisher noch nicht. Sehen wir uns also an, wie wir unseren dynamischen Block dahingehend erweitern können. Auch unsere Editoren sollen fähig sein, selbst anzugeben, welches Datumsformat angezeigt werden soll.

```php
<?php
function register_current_time_block() {
    wp_register_script(
        'current-time',
        plugins_url( 'assets/js/blocks/block.js', __FILE__ ),
        array( 'wp-blocks', 'wp-components' )
    );

    register_block_type( 'example/current-time', array(
        'editor_script'   => 'current-time',
        'render_callback' => 'render_current_time',
        'attributes' => array(
            'format' => array(
                'type' => 'string',
                'default' => 'Y-m-d H:i:s',
            ),
        ),
    ) );
}
add_action( 'init', 'register_current_time_block');

function render_current_time( $args ) {
    $string = '<p>Angesehen am: ';
    $string .= date( $args['format'], time() );
    $string .= '</p>';
    return $string;
}
```
plugins/19-dynamischer-block-2/register.php

In PHP ergänzen wir nun register_block_type() um ein 'attributes'-Element, mit welchem wir die Attribute registrieren können. Hier geben wir 'format' an, welches ein String sein soll und der Standardwert soll 'Y-m-d H:i:s' sein. Wie sie sehen, werden diese Argumente über den Parameter $args nun an unsere Renderfunktion übergeben. Im zweiten Schritt muss auch im Javascript eine Änderung vorgenommen werden:

```js
const registerBlockType = wp.blocks.registerBlockType;
const ServerSideRender = wp.components.ServerSideRender;

registerBlockType( 'example/current-time', {
    title: 'Angesehen am',
    icon: 'universal-access-alt',
    category: 'common',

    save: function( props ) {
        return null;
    },

    edit: function( props ) {

        if(props.isSelected) {
            return(
                <input
                    value={props.attributes.format}
                    type="text"
                    onChange={(event) => {
                        props.setAttributes({
                            format: event.target.value
                        });
                    }
                } />
            )
        }

        return (<ServerSideRender
                block="example/current-time"
                attributes={props.attributes}
            ></ServerSideRender>
        );
    },
} );
```

plugins/19-dynamischer-block-2/assets/js/blocks/src/block.js

Zunächst einmal sehen Sie, dass wir die Attribute nicht erneut deklarieren, da wir dies schon in PHP gemacht haben. Sie sehen auch, dass wir mit Hilfe von `props.isSelected` zwischen zwei Ansichten wechseln. Wenn wir den Block auswählen, so erhalten wir ein Eingabefeld, mit dem wir das Format ändern können. Zu guter Letzt übergeben wir unsere aktuellen Attribute noch an die `ServerSideRender`-Komponente, damit diese den Block auch im Editor korrekt rendern kann.

Blöcke vor der Ausgabe im Frontend manipulieren

```php
<?php
add_filter('render_block', 'bilder_fuer_nutzer', 10, 2 );
function bilder_fuer_nutzer( $content, $block ) {

  if ('core/image' != $block['blockName'] || is_user_logged_in()) {
      return $content;
  }
  return '';
}
```
plugins/19-bloecke-im-frontend-manipulieren/code.php

Bevor ein Block im Frontend ausgegeben wird durchläuft er den Filter 'render_block'. Mit Hilfe dieses Filters können Sie nun jeden beliebigen Block vor der Ausgabe manipulieren. Als erstem Parameter erhalten Sie das HTML welches ausgegeben werden soll und als zweiten erhalten Sie ein Array mit weiteren Angaben zum Block.

In unserem Beispiel möchten wir Bilder, welche durch den Bildblock ('core/image') ausgespielt werden nur eingeloggten Benutzern zeigen. Mit Hilfe von $block['blockName'] finden wir heraus, um welchen Block es sich handelt. Wir geben also den Content eines Blocks nur zurück, wenn es sich nicht um ein 'core/image'-Block handelt oder der Benutzer eingeloggt ist.

Neben dem Namen enthält der $block-Parameter noch weitere Informationen. Unter $block['attrs'] werden Sie sämtliche Attribute des aktuellen Blocks erhalten. Mit deren Hilfe haben Sie also Zugriff auf sämtliche Informationen aus dem Block, beispielsweise ob der Bildblock zentriert sein soll oder linksbündig. Enthält der Block selbst weitere Blöcke, wie beispielsweise der Spaltenblock, so finden Sie diese in $block['innerBlocks']. $block['innerContent'] enthält einen Array aus HTML. Dieser Array wird letztlich zusammengefasst, um den Inhalt, welchen wir in $content verändern können zu erstellen. Enthalten Blöcke nun selbst Blöcke, so werden Sie in diesem Array Leerstellen finden. Diese werden während des Renderprozesses mit dem entsprechenden Inhalten der inneren Blöcke aufgefüllt.

Den Editor erweitern

Sie wissen nun schon, wie man eigene Blöcke für den Editor bereitstellen kann. Doch innerhalb des Editors kann man noch sehr viel mehr Anpassungen vornehmen. Tatsächlich handelt es sich hier um eine mächtige React Anwendung und ein Großteil der Möglichkeiten, welche Ihnen mit dieser geboten werden müssen in diesem Crashkurs leider ungenannt bleiben. Dennoch wollen wir uns einen kleinen Überblick verschaffen, der uns als Ausgangspunkt dienen kann und einige wichtige Konzepte angesprochen hat.

Das Datenmanagement

Für die Datenverwaltung nutzt der Editor Redux.[74] Damit können wir auf die aktuellen Daten, auf deren Grundlage die Ansicht des Editors gerendert wird zugreifen und diese manipulieren. Sobald wir die Funktionsweise der Datenverwaltung verstanden haben, haben wir ein mächtiges Werkzeug bei der Hand in die Prozesse des Editors einzugreifen. Beginnen wir mit einem Beispiel und versuchen wir nach und nach den Code zu verstehen; Sagen wir eine Kundin meldet sich bei uns mit dem folgenden Problem: In der Vergangenheit wurden auf Ihrem Blog häufig Beiträge veröffentlicht und dabei Bilder doppelt verwendet. Um dies in Zukunft zu verhindern soll den Editoren ein Warnhinweis übermittelt werden, wenn Sie ein Bild einbinden, welches in dem gleichen Beitrag schon einmal eingebunden wurde:

```php
<?php
/**
 * Plugin Name: Prevent Double Images
 */
add_action('enqueue_block_editor_assets', 'double_images_script');
function double_images_script() {
    wp_enqueue_script(
        'doppelte-bilder',
        plugins_url( '/script.js', __FILE__ ),
        array( 'wp-data', 'wp-editor', 'wp-notices' )
    );
}
```

plugins/19-prevent-double-images/index.php

---

[74] https://redux.js.org/

In einem ersten Schritt benötigen wir natürlich ein Plugin, welches unser Javascript einbindet. Dies erfolgt ganz normal über `wp_enqueue_script()`. Es gibt für den Editor allerdings einen speziellen Actionhook um Stylesheets und Scripte einzubinden: `'enqueue_block_editor_assets'`. Darüber hinaus steht unser Script in Abhängigkeit zu `'wp-data'`, `'wp-notices'` und `'wp-editor'`. Mit Hilfe von `'wp-data'` haben wir schließlich in unserem Script Zugriff auf die Datastore-Funktionalitäten. `'wp-editor'` gibt uns die spezifischen Funktionalitäten für den `'core/editor'`-Datastore, `'wp-notices'` entsprechend aus dem `'core/notices'`-Datastore. Schauen wir uns nun also unser Javascript näher an:

```javascript
class DoubleImages {

    constructor() {
        this.message = 'Du verwendest ein Bild doppelt!';
        this.id = 'DOUBLE_IMAGE_WARNING';
    }

    showsNotice() {
        var shows = false;
        const all = wp.data.select('core/notices').getNotices();
        all.forEach( (notice) => {
                if ( notice.id === this.id ) {
                    shows = true;
                }
            }
        );
        return shows;
    }

    removeNotice() {
        if( ! this.showsNotice() ) {
            return;
        }
        wp.data.dispatch('core/notices').removeNotice(this.id);
    }

    exist() {

        const blocks = wp.data.select('core/editor').getBlocks();
        const imageBlocks = blocks.filter( (block) => {
            return block.name === 'core/image';
        });

        const pictureIds = imageBlocks.map( (block) => {
            return block.attributes.id
        });
```

```js
            const uniqueIds = [];
            pictureIds.forEach( (id) => {
                if( -1 !== uniqueIds.indexOf(id) ) {
                    return;
                }
                uniqueIds.push(id);
            });
            return pictureIds.length !== uniqueIds.length;
        }
        subscribe() {
            if( !this.exist() ) {
                this.removeNotice();
                return;
            }

            if( this.showsNotice()) {
                return;
            }
            wp.data.dispatch('core/notices').createWarningNotice(
                this.message,
                {
                    id:this.id,
                    isDismissible:false
                }
            );
        }
};
const DoubleImagesInstance = new DoubleImages();
wp.data.subscribe(
    () => {
        DoubleImagesInstance.subscribe();
    }
);
```

plugins/19-prevent-double-images/script.js

Werfen Sie zunächst einen Blick auf das Ende des Scripts: Dort finden Sie wp.data.subscribe(). Da wir die Abhängigkeit zu 'wp-data' deklariert haben stehen uns nun sämtliche Funktionalitäten des Javascript Objekts 'wp.data' zur Verfügung. An subscribe() können wir einen Callback übergeben, der immer dann aufgerufen wird, wenn sich irgendein Zustand im Datastore verändert. Dies ist beinahe mit jedem Mausklick innerhalb des Editors der Fall; die Methode wird also sehr häufig aufgerufen werden.

Unsere Funktionalität verbirgt sich komplett in der Klasse DoubleImages und wir hängen letztlich die Methode DoubleImages.subscribe() in den Callback ein. Sobald sich also etwas an den Daten des Editors ändert wird diese Methode aufgerufen.

Schauen wir uns also die subscribe()-Methode näher an. Im ersten Schritt prüfen wir, ob nach dieser neusten Änderung doppelte Bilder existieren. Dafür haben wir die Methode exist() entwickelt, die uns entweder true oder false zurückgibt. Gibt es keine doppelten Bilder, so entfernen wir unseren Warnhinweis, falls dieser existiert und verlassen die subscribe()-Methode. Sollten allerdings doppelte Bilder existieren, so prüfen wir im nächsten Schritt, ob wir schon eine Warnung anzeigen. Ist dies der Fall, so können wir die subscribe()-Methode ebenfalls verlassen. Gibt es nun aber doppelte Bilder und wir zeigen noch keine Warnung an, so werden wir im letzten Schritt eine Warnung hinzufügen.

Sie kennen sicherlich schon die kleinen Hinweisboxen, welche (beispielsweise nachdem Sie einen Beitrag publiziert haben) im Editor erscheinen. Genau eine solche Box wollen wir generieren. Wann werden solche Hinweise gerendert? Wenn dem Datastore ein neuer Hinweis hinzugefügt wird. Und genau dies wollen wir nun tun. Der Editor hat verschiedene Datastores:[75]

Datastore	Paketabhängigkeit
core/data	wp-data
core/blocks	wp-blocks
core/rich-text	wp-rich-text
core	wp-core-data
core/notices	wp-notices
core/nux	wp-nux
core/viewport	wp-viewport
core/editor	wp-editor
core/edit-post	wp-edit-post

Jeder dieser Stores verwaltet bestimmte Daten. 'core/notices' verwaltet sämtliche Hinweise, wie beipsielsweise die grüne Meldung „Beitrag veröffentlicht. Beitrag ansehen".

---

[75]. Eine Übersicht über sämtliche Informationen, welche diese Datastores bereit halten finden Sie unter https://wordpress.org/gutenberg/handbook/designers-developers/developers/data/.

Wir können Daten eines Stores ändern, indem wir die `wp.data.dispatch()` Methode aufrufen und als Parameter die Bezeichnung des Stores übergeben. `dispatch()` gibt daraufhin ein ganzes Bündel an Funktionen zurück mit deren Hilfe wir die Daten dieses Stores manipulieren können. Welche Funktionen dies sind hängt vom jeweiligen Datastore ab. Geben Sie in Ihrer Browser-Konsole einmal `wp.data.dispatch('core/notices')` ein und Sie werden sehen, dass Sie folgende Funktionen erhalten, um diesen Datastore zu manipulieren:

- `createErrorNotice()`
- `createInfoNotice()`
- `createNotice()`
- `createSuccessNotice()`
- `createWarningNotice()`
- `removeNotice()`

Sie können also verschieden Arten von Hinweisen erzeugen, oder Hinweise aus dem Store mit `removeNotice()` löschen. Wir möchten einen Warnhinweis erstellen und benutzen deshalb `createWarningNotice()`. Der erste Parameter ist der Text, welchen wir anzeigen möchten. Im zweiten Parameter können wir ein Argumenten-Objekt übergeben. Wir möchten, dass dieser Hinweis nicht einfach weggeklickt werden kann und sagen deshalb `isDismissible: false`. Darüber hinaus übergeben wir eine ID für unseren Hinweis. Schauen wir uns kurz unsere Methode `removeNotice()` an. Hier sehen Sie, dass wir letztlich - wenn unser Hinweis angezeigt wird - auf die von `dispatch()` bereitgestellte `removeNotice()`-Funktion zurückgreifen und dieser die ID unseres Hinweises übergeben. Dies wird nun unseren Hinweis löschen.

Wir wissen nun also, wie man Daten eines Datastores ändern kann. Doch, wie kommen wir an diese Daten heran, um zu prüfen, ob ein Bild doppelt verwendet wird oder um zu prüfen, ob wir unseren Warnhinweis schon anzeigen? Schauen wir uns zunächst an, wie wir prüfen, ob unser Hinweis schon angezeigt wird. Diesen Fall behandeln wir in der Methode `showsNotice()`.

Erneut greifen wir auf `wp.data` zurück. Diesmal allerdings auf eine Funktion, welche sich `select()` nennt. Ganz ähnlich wie `dispatch()` übergibt man an diese Funktion den Datastore-Bezeichner und `select()` gibt uns eine Reihe an Datastore-spezifischen Funktionen zurück. Diese dienen nun allerdings nicht mehr dem Ändern dieser Daten sondern dem Auslesen dieser Daten!

`wp.data.select('core/notices')` gibt uns beispielsweise die Funktion `getNotices()` zurück.

`getNotices()` wiederum gibt uns einen Array mit sämtlichen Notices zurück. Publizieren Sie einen Beitrag und geben Sie danach `wp.data.select('core/notices').getNotices()` in Ihrer Browserkonsole ein. Sie sehen, dass in dem Array, welchen Sie erhalten nun unter anderem ein Objekt zu finden sein wird, welches über die `id` `'SAVE_POST_NOTICE_ID'` verfügt. In unserer `showsNotice()`-Methode geht es uns genau um diese ID. Wir durchsuchen sämtliche Hinweise, welche wir über `getNotices()` erhalten nach der ID, welche wir für unseren Hinweis erstellt haben. Finden wir einen solchen Hinweis übergibt `showsNotice()` `true`, andernfalls `false`.

Damit haben wir nun eigentlich einen groben Überblick wie das Datenmanagement im Editor funktioniert. Wir benutzen `subscribe()`, um zuzuhören, wenn sich Daten im Editor ändern. Wir benutzen `select()`, um auf bestimmte Daten zugreifen zu können und wir benutzen `dispatch()`, um bestimmte Daten im Datastore ändern zu können.

Kommen wir nun zur zentralen Logik unseres Plugins. Wir müssen irgendwie herausbekommen, ob im Beitrag ein Bild zweimal vorkommt. Diese gesamte Logik verbirgt sich in der `exist()`-Methode. Zunächst einmal holen wir uns sämtliche Blöcke, die der Beitrag aktuell verwendet. Diese Blöcke verbergen sich im `core/editor`-Datastore. `select('core/editor')` übergibt uns nun eine ganze Reihe von Funktionen, darunter auch `getBlocks()`, welche uns einen Array der aktuell verwendeten Blöcke ausgibt.

Ein Block ist ein Javascript Objekt, das sämtliche Informationen zu diesem Block bereithält. Es lohnt sich hier einmal ein `console.log(wp.data.select('core/editor').getBlocks())` in der Browserkonsole auszuführen, um zu sehen, welche Informationen es hier alles gibt. Unter anderem verbirgt sich hinter dem Schlüssel `name` der Identifikator des Blocktyps. Mit Hilfe dieses Schlüssels können wir also sämtliche Bildblöcke aus dem Array herausfiltern.

Jedes Blockobjekt hat zusätzlich einen `attributes`-Element, in welchem die Attribute des Blocks hinterlegt sind. Für unsere Prüfung, ob ein Bild doppelt vorkommt, sind eigentlich nur die Bilder-IDs von Interesse. Kommt eine ID doppelt vor, so wissen wir Bescheid. Also gehen wir nun durch sämtliche

Bildblöcke durch und holen die ID des Bildes heraus, welche als `id` im `attributes`-Objekt hinterlegt ist.

Die Idee ist nun Folgende: Wir haben einen Array mit sämtlichen Bilder-IDs. Darin kann eine ID nun doppelt vorkommen. Wir legen uns nun einen zweiten Array an, iterieren durch unsere Bilder-IDs und befüllen den zweiten Array mit dieser ID unter der Bedingung das diese ID noch nicht vorhanden ist. Daher der Name dieses zweiten Arrays: `uniqueIDs`.

Enthalten nun beide Bilder-ID-Arrays, also `pictureIDs` und `uniqueIDs` die gleiche Anzahl von Elementen, dann wissen wir, dass es keine doppelten Bilder gibt. Ist die Größe der beiden Arrays unterschiedlich, dann wissen wir dass es doppelte Bilder gibt. Je nachdem gibt unsere `exist()`-Methode also `false` oder `true` zurück.

Einen Block neu rendern, wenn sich externe Daten ändern

Wir haben nun also einen Überblick, wie das Datenmanagement funktioniert und wie wir Daten ein- und auslesen können. Nun kann es aber sein, dass wir einen Block entwickeln möchten, dessen Aussehen sich ändert, je nachdem, welche Informationen außerhalb des Blocks vorhanden sind. Entwickeln wir dazu ein Beispiel: Im vorangegangen Abschnitt hatten wir einen Block bereitgestellt, welcher nur eine Überschrift renderte: „Zubereitung". Sagen wir in unserem Blog gibt es vegane Gerichte, welche wir in einer Kategorie „Vegan" mit der ID 5 ablegen. Unser Ziel ist es, dass diese Überschrift „Vegane Zubereitung" lautet, wenn ein Beitrag in dieser Kategorie hinterlegt ist. Wie aktualisiert sich diese Überschrift nun dynamisch, wenn der Autor „Vegan" als Kategorie auswählt? Dazu müssen wir uns vergegenwärtigen, wann React eigentlich eine Komponente neu rendert. Dies ist der Fall, wenn an diese Komponente neue Informationen übergeben werden, wenn sich also deren `props` ändert. Würden wir hier nun einfach in den `edit()` und `save()`-Methoden von Blöcken auf `wp.data.select()` zurückgreifen kämen wir in zahlreiche Probleme. Das zentrale Problem besteht jedoch darin, dass die `props` sich nicht ändern würden, wenn der Editor die Kategorie in der Kategorienbox auswählen würde. Unser Block würde also nicht dynamisch auf diese Klicks außerhalb des Blocks reagieren können. Wir benötigen einen anderen Weg um innerhalb unserer Blöcke flexibel auf Änderungen in einem Datastore reagieren zu können. Dazu stellt `wp.data` zwei Funktionalitäten bereit, die wir uns nun näher ansehen werden: `withSelect()` und `withDispatch()`.

Den Admin erweitern

```php
<?php
add_action( 'init', 'register_zubereitung_block' );
function register_zubereitung_block() {
    wp_register_script(
        'block-zubereitung',
        plugins_url( 'assets/js/blocks/zubereitung.js', __FILE__ ),
        array( 'wp-blocks', 'wp-element', 'wp-data', 'wp-editor' )
    );
    register_block_type( 'rezepte/zubereitung', array(
        'editor_script' => 'block-zubereitung',
        'render_callback' => function($args) {
            $vegan_category = 5;
            if ( in_category($vegan_category) ) {
                return '<h2>Vegane Zubereitung</h2>';
            }
            return '<h2>Zubereitung</h2>';
        },
    ) );
}
```

plugins/19-block-with-select/code.php

Zunächst machen wir aus unserem Block nun einen dynamischen Block. Dies ist wichtig, da man die Kategorie eines Beitrags auch über die „Quick Edit"-Funktion (oder auch über die REST API) ändern kann. Dies hat weitreichende Folgen, da sich dann das HTML unseres Inhalts (in post_content) nicht ändern würde, wenn man die Kategorie außerhalb des Editors ändert. Sagen wir Ihr Beitrag war nicht in der Kategorie „Vegan", dann würde die Überschrift im HTML Ihres Beitrags „Zubereitung" sein. Fügen Sie diesen Beitrag der Kategorie hinzu müsste die Überschrift eigentlich „Vegane Zubereitung" sein. Mit Hilfe eines dynamischen Blocks können wir die Überschrift dynamisch rendern und umgehen so dieses Problem. Nun wollen wir aber auch im Editor die Überschrift automatisch aktualisieren, sobald die Kategorie ausgewählt wird. Irgendwie müssen wir also dazu kommen, die Überschrift neu zu rendern. Hier hilft uns withSelect() weiter:

```js
const registerBlockType = wp.blocks.registerBlockType;
const withSelect = wp.data.withSelect;
const VeganCategoryId = 5;

const VeganSwitch = (props) => {
    if (props.isVegan) {
        return <span>Vegane Zubereitung</span>
    }
    return <span>Zubereitung</span>;
};
```

```
const createHigherOrderComponent = withSelect((select) => {
    const categories = select('core/editor').
    getEditedPostAttribute('categories');
    return {
        isVegan: categories.indexOf(VeganCategoryId) > -1
    };
});
const VeganComponent = createHigherOrderComponent( VeganSwitch );

registerBlockType( 'rezepte/zubereitung', {
    title: 'Zubereitung Überschrift',
    icon: 'universal-access-alt',
    category: 'layout',

    edit: () => {
        return <h2><VeganComponent /></h2>
    },

    save: function() {
        return null;
    },
} );
```
plugins/19-block-with-select/assets/js/blocks/src/zubereitung.js

Sie sehen die Konstante `VeganSwitch`. Letztlich handelt es sich um eine Funktion, welche `props` entgegennimmt und je nachdem ob `props.isVegan` `true` oder `false` ist wird sie einen entsprechenden Text rendern und zurückgeben. Derartige Komponenten können Sie direkt in JSX verwenden. Beispielsweise könnten Sie nun Folgendes in der `edit()`-Methode des Blocks deklarieren: `edit: function() { return <VeganSwitch isVegan={false} /> }`.

Nun wollen wir `isVegan` allerdings von Informationen außerhalb unseres Blocks abhängig machen, nämlich davon, ob in der Kategorienbox die Vegankategorie (mit der ID 5) angeklickt ist oder nicht. Und: *Wir wollen das nicht nur zu dem Zeitpunkt wissen, an dem wir die Komponente das erste Mal rendern, sondern wir wollen, dass sich diese Komponente neu rendert, wenn man die entsprechende Kategorie anklickt, also nachdem sie schon einmal gerendert wurde.* Was wir benötigen ist eine Komponente „höherer Ordnung". Dazu müssen wir uns eine Funktion erstellen, die eine solche Komponente erstellt. `withSelect()` dient genau dazu. `withSelect()` gibt uns eine Funktion zurück, mit der wir eine spezifische Komponente höherer Ordnung erstellen können. Genau dies tun wir anschließend, indem wir unsere `VeganSwitch` an die Funktion übergeben und unsere `VeganComponent` zurück erhalten.

In der `edit()`-Methode verwenden wir dann diese neue Komponente. Was Sie dort auch sehen ist, dass wir `isVegan` gar nicht mehr übergeben, da wir die Bestimmung dieses Werts `withSelect()` überlassen. `withSelect()` ist in der Lage, diese Werte „on the fly" zu generieren und zu ändern, je nachdem welche Informationen im Datastore vorliegen.

Schauen wir uns deshalb näher an, welche Information wir eigentlich an `withSelect()` übergeben. Wie Sie sehen, handelt es sich hierbei um einen Callback. Dieser erhält die `select()`-Methode, die wir schon kennen und gibt ein `props`-Objekt zurück.

Unter Zuhilfenahme von `select()` holen wir uns die Funktion `getEditedPostAttribute`. Mit Hilfe dieser Funktion erhalten wir sämtliche Informationen über den aktuellen Beitrag, wie Titel (`'title'`), Inhalt (`'content'`) und so weiter, indem wir den entsprechenden Parameter übergeben. So übergeben wir `'categories'` und erhalten damit eine Liste von Kategorien-IDs, denen der Beitrag derzeit zugeordnet ist. Wir könnten auch `'title'` übergeben und würden den aktuellen Titel erhalten.[76]

`isVegan` generieren wir also, indem wir prüfen, ob die Kategorie mit der ID 5 in unserem Kategorien-Array vorhanden ist. Wenn Sie nun in der Kategorienbox diese Kategorie selektieren ändert sich die Überschrift automatisch.

Erweitern wir unser Beispiel um eine kleine Checkbox, die ebenfalls zwischen Vegan und Nicht-Vegan springen soll. Klickt man diese Checkbox, so soll der Beitrag automatisch der entsprechenden Kategorie zugewiesen werden.

```
const registerBlockType = wp.blocks.registerBlockType;
const withSelect = wp.data.withSelect;
const withDispatch = wp.data.withDispatch;
const compose = wp.compose.compose;
const VeganCategoryId = 5;

const VeganSwitch = (props) => {
  var text = 'Zubereitung';
  if (props.isVegan) {
    text = 'Vegane Zubereitung';
  }
  return <span>
```

[76]. Letztlich können Sie als Wert sämtliche Schlüssel angeben, welche Sie von der REST API zurück erhalten, wenn Sie einen Beitrag von der REST API ziehen. Einen Überblick, welche das sind erhalten Sie hier: https://developer.wordpress.org/rest-api/reference/posts

```js
      {text}
      <input
        type="checkbox"
        onClick={props.onChange}
        checked={props.isVegan}
      />
    </span>;
};
const createHigherOrderComponent = compose([
    withSelect((select) => {
      const categories = select('core/editor').
      getEditedPostAttribute('categories');
      return {
        isVegan: categories.indexOf(VeganCategoryId) > -1
      };
    }),
    withDispatch((dispatch) => {
      return {
        onChange: () => {
          var list = wp.data.select('core/editor').
          getEditedPostAttribute('categories');
          if( -1 === list.indexOf(VeganCategoryId)) {
            list.push(VeganCategoryId);
          } else {
            list.splice(list.indexOf(VeganCategoryId),1)
          }

          dispatch('core/editor').updatePost({
            categories:list
          });
        }
      };
    }),
  ]
);
const VeganComponent = createHigherOrderComponent( VeganSwitch );

registerBlockType( 'rezepte/zubereitung', {
  title: 'Zubereitung Überschrift',
  icon: 'universal-access-alt',
  category: 'layout',

  edit: () => {
    return <h2><VeganComponent /></h2>
  },

  save: function() {
    return null;
  },
} );
```

plugins/19-block-with-dispatch/assets/js/blocks/src/zubereitung.js

Wir erweitern nun unseren Block um eben diese Checkbox. Sie wird gecheckt sein, wenn die Kategorie ausgewählt ist und nicht gecheckt sein, wenn die Kategorie nicht ausgewählt ist. Wir sehen auch, dass wir über die `props` eine Callback-Funktion übergeben, welche die Daten schließlich aktualisiert. Mit Hilfe von `withSelect()` können wir unsere `props` so erweitern, dass wir zuverlässig `wp.data.select()` verwenden können. `withDispatch()` ermöglicht es uns nun, Callbacks in den `props` bereitzuhalten, welche `wp.data.dispatch()` verwenden.

Schauen wir uns den Callback näher an. Zentral ist `updatePost()`. Diese Funktion, welche im `'core/editor'`-Datastore vorliegt, ermöglicht es uns, den aktuellen Beitrag zu ändern. Dazu übergeben wir ein Javascript-Objekt. Die Schlüssel des Objekts sind dabei jene, welche Sie auch in der REST API verwenden würden.[77] So würde `updatePost({title:"Neuer Titel", content:"Neuer Text"})` den Titel und Inhalt des Beitrags ändern. Wir möchten die Kategorien ändern, und nutzen deshalb den `'categories'`-Schlüssel.

Zunächst müssen wir aber natürlich wissen, welche Kategorien wir möchten. Hierzu greifen wir auf die uns schon bekannte `getEditedPostAttribute()` zurück und erhalten eine Liste der Kategorien. Aus dieser löschen wir nun entweder die Vegankategorie oder fügen Sie hinzu und nutzen die aktualisierte Liste schließlich in `updatePost()`.

Interessanter als `withDispatch()` ist eigentlich schon fast die `compose()`-Funktion, welche wir benutzen. Wenn Sie eine Komponente aus mehreren dieser „Komponenten höherer Ordnung"-Erzeugern zusammensetzen müssen, so können Sie `compose()` benutzen. An diese Funktion übergeben Sie dann sämtliche dieser Erzeuger mittels eines Arrays und können so Ihren spezifischen „Erzeuger" zusammensetzen. Damit wir `compose()` verwenden können, müssen wir allerdings unsere Abhängigkeiten um `'wp-compose'` erweitern:

```
<?php
add_action( 'init', 'register_zubereitung_block' );
function register_zubereitung_block() {
  wp_register_script(
    'block-zubereitung',
    plugins_url( 'assets/js/blocks/zubereitung.js', __FILE__ ),
    ['wp-blocks','wp-element','wp-data','wp-compose','wp-editor']
  );
```

---

[77] https://developer.wordpress.org/rest-api/reference/posts

```
  register_block_type( 'rezepte/zubereitung', array(
    'editor_script' => 'block-zubereitung',
    'render_callback' => function($args) {
      $vegan_category = 5;
      if ( in_category($vegan_category) ) {
        return '<h2>Vegane Zubereitung</h2>';
      }
      return '<h2>Zubereitung</h2>';
    },
  ) );
}
```
plugins/19-block-with-dispatch/code.php

Metaboxen

Abbildung 28: Eine Metabox

Im Kapitel zu benutzerdefinierten Feldern hatten wir schon die Möglichkeit angesprochen, eigene Metadaten für Beiträge, Seiten und andere Posttypen anzulegen. Bisher hatten wir dabei allerdings nur auf das Interface abgestellt, welches WordPress bereithält. Dieses ist jedoch recht limitiert. Ein großer

Nachteil der Standardbox für benutzerdefinierte Felder ist sicherlich, dass unsere Metaschlüssel nicht automatisch vorhanden ist. Erinnern wir uns an das Karten-Plugin, welches wir in dem Kapitel zu benutzerdefinierten Feldern programmiert haben (S. 127). Der Redakteur musste dazu händisch den Werteschlüssel für die Längen- und Breitengrade hinterlegen. Mit einer Metabox können wir diese Fehlerquelle ausschließen und ein benutzerfreundlicheres Interface schaffen.[78]

In drei Schritten können wir dabei eine Sektion unterhalb des Editors für uns beanspruchen und die dort eingegebenen Daten während des Speicher-Prozesses abfangen und weiterverarbeiten.

Eine Metabox hinzufügen: add_meta_box()

In einem ersten Schritt müssen wir uns in den Action-Hook `'add_meta_boxes'` einhaken, um WordPress mitzuteilen, wie und wo wir eine neue Metabox hinzufügen möchten.

```php
<?php
function neue_metabox() {
    add_meta_box(
        'laengen-und-breitengrad', // ID
        'Längen- und Breitengrad', // Titel
        'metabox_render', // Render Callback
        'post' // Screen, bzw. Post Type
    );
}
add_action( 'add_meta_boxes', 'neue_metabox' );
```

plugins/19-metabox/add-meta-boxes.php

Um eine neue Metabox zu registrieren verwenden wir `add_meta_box()`. Diese Funktion erwartet mindestens vier Parameter: eine ID, einen Titel, eine Renderfunktion sowie den Posttypen, bei welchem Sie eingeblendet werden soll. Darüber hinaus kann man noch den Kontext-Parameter übergeben.[79] Hier können die Werte `'normal'` oder `'advanced'` angegeben werden. Metaboxen mit dem Wert `'normal'` werden dabei vor Metaboxen mit dem Wert `'advanced'` platziert.

---

[78] Sie sehen aber auch, wie ein Block hier die Rolle der Metabox sehr viel schöner ausfüllen könnte. Viele Anwendungsbereiche für Metaboxen können eigentlich von Blöcken sehr viel besser übernommen werden.

[79] Dieser Parameter ist nur sinnvoll, wenn die Metabox im klassischen Editor angezeigt wird. Beispielsweise, wenn Sie einen eigenen Posttypen definieren, welcher mit `'show_in_rest'` => `false` registriert wird (S. 159).

Einen weiteren Eingriff in die Positionierung gibt zusätzlich der nächste – ebenfalls optionale – Parameter, welcher die Priorität steuert. Mit `'high'` kann man die Box sehr weit oben platzieren. Nach unten folgen nun `'core'`, `'default'` und `'low'`. Dass man letztlich über zwei verschiedene Parameter die Platzierung steuert mag ein wenig redundant wirken und hat vor allem historitsche Gründe. Wenn Sie außer der Standard-Metaboxen nur Ihre Metabox laden und ein wenig mit den verschiedenen Kombinationsmöglichkeiten experimentieren, werden Sie sehen, dass die Positionierungen sich nur minimal etwas ändert. Sobald Sie jedoch mit anderen Plugins um die Positionierungen „konkurrieren" entfaltet sich hier die Wirkung einer präzisen Positionierung. Eine Metabox, welche `'advanced'` ist wird unterhalb einer `'normal'`-Metabox platziert. Haben zwei Metaboxen den gleichen Kontext-Parameter entscheidet nun der Prioritäts-Parameter über die Reihenfolge zwischen beiden. Sollte auch dieser identisch sein entscheidet die ID der Boxen über deren Platzierung. Dabei wird alphabetisch vorgegangen. Die ID `'abc'` wird vor der ID `'xyz'` angezeigt werden. In einem letzten optionalen Parameter kann man weitere Argumente als Array für die Renderfunktion übergeben.

Die Metabox rendern

In dem Befehl `add_meta_box()` haben wir nun eine Funktion definiert, welche die Darstellung der Metabox übernimmt. Den Namen der Funktion kann man natürlich selbst bestimmen. Dabei wird nicht die komplette Box gelayoutet, sondern ausschließlich der innere Bereich unterhalb der Überschrift:

```html
<div id="ID" class="postbox ">
    <button type="button" class="handlediv" aria-expanded="true">
        <span class="screen-reader-text">
            Bedienfeld umschalten: Titel
        </span>
        <span class="toggle-indicator" aria-hidden="true"></span>
    </button>
    <h2 class="hndle ui-sortable-handle"><span>Titel</span></h2>
    <div class="inside">
        <!-- Dieser Bereich wird von der Renderfunktion
            gerendert -->
    </div>
</div>
```

Um diese Darstellung zu realisieren, wird der HTML-Code direkt auf den Bildschirm ausgegeben, ähnlich wie schon bei den Renderfunktionen der Settings-API:

```php
<?php
function metabox_render( $post ){
    $lon = get_post_meta( $post->ID, 'lon', true );
    $lat = get_post_meta( $post->ID, 'lat', true )
    ?>
    <p>Bitte geben Sie hier den Längen-
        und Breitengrad an.</p>

    <p>
        <label for="lon">Längengrad</label>
        <input
            name="lon"
            id="lon"
            value="<?php echo esc_attr( $lon ); ?>"
        />
    </p>

    <p>
        <label for="lat">Breitengrad</label>
        <input
            name="lat"
            id="lat"
            value="<?php echo esc_attr( $lat ); ?>"
        />
    </p>
    <?php
}
```
plugins/19-metabox/render.php

Auch ohne dass wir Argumente an die Renderfunktion übergeben erhalten wir ein Post-Objekt, welches die Daten des aktuellen Posts, wie etwa dessen ID enthalten. Mit Hilfe der Post ID, welche wir über $post->ID erhalten, können wir nun schon gespeicherte Metadaten mit Hilfe von get_post_meta() ausgeben. Wenn Sie mittels add_meta_box() weitere Argumente übergeben, so werden diese in einem zweiten Argument übergeben und können wie folgt eingebunden werden:

```php
<?php
function metabox_render( $post, $args ){

}
```

Speichern der Daten

Das Speichern der Daten erfolgt ebenfalls über einen Action-Hook: `'save_post'`. Dieser wird ausgelöst, nachdem die wesentlichen Daten, also beispielsweise der Text eines Beitrages schon abgespeichert ist. Das macht es möglich, dass `'save_post'` als Parameter die Post ID übergibt. Sämtliche Daten liegen zudem noch in der globalen $_POST-Variablen, so dass wir auf diese zugreifen und mit Hilfe von `update_post_meta()` speichern können:

```php
<?php
add_action( 'save_post', 'metabox_speichern' );
function metabox_speichern( $post_id ){
    if( isset( $_POST['lat'] ) )
        update_post_meta(
            $post_id,
            'lat',
            floatval( $_POST['lat'] )
        );

    if( isset( $_POST['lon'] ) )
        update_post_meta(
            $post_id,
            'lon',
            floatval( $_POST['lon'] )
        );
}
```
plugins/19-metabox/save.php

Mit diesen simplen drei Schritten, 1. Metabox registrieren, 2. Metabox rendern, 3. Metabox speichern, haben wir schnell ein benutzerfreundlicheres Interface bei der Hand, mit welcher Sie die Eingabe von Metadaten durch Redakteure besser steuern und kontrollieren können, als dies mit der Metabox „Benutzerdefinierte Felder" von WordPress möglich ist.

Dashboard Widgets

Sie können auch auf die Startseite des WordPress Admin zugreifen und dort ein eigenes Widget platzieren. Dazu müssen Sie sich in den entsprechenden Action Hook `'wp_dashboard_setup'` einklinken:

Den Admin erweitern

```php
<?php
function widget_hinzufuegen(){
	wp_add_dashboard_widget(
			'ID',
			'Titel',
			'dashboard_widget_render'
	);
}
add_action( 'wp_dashboard_setup', 'widget_hinzufuegen' );
```

Abbildung 29: Ein Dashboard Widget

Mit Hilfe der Funktion `wp_add_dashboard_widget()` können Sie nun ein neues Widget hinzufügen. Diese Funktion erwartet zumindest drei Parameter: Eine ID, einen Titel, sowie eine Renderfunktion. Optional kann man desweiteren eine Funktion angeben, mit welcher man dem Benutzer die Möglichkeit gibt das Widget zu konfigurieren. Mit einem letzten Parameter kann man an die jeweiligen Renderfunktionen noch Argumente übergeben.

Das Dashboard-Widget rendern

Im Prinzip kennen Sie die Renderfunktionen schon von verschiedenen anderen Einsätzen, wie beispielsweise bei den Metaboxen. Die Renderfunktion gibt einfach den HTML-Code aus, welcher innerhalb des Widgets angezeigt werden soll:

```php
<?php
function dashboard_widget_render() {
    ?>
    <p>Ich bin ein neues Dashboard Widget :)</p>
    <?php
}
```

Das Dashboard-Widget konfigurieren

Interessant wird es, wenn Sie das Widget konfigurierbar machen möchten. Sagen wir zum Beispiel, das Widget soll immer die letzten Beiträge eines bestimmten Autoren anzeigen, so wäre es sinnvoll, zu konfigurieren, welcher Autor dies sein soll und wie viele Beiträge angezeigt werden sollen. Wir werden dazu mit Hilfe von get_option() und update_option() unsere Einstellungen speichern. Sehen wir uns zunächst die Renderfunktion unseres Autorenwidgets genauer an:

```php
<?php
function autoren_widget_init(){
    wp_add_dashboard_widget(
        'autoren-widget',
        'Der letzte Post',
        'autoren_widget_render',
        'autoren_widget_optionen'
    );
}
add_action( 'wp_dashboard_setup', 'autoren_widget_init' );

function autoren_widget_render(){
    $default = array( 'autor' => 1, 'anz' => 5 );
    $optionen = get_option( 'autoren_widget', $default );
    $args = array(
        'post_type'      => 'post',
        'posts_per_page' => $optionen['anz'],
        'author'         => $optionen['autor'],
    );

    $query = new WP_Query( $args );
    if( $query->have_posts() ):
        while( $query->have_posts() ):
            $query->the_post();
            ?>
            <article>
                <h3>
                    <a href="<?php the_permalink(); ?>">
                        <?php the_title(); ?>
```

```
                    </a>
                </h3>
                <?php the_excerpt(); ?>
            </article>
            <?php
        endwhile;
    else:
        ?><p>Es liegen noch keine Artikel vor.</p><?php
    endif;
}
```
plugins/19-dashboard-widget/widget.php

Als Standard-Werte nehmen wir die User-ID 1, welche normalerweise mit dem Administrator korrespondiert und wir möchten die letzten fünf Beiträge angezeigt bekommen. Diese Einstellungen überschreiben wir nun mit den vom Administrator angegebenen Einstellungen. Im Anschluss konstruieren wir einen Loop und lassen die Artikel anzeigen.

Wesentlich interessanter ist nun, wie wir die Einstellungen konfigurieren können. Sie haben bereits gesehen, dass wir über wp_add_dashboard_widget() eine weitere Funktion registriert hatten, welche das Rendern und Speichern unserer Einstellungen übernehmen soll: autoren_widget_optionen(). Ist eine solche Funktion angegeben, erscheint – fährt man mit der Maus über den Widget-Titel – ein „Konfigurieren"-Link. Wenn Sie darauf klicken wird die Konfigurationsoberfläche geladen, die letztlich im gleichen Widget platziert werden wird:

```
<?php
function autoren_widget_optionen(){
    if( isset( $_POST['autoren_widget'] ) ) {
        $optionen['anz'] = (int) $_POST['autoren_widget']['anz'];
        $optionen['autor'] = (int) $_POST['autoren_widget']['autor'];
        update_option( 'autoren_widget', $optionen );
    }
    $default = array( 'autor' => 1, 'anz' => 5 );
    $optionen = get_option( 'autoren_widget', $default );
    ?>
    <p><label for="aw_autor">Wähle einen Autoren</label></p>
    <?php wp_dropdown_users( array(
        'selected' => $optionen['autor'],
        'id' => 'aw_autor',
        'name' => 'autoren_widget[autor]'
    ) ); ?>
    <p><label for="aw_anz">Anzahl der Posts:</label></p>
```

```php
<input
  type="text"
  id="aw_anz"
  name="autoren_widget[anz]"
  value="<?php echo $optionen['anz']; ?>"
/>
<?php
}
```
plugins/19-dashboard-widget/configure.php

Abbildung 30: Dashboard Widget und Konfigurationsoberfläche

Im ersten Schritt wird prüfen wir, ob das entsprechende Formular über `$_POST` übergeben wird. Ist dies der Fall, so werden die Formulardaten ausgelesen und mit `update_option()` abgespeichert. Danach werden die Standard-Einstellungen wieder festgelegt und die aktuellen Optionen gezogen. Im restlichen Code geht es um die Darstellung des Formulars. Das <form>-Element wird dabei von WordPress erzeugt. Interessieren dürfte Sie hier sicherlich die WordPress eigene Funktion wp_dropdown_users(), mit welcher Sie eine Selectbox aus allen registrieren Benutzern erstellen können.[80] Mit Hilfe eines Argumenten-Array kann die Ausgabe dieser Selectbox gesteuert werden. Wir übergeben dabei lediglich, welcher Autor ausgewählt sein soll, die ID, sowie den Namen der Selectbox und überlassen die Darstellung der Box ansonsten den Standard-Einstellungen.

Der WordPress Customizer

Abbildung 31: Der WordPress Customizer

In einem kleinen Exkurs über benutzerdefinierte Hintergründe sind wir schon einmal kurz in den Customizer eingestiegen. Nun wollen wir uns tiefergehend mit dieser Neuerung aus WordPress 3.4 beschäftigen. Sie erreich den Customizer im WordPress-Admin über Design > Anpassen. Auf der linken Seite befinden sich verschiedene Anpass-Optionen, wie beispielsweise der Seitentitel oder die Hintergrundfarbe. Im rechten Frame des Customizers findet man eine Vorschau auf die aktuelle Seite. Wenn Sie nun Anpassungen vornehmen, so erhalten Sie auf der rechten Seite eine Vorschau Ihrer Änderungen. So können Sie das WordPress Theme im WYSIWYG-Modus anpassen, ohne die Änderungen gleich Live schalten zu müssen.

---

80. Für weitere Einzelheiten siehe http://codex.wordpress.org/Function_Reference/wp_dropdown_users.

Wir haben schon gelernt, dass man mit Hilfe von add_theme_support() Standard-Optionen des Customizers freischalten kann. In diesem Abschnitt wollen wir uns jedoch tiefer in die Materie einarbeiten und selbst Optionen entwickeln, welche wir unseren Administratoren an die Hand geben möchten.

So könnten wir es dem Administrator beispielsweise ermöglichen, die Schriftarten auf dem Blog zu ändern oder außer der Hintergrundfarbe vielleicht auch die Schriftfarben zu ändern. Dazu müssen wir in einem ersten Schritt diese zusätzlichen Optionen im Action Hook 'customize_register' registrieren und in einem zweiten Schritt das Theme die getroffenen Einstellungen abfragen lassen, um darauf entsprechend reagieren zu können, indem beispielsweise entsprechende CSS-Styles geladen werden.

Eine neue Option registrieren

Die Registrierung einer neuen Option findet im Action Hook 'customize_register' statt. In unserem Beispiel wollen wir nun die Möglichkeit schaffen, die Schriftarten zu wählen. Dazu erstellen wir eine neue Sektion „Schriftarten", in welcher wir anschließend die Schriftart für Überschriften (erste Einstellung) und die Schriftart für Fließtexte (zweite Einstellung) bestimmen lassen möchten. Wir müssen also der Sektion zwei Einstellungen (settings) zuordnen. Wir wollen den Administrator dabei aus einer bestehenden Liste von Schriftarten wählen lassen, weshalb wir für jede Einstellung eine Selectbox benötigen. Dies bedeutet, jeder Einstellung muss eine Selectbox (control) zugeordnet werden. Um unsere neue Option komplett zu registrieren müssen wir also
1. eine Sektion (add_section),
2. zwei Einstellungen (add_setting), welche in der Sektion vorgenommen werden können,
3. sowie zwei Eingabemöglichkeiten (add_control) registrieren.

Beginnen wir nun unsere Customizer-Funktion, in welcher wir dann unsere Schriftarten-Option registrieren möchten:

```php
<?php
add_action( 'customize_register', 'schriftarten_customizer' );
function schriftarten_customizer( $wp_customize ){}
```

plugins/19-customizer/code.php

Wie Sie sehen übergibt der Action Hook `'customize_register'` den Parameter `$wp_customize` an unsere Funktion. Dabei handelt es sich um eine Instanz der `WP_Customizer_Manager` Klasse. Mit Hilfe dieser Klasse können wir den Customizer nun erweitern.

Eine neue Sektion registrieren: add_section()

Als erstes registrieren wir eine Sektion, in welcher unsere Schriftarten-Option platziert wird:

```php
<?php
add_action( 'customize_register', 'schriftarten_customizer' );
function schriftarten_customizer( $wp_customize ){
  $wp_customize->add_section(
    'schriftarten',
    array(
      'title' => 'Schriftarten',
      'priority' => 30,
      'description' => 'Wählen Sie hier die Schriftarten aus',
    )
  );
}
```
plugins/19-customizer/code.php

Dazu rufen wir `$wp_customize->add_section()` auf. Als ersten Parameter übergeben wir einen eindeutigen Identifikator und im zweiten einen Argumenten-Array mit weiteren Einstellungen:

Einstellung	Bedeutung
title	Die Überschrift der Sektion.
priority	Die Platzierung der Sektion. Je kleiner die Nummer ist, desto weiter oben wird die Sektion platziert.
description	Die Beschreibung der Sektion, welche sichtbar ist, sobald man die Sektion geöffnet hat.

Eine neue Einstellung registrieren: add_setting()

Im nächsten Schritt erstellen wir nun unsere Einstellungen. Wir registrieren zwei Eigenschaften, eine, welche die Schriftart der Überschriften (<h1> – <h6>) bestimmen soll und eine, welche die Schriftart von normalen Texten (<p> und <li>) festlegen soll:

```php
$wp_customize->add_setting(
        'schriftart_ueberschriften',
        array(
                'default' => 'Times New Roman',
                'type' => 'theme_mod',
                'capability' => 'manage_options',
                'theme_supports' => false,
                'transport' => 'refresh'
        )
);
$wp_customize->add_setting(
        'schriftart_fliesstext',
        array(
                'default' => 'Times New Roman',
                'type' => 'theme_mod',
                'capability' => 'manage_options',
                'theme_supports' => false,
                'transport' => 'refresh'
        )
);
```
plugins/19-customizer/code.php

Dies erreichen wir über `$wp_customize->add_setting()`. Auch hier wird zunächst ein eindeutiger Identifikator übergeben und als zweiter Parameter ein Array mit Argumenten:

Einstellung	Bedeutung
default	Der Standard-Wert.
type	'theme_mod' (Standard) oder 'option'. Bestimmt, wie die Auswahl gespeichert wird. Speichern Sie die Auswahl mit 'theme_mod' werden Sie später auf get_theme_mod() zurückgreifen, um die Einstellung abzufragen. Wählen Sie 'option', so werden Sie get_option() nutzen.
capability	Hier können Sie eine Fähigkeit definieren, welche der Nutzer haben muss, um diese Einstellung ändern zu können.
theme_supports	Hier können Sie festlegen, dass diese Einstellung nur erscheinen soll, wenn ein Theme dies ausdrücklich mit add_theme_support() unterstützt. Dies ist interessant, wenn Sie den Customizer innerhalb eines Plugins nutzen, allerdings auf die Unterstützung durch ein Theme angewiesen sind.

Einstellung	Bedeutung
transport	Um die Vorschau zu generieren kann entweder auf 'refresh' zurückgegriffen werden (Standard) oder auf 'postMessage'. Bei der ersten Variante müssen Sie nichts weiter programmieren, die zweite Variante erzeugt den „Refresh" über Javascript. Dies bedeutet, Sie müssen über Javascript die Aktualisierung durchführen.
sanitize_callback	Hier können Sie eine Funktion bestimmen, welche die eingegebenen Daten filtert, bevor sie abgespeichert werden.
sanitize_js_callback	Wenn der Inhalt an eine Javascript-Funktion übergeben werden soll, können sie hier eine Funktion festlegen, welche diesen Inhalt vor der Übergabe auf Korrektheit überprüft. Der Unterschied zwischen sanitize_callback und sanitize_js_callback besteht darin, dass die erste Einstellung die Daten prüft, bevor diese in die Datenbank geschrieben werden, die zweite überprüft die Daten, welche aus der Datenbank kommen.

Eingabefelder hinzufügen: add_control()

Im letzten Schritt müssen wir nun noch festlegen, welche Eingabefelder wir eigentlich nutzen möchten. Beide Male werden wir dabei Selectboxen nutzen. Als Erstes definieren wir einen Array von Werten, welcher zur Auswahl steht und erzeugen im Anschluss mit $wp_control->add_control() die Felder:

```
$schriftarten = array(
        'Arial'            => 'Arial',
        'Helvetica'        => 'Helvetica',
        'Times New Roman'  => 'Times New Roman'
);

$wp_customize->add_control(
        'schriftarten_ueberschriften_control',
        array(
                'label'    => 'Schriftart für Überschriften',
                'section'  => 'schriftarten',
                'settings' => 'schriftart_ueberschriften',
                'type'     => 'select',
                'choices'  => $schriftarten
        )
);
```

```
$wp_customize->add_control(
        'schriftarten_fliesstext_control',
        array(
                'label'    => 'Schriftart für Fließtexte',
                'section'  => 'schriftarten',
                'settings' => 'schriftart_fliesstext',
                'type'     => 'select',
                'choices'  => $schriftarten
        )
);
```

plugins/19-customizer/code.php

Zunächst müssen wir auch an `add_control()` einen eindeutigen Identifikator übergeben und im Anschluss erneut einen Argumenten-Array.

Einstellung	Bedeutung
label	Der Text des `<label>`-Elements.
section	Der Identifikator der Sektion, zu welchem das Eingabe-Element gehört.
settings	Die Einstellung, welche mit diesem Eingabe-Element bestimmt wird.
type	Das Eingabe-Element: text — Ein Input-Feld select — Eine Selectbox radio — Radioboxen checkbox — Checkboxen dropdown-pages — Eine Selectbox mit allen Seiten textarea — Das `<textarea>`-Element
choices	Der type 'select', 'radio' und 'checkbox' benötigt eine Liste von Elementen, welche ausgewählt werden können. Diese wird als Array übergeben, wobei die Array-Keys die Werte, die Array-Values hingegen die Texte darstellen.

Einstellungen abfragen

Nachdem wir den WordPress Customizer derartig erweitert haben, ist es nun an der Zeit, diese Einstellungen auch abzufragen, so dass das Theme auf Änderungen reagieren kann. Je nachdem, welcher 'type' bei add_setting() angegeben wurde, erfolgt dies entweder über get_option() oder über get_theme_mod(). In unserem Beispiel fragen wir die Daten mit Hilfe von get_theme_mod() ab:

```php
<?php
function schriftarten_styles(){
    ?>
    <style type="text/css">
        h1,h2,h3,h4,h5,h6 { font-family:<?php
        echo get_theme_mod(
            'schriftart_ueberschriften',
            'Times New Roman'
        ); ?>; }
        p, li{ font-family:<?php
        echo get_theme_mod(
            'schriftart_fliesstext',
            'Times New Roman'
        ); ?>; }
    </style>
    <?php
}
add_action( 'wp_head', 'schriftarten_styles' );
```

plugins/19-customizer/code.php

Dazu klinken wir uns in den 'wp_head'-Action Hook ein und schreiben in den Head des HTML-Dokuments unsere Styles. Mit get_theme_mod() fragen wir dabei die Einstellung ab. Als ersten Parameter übergeben wir den Identifikator, welchen wir über add_setting() angegeben haben. Im zweiten Paramter übergeben wir einen Standard-Wert, welcher ausgegeben wird, wenn der Nutzer selbst keine Einstellung vorgenommen hat. Wenn wir als 'type' bei add_setting() 'option' angegeben hätten, so würden wir den Wert erhalten, indem wir get_option($identifikator); nutzen würden.

Interessant ist dabei auch get_theme_mods(), das einen Array mit sämtlichen Einstellungen zurückgibt, welche zu diesem Theme gespeichert wurden (sofern sie als 'theme_mod' abgelegt wurden). Die Array-Keys sind dabei die Einstellungs-Identifikatoren und die Array-Werte die abgespeicherten Werte.

Mit `remove_theme_mod( $identifikator );` können Sie eine bestimmte Einstellung löschen. Mit `remove_theme_mods();` löschen Sie alle Einstellungen zu einem bestimmten Theme.

Sie können auch außerhalb des WordPress Customizers Theme Modifikationen speichern. Dazu gibt es die Funktion `set_theme_mod( $identifikator, $wert );`. Als ersten Parameter übergeben Sie dabei den Identifikator der Einstellung und als zweiten den entsprechend zu speichernden Wert.

Abbildung 32: Der Farbwähler im Customizer

Besondere Eingabefelder erzeugen

Sagen wir, Sie möchten dem Administrator die Möglichkeit geben, die Farben von Schriften zu ändern. Bisher könnten Sie ihm ein Eingabefeld zur Verfügung stellen, in welchen er den HTML-Farbcode eintragen könnte. Das wäre nicht sehr komfortabel und würde wahrscheinlich häufig zu falschen Angaben führen. WordPress stellt deshalb, in Form von extra PHP-Klassen, weitere besondere Eingabefelder bereit, welche Sie für besondere Situationen nutzen können:

Klasse	Funktion
WP_Customize_Color_Control()	Ein Farbwähler
WP_Customize_Upload_Control()	Ein Dateiupload
WP_Customize_Image_Control()	Bilder aus der Mediathek auswählen oder hochladen.

Erweitern wir deshalb unser Script um die Möglichkeit die Farbe der Überschriften selbst zu wählen. Diese Operation werden wir der Einfachheit halber in unserer schon bestehenden Sektion ausführen:

```
$wp_customize->add_setting(
        'ueberschriften_farbe',
        array(
                'default' => '#000'
        )
);
$wp_customize->add_control(
        new WP_Customize_Color_Control(
                $wp_customize,
                'ueberschriften_farbe_control',
                array(
                        'label'    => 'Farbe der Überschriften',
                        'section'  => 'schriftarten',
                        'settings' => 'ueberschriften_farbe',
                )
        )
);
```
plugins/19-customizer/code.php

Zunächst registrieren wir also wieder eine Einstellung, wobei wir diesmal einfach nur den Identifikator sowie den Standard-Wert #000 übergeben. Standardmäßig soll die Farbe der Überschriften also schwarz sein.

Im nächsten Schritt beginnen wir wieder ganz einfach ein neues Eingabefeld mit Hilfe von add_control() anzulegen. An dieses übergeben wir allerdings nicht die gewohnten Parameter, sondern eine Klasse, nämlich WP_Customize_Color_Control(). Dies ist der einzige Parameter, welchen wir an add_control() übergeben. Allerdings konfigurieren wir nun mit Hilfe von Parametern eben diese Klasse. Als erster Parameter muss dabei $wp_customize übergeben werden. Dies variiert nicht, muss allerdings übergeben werden, damit der Farbwähler zum Schluss wie gewünscht arbeitet. Erst danach übergeben wir den Identifikator, sowie den bekannten Argumenten-Array. Allerdings sind hier nur drei Argumente zu übergeben, der Label-Text ('label'), die Sektion, in welchem der Farbwähler erscheinen soll ('section'), sowie die Einstellung, welche mit dem Farbwähler gesteuert wird ('settings').

Schon haben wir einen Farbwähler in unserem Customizer integriert. Wenn Sie für die Einstellung eine Datei brauchen, welche vom Admin hochgeladen werden sollen, gehen Sie genauso vor, wie beim Farbwähler, doch statt der Klasse WP_Customize_Color_Control() nutzen Sie WP_Customize_Upload_Control(). Für einen Bild-Upload nehmen Sie WP_Customize_Image_Control().

Internationalisierung

Wir haben nun eigentlich schon die Möglichkeit, jedes beliebige Plugin zu schreiben. Sowohl das Front- als auch das Backend können wir unseren Wünschen nach anpassen. Insbesondere, wenn Sie WordPress nicht für einen bestimmten Endkunden, sondern für einen großen, internationalen Nutzerkreis (beispielsweise über das WordPress Repository) anbieten möchten, sollten Sie sich mit den Möglichkeiten der Mehrsprachfähigkeit Ihres Plugins vertraut machen.

Nehmen wir beispielsweise ein einfaches Label für ein Input-Feld. Normalerweise würden Sie einfach das Folgende schreiben:

```
<label for="user">Benutzername</label>
<input id="user" name="username" />
```

WordPress wird jedoch in mehreren Sprachen ausgeliefert. Wenn Sie WordPress installieren, können Sie wählen, welche Sprache Sie nutzen möchten. Nun wäre es schön, wenn auch Ihr Plugin fähig wäre in einer englischen WordPress-Installation „Username" statt „Benutzername" zu schreiben. Schauen wir uns dazu kurz an, wie das in WordPress aussehen könnte:

```
<label for="user">
        <?php _e( 'Username', 'my-plugin' ); ?>
</label>
<input id="user" name="username" />
```

WordPress benutzt `gettext` zur Übersetzung von Strings. Das bedeutet, dass die Texte nicht fest reingeschrieben werden, sondern über Befehle. An diese wird der Text in englischer Sprache übergeben. Sollte die WordPress-Installation in einer anderen Sprache als Englisch laufen, so wird geprüft, ob eine entsprechende Übersetzung vorliegt. Dazu wird in den vom Plugin mitgelieferten Übersetzungsdateien nachgesehen. Sagen wir, wir haben eine deutsche Übersetzungsdatei mitgeliefert, so wird WordPress nun prüfen, ob für „Username" eine deutsche Übersetzung vorliegt und dann statt „Username" „Benutzername" schreiben.

Als zweiten Parameter übergeben wir die Text-Domain. Dabei handelt es sich um einen Identifikator für unsere Übersetzungen. Empfohlen wird den Dateinamen der Root-Datei, oder, wenn Ihr Plugin in einem eigenen Verzeichnis und nicht direkt in *plugins/* lokalisiert ist, den Namen des Verzeichnisses. Wenn unser Plugin also in dem Verzeichnis *my-plugin/* läge, so würden wir unsere Text Domain my-plugin nennen. [81] Mit der Text-Domain wird sichergestellt, dass auch die korrekte Übersetzung gewählt wird. Nehmen wir an, in einem Plugin gibt es einen Fileupload und dort kann man den Namen der Datei angeben. Dieses Inputfeld wird beispielsweise mit <?php _e('Name', '123'); ?> beschriftet. Vom Übersetzter würde dies nun ins Deutsche mit „Dateiname" übersetzt. Nehmen wir an, Sie nutzten nun ebenfalls die Text-Domain „123" und hätten ein Formular, in welchem man Namen, Adresse und so weiter anzugeben hätte, so könnte es sein, dass statt „Name" bei Ihnen nun „Dateiname" stünde. Wenn man sich aber an die von WordPress vorgeschlagene Regelung hält, die Text-Domain nach der Root-Datei, beziehungsweise dem Verzeichnis, zu benennen, entfallen solche Überschneidungen, welche zu fehlerhaften Übersetzungen führen können.

Übersetzungsfunktionen in WordPress

In diesem Abschnitt werden wir uns zunächst mit den Funktionen auseinandersetzen, welche WordPress für die Übersetzung von Texten bereitstellt. Im nächsten Abschnitt werden wir dann auf die Übersetzungsdateien eingehen und lernen, wie man derartige Dateien anlegt.

__() und _e()

Schauen wir uns zunächst zwei grundlegende Befehle für die Übersetzung an: __() und _e()

```
<?php
$string = __( 'Translate this.', '20-translate' );
echo '<p>' . $string . '</p>';
echo '<p>';
_e( 'Translate this.', '20-translate' );
echo '</p>';
```
plugins/20-translate/strings.php

---

[81]. Wenn Sie Ihr Plugin im wordpress.org Verzeichnis veröffentlichen möchten, sollten Sie den Pluginslug, also jenen individuellen Teil der URL, welche zu Ihrem Plugin führt, nehmen.

__( ) liefert den übersetzten Text als String aus, welchen man beispielsweise in einer Variablen ablegen kann. _e( ) ist das Äquivalent zu echo und gibt den übersetzten String sofort auf dem Bildschirm aus.

Variable Strings: Arbeiten mit printf() und sprintf()

Häufig treffen wir allerdings auf Strings, welche variabel erzeugt werden. Beispielsweise den folgenden: „Wir haben 123 Einträge für Sie gefunden".

_e('We found $count entries', 'my-plugin'); würde hier nicht funktionieren und _e('We found', 'my-plugin'); echo $count; _e('entries', 'my-plugin'); würde bei der Übersetzung die Satzstruktur nicht korrekt wiedergeben. Im Falle von variablen Strings sollten wir deshalb auf printf( ) und sprintf( ) zurückgreifen:

```php
<?php
$string = sprintf(
        __(
                'We found %d entries',
                'my-plugin'
        ),
        $count
);
```

sprintf( ) und printf( ) geben formatierte Strings zurück, beziehungsweise aus. Der erste Parameter enthält dabei den zu formatierenden String. Deser enthält bestimmte Formatierungsregeln, nach denen er umgewandelt wird. Wir kennen diese Regeln schon aus dem Kapitel über die Präparierung von SQL-Queries in WordPress. Die weiteren an sprintf( ) übergebenen Parameter ersetzen dann die Platzhalter in Ihrer Reihenfolge. Nutzen wir sprintf( ) um variable Strings zu übersetzen, so wird unser erster Parameter, der zu formatierende String, von __( ) zurückgegeben. Wenn der Übersetzer später mit seinem Übersetzungsprogramm an diesen String kommt, wird er diesen ins Deutsche beispielsweise mit „Wir haben %d Einträge gefunden" übersetzen und sprintf( ) wird %d mit $count überschreiben.

Wenn Sie mehr als eine Ersetzung vornehmen möchten, beispielsweise in dem Satz „In 0.001 Sekunden wurden mehr als 123 Ergebnisse für Sie gefunden", so sollten Sie fest definieren, welcher Parameter für welche Ersetzung steht. Denn ein Übersetzer könnte sich aus grammatikalischen Gründen genötigt sehen, die Parameter im String zu vertauschen, so dass zum Schluss der korrekt übersetzte Text wie folgt aussähe: „Es wurden 123 Ergebnisse in 0.001 Sekunden gefunden". Wenn Sie nun nicht angeben, in welcher Reihenfolge die Parameter ersetzt werden, so würde daraus „Es wurden 0.001 Ergebnisse in 123 Sekunden gefunden." Dies würde bei folgendem Beispiel passieren:

```php
<?php
printf(
    __(
        'It took %f seconds to find %d results',
        'my-plugin'
    ),
    $time,
    $results
);
```

Stattdessen sollten Sie auf folgendes Vorgehen zurückgreifen:

```php
<?php
printf(
    __(
        'It took %1$f seconds to find %2$d results',
        'my-plugin'
    ),
    $time,
    $results
);
```

In diesem Fall geben Sie nach dem Prozentzeichen an, an welcher Position der Parameter gefunden wird. Nach dem Dollarzeichen geben Sie dann an, ob es sich um einen String (s), einen Integer (d), oder einen Float (f) et cetera handelt. Da Sie hier mit Dollarzeichen arbeiten, können Sie keine doppelten Anführungsstriche verwenden, da PHP sonst annimmt es handele sich um die Variable $s. Verwenden Sie deshalb, wie im obigen Beispiel einfache Anführungsstriche.

Wenn der Übersetzer nun auf den obigen String stößt, um diesen zu übersetzen, könnte er diesen beispielsweise ins Deutsche folgendermaßen übersetzen: „%2$s

Ergebnisse wurden in %1$s Sekunden gefunden." `printf()` wüsste dann, dass der erste Platzhalter mit `$results` (dem zweiten Platzhalter-Argument) und der zweiten Platzhalter mit dem ersten Platzhalter-Argument ersetzt werden müsste. Dieses Verfahren wird als „argument swapping" bezeichnet, da die Argumente vertauscht werden können.

Arbeiten mit Singular und Plural: _n()

Nehmen wir wieder einen Text, welcher ausgibt, wie viele Ergebnisse gefunden wurden: „Es *wurde ein Ergebnis* gefunden" oder aber „Es *wurden 3 Ergebnisse* gefunden". Basierend auf einem übergebenen Integer gibt _n() entweder die Singular- oder die Pluralform aus:

```php
<?php
$results = 1;
$single = 'We found %d result.';
$plural = 'We found %d results.';
$text = sprintf(
        _n( $single, $plural, $results, 'my-plugin' ),
        $results
);
echo $text;
```

Der erste Parameter für _n() enthält dabei die Singular-Form, der zweite die Pluralform. Mit dem dritten Parameter übergeben Sie die Nummer anhand derer entschieden wird, ob es sich um Singular oder Plural handelt. In unserem Codebeispiel würde, da wir `$results` auf 1 gesetzt haben, die Singular-Form ausgegeben. Der letzte Parameter enthält wieder die Text-Domain. Auch in diesem Beispiel arbeiten wir mit `sprintf()`, da unser Pluraltext einen Platzhalter, nämlich die Anzahl der Ergebnisse enthält.

Begriffe kontextualisieren: _x() und _ex()

Begriffe können vieldeutig sein. Nehmen wir den Begriff „Comment". Dieser kann in vielen verschiedenen Kontexten verwendet werden. Einmal kann damit die Aufforderung verbunden sein, zu kommentieren, ein anderes Mal könnte er eine Tabellenspalte bezeichnen, in welcher sich ein Kommentar zu einer bestimmten Zeile befinden kann. In beiden Fällen würde der Übersetzer allerdings auf „Comment" stoßen. Was in der englischen Ausgabe noch Sinn machen kann würde im Deutschen schon unverständlich. Entweder hieße die Kommentarspalte unserer Tabelle jetzt „Kommentieren" oder aber unsere Aufforderung, einen Kommentar zu hinterlassen hieße „Kommentar", was nur wenig Bereitschaft bei unseren Besuchern erzeugen würde, auf einem so schlampig übersetzten Blog zu kommentieren. Was also tun bei Mehrdeutigkeiten? WordPress hält für uns die Befehle _x( ) und _ex( ) bereit:

```php
<?php
$kommentieren = _x(
        'Comment', 'button text', 'my-plugin'
);
$kommentar = _x(
        'Comment', 'table column with comments', 'my-plugin'
);
```

Dem Übersetzer wird „Comment" nun zweimal vorgelegt, jeweils mit der Kontextualisierung, wo der entsprechende String zu finden ist. Diese Kontextualisierung findet über den zweiten Parameter statt, während der dritte erneut unsere Text-Domain übergibt.

_ex( ) ist dabei das Äquivalent zu _e( ). Auch hier wird im zweiten Parameter der Kontext erläutert und erst im Dritten die Text-Domain übergeben. Für Pluralformen bildet _nx( ) das Äquivalent zu _n( ). Hier wird nach der Singular-Form und der Pluralform zunächst wie gewohnt die Anzahl übergeben, danach allerdings der Kontext und schließlich die Text-Domain:

```php
<?php
_nx( $singular, $plural, $anzahl, $kontext, $textdomain );
```

Dem Übersetzer eine Nachricht hinterlassen

Vielleicht verstehen Sie auf Anhieb, was unter 'Y-m-d, g:i:s a' zu verstehen ist. Aber glauben Sie wirklich, ein Übersetzer wird das verstehen? Hierbei handelt es sich um eine Formatierungsanweisung für die Ausgabe eines Datums. Herauskommen würde beispielsweise folgende Datumsangabe: 2015-01-27, 1:47:02 pm. Gerade bei Datumsangaben ist es allerdings wichtig, diese übersetzbar zu halten, da wir zum Beispiel in Deutschland eher ein solches Format gewohnt sind: `27.01.2015, 13:47:02`. Ein kleiner Hinweis an den Übersetzer, wie er hier vorgehen sollte, wäre deshalb ratsam. Diesen kann man ihm im Quelltext hinterlassen:

```php
<?php
/* translator: This is the format of a date string.
 * How to format this string is explained here:
 * http://php.net/manual/en/function.date.php
 */
$date_format = __( 'Y-m-d, g:i:s a', 'my-plugin' );
$date = date( $date_format, time() );
```

Stößt der Übersetzer nun auf einen solchen kryptischen Text kann er in seiner Software mit einem Klick nachschauen, was dieser zu bedeuten hat.

Die Übersetzungen registrieren

Nachdem wir nun alle unsere Strings übersetzbar gemacht haben, müssen wir WordPress noch erklären, wo die Übersetzungsdateien für unsere Text-Domain zu finden sind. Wenn wir diese beispielsweise in dem Verzeichnis */20-translate/ language* ablegen, so können wir dies WordPress mit Hilfe von `load_plugin_textdomain()` mitteilen:

```php
<?php
function i18n_init() {
    $verzeichnis = dirname( plugin_basename( __FILE__ ) );
    $verzeichnis .= '/language/';
    load_plugin_textdomain( '20-translate', false, $verzeichnis );
}
add_action( 'plugins_loaded', 'i18n_init' );
```
plugins/20-translate/register.php

Im ersten Parameter übergeben wir dazu unsere Text-Domain. Der zweite Parameter ist veraltet und wird nur noch aus Gründen der Abwärtskompatibilität mit `false` übergeben. Der dritte Parameter übergibt schließlich den Verzeichnisnamen relativ zum *plugins/*-Verzeichnis an. In unserem Beispiel nutzen wir dazu `plugin_basename( __FILE__ )`, welches den Pfad zur aktuellen Datei relativ zum *plugins/*-Verzeichnis ausgibt. Zusätzlich sollten Sie im Plugin-, beziehungsweise Theme-Header Ihre Text Domain angeben. Diese sollte dem

Dateinamen oder Verzeichnis-Ordner entsprechen, indem Ihr Plugin zu finden ist. Befindet sich Ihr Plugin also in *wp-content/plugins/my-plugin* oder *wp-content/plugins/my-plugin.php*, so wäre Ihre Text Domain `my-plugin`.

Wenn Sie beabsichtigen, Ihr Plugin im WordPress Repository zu veröffentlichen, so können Sie auf `load_plugin_textdomain()` verzichten, denn das gesamte Übersetzungsmanagement und das Ablegen von Übersetzungsdateien wird nun von WordPress übernommen. Mehr Informationen über diesen Prozess und wie Sie daran teilhaben können finden Sie unter https://make.wordpress.org/meta/handbook/documentation/translations/.

Javascript übersetzen

Bisher haben wir uns nur in PHP-Dateien aufgehalten. Wir konnten einfach PHP-Befehle ausführen, um unsere Texte zu übersetzen. Was aber ist mit Texten, welche in Javascript-Dateien vorhanden sind? WordPress bietet zwei Wege an, Strings in Javascript zu übersetzen. Beide haben Ihre Vor- und Nachteile. Man kann mit Hilfe der PHP-Funktion `wp_localize_script()` sein eigenes Übersetzungsobjekt erstellen, auf welches in Javascript dann zugegriffen werden kann. Der Vorteil hierbei ist, dass sämtliche Übersetzungsleistung in PHP stattfindet. Allerdings hat man dann nur ein relativ unhandliches Javascript Objekt bei der Hand, welches die übersetzten Strings enthält. Richtig kompliziert wird es dann, wenn es um Pluralformen geht, welche übersetzt werden müssen. Mit WordPress 5.0 wurden in Javascript Äquivalente für viele PHP Übersetzungsfunktionen bereitgestellt. Diese machen das Einfügen der Übersetzungen in den Quellcode sehr viel handlicher. Andererseits hat man nun jedoch bei der Erstellung der Übersetzungen einen erhöhten Aufwand, da man diese Strings in einem anderen Format bereitstellen muss. Wir werden beide Wege hier vorstellen, so dass Sie je nach Anwendungsfall entscheiden können, welcher Weg sich für Sie lohnt. Wir beginnen mit der Erstellung eines eigenen Javascript Objekts und werden uns anschließend den von WordPress bereitgestellten Funktionen zuwenden.

```
alert( 'Hello World!' );
alert( textObjekt.hello_world );
```
plugins/20-translate/assets/js/translate.js

Die erste Alert-Box enthält den Text fest reingeschrieben, während die zweite Alert-Box einen String aus einem Objekt ausgibt. Den Inhalt dieses Objekts können wir nun mit `wp_localize_script()` in PHP festlegen und damit die Strings internationalisieren:

```php
<?php
function plugin_scripts(){
    wp_enqueue_script(
        'my-script',
        plugins_url( 'assets/js/translate.js', __FILE__ )
    );

    $texte = array(
        'hello_world' => __( 'Hello world!', '20-translate' )
    );
    wp_localize_script( 'my-script', 'textObjekt', $texte );
}
add_action( 'wp_enqueue_scripts', 'plugin_scripts' );
```
plugins/20-translate/localize-script.php

Bevor Sie ein Javascript übersetzbar machen können, müssen Sie es entweder zunächst mit `wp_register_script()` registrieren oder mit `wp_enqueue_script()` zur Ausgabe bestimmen. Erst danach können Sie das Script mit Hilfe von `wp_localize_script()` übersetzbar machen. Als ersten Parameter übergeben Sie das Handle des Scripts, welches Sie zuvor in `wp_register_script()`, beziehungsweise in `wp_enqueue_script()` festgelegt haben. Der zweite Parameter übergibt den Namen des Objekts, in welchem die Texte abgelegt werden. In unserer Alert-Box verwenden wir das Objekt `textObjekt`, welches wir deshalb im zweiten Parameter so angeben. Der dritte Parameter enthält schließlich einen Array aus Strings. Die Array-Schlüssel sind dabei später identisch mit den Objekt-Schlüsseln. `$texte['hello_world']` ist demnach in Javascript `textObjekt.hello_world`.

So können Sie also schnell Ihr eigenes Übersetzungsobjekt in PHP erstellen und an Javascript übergeben. Wenden wir uns nun im zweiten Schritt den Übersetzungsfunktionen zu, welche WordPress für Javascript zur Verfügung stellt. Zunächst müssen wir unser Script natürlich in PHP registrieren:

```php
<?php
add_action('wp_enqueue_scripts', 'uebersetzbare_scripte');
function uebersetzbare_scripte() {
    wp_enqueue_script(
        'uebersetzbar',
        plugins_url('assets/js/with-wp-i18n.js', __FILE__),
        array('wp-i18n')
    );

    $verzeichnis = dirname(__FILE__) . '/language/';
    wp_set_script_translations(
        'uebersetzbar',
        '20-translate',
        $verzeichnis
    );
}
```
plugins/20-translate/set-script-translation.php

Sie sehen, wie wir das Script hier in Abhängigkeit zu 'wp-i18n' stellen. Damit weiß WordPress, dass es die Übersetzungsfunktionen, welche es für Javascript vorhält, zur Verfügung stellen soll. Darüber hinaus müssen wir WordPress mit Hilfe von wp_set_script_translations() mitteilen, dass es in der Javascript-Datei Übersetzungen gibt. Dazu übergeben wir das Handle der Datei und die Textdomain. Sollten Sie Ihr Plugin über das WordPress Repository zur Verfügung stellen ist dies alles, was Sie machen müssen, da die Übersetzungen dann vom Repository aus bereit gestellt werden. Möchten Sie diese selbst bereit stellen, so müssen Sie als dritten Parameter den Pfad zu dem Verzeichnis angeben, in welchem Sie die Sprachdateien zur Verfügung stellen. Nun können wir uns daran machen, in Javascript mit Übersetzungsfunktionen zu arbeiten:

```javascript
const {__} = wp.i18n;
alert( __('Translated with wp.i18n', '20-translate' ) );
```
plugins/20-translate/assets/js/with-wp-i18n.js

Sie sehen, dass es in dem Javascript Objekt wp nun das i18n-Element gibt. Hier finden Sie alle zentralen Übersetzungsfunktionen, die WordPress bereithält. Neben __() gibt es auch _n(), _nx() und _x(), welche alle genau so funktionieren wie in PHP.

Übersetzungen anfertigen

Damit ist unser Quellcode zur Übersetzung vorbereitet und wir können beginnen, die Übersetzungsdateien zu erstellen, welche wir dann in dem zuvor registrierten Verzeichnis ablegen werden. Dazu müssen wir zunächst eine POT-Datei erstellen, aus welcher später eine MO-Datei kompiliert werden kann. Die WordPress Übersetzungs-API basiert auf `gettext`, einem GNU Übersetzungsmodul, welches von PHP unterstützt wird. Eine POT-Datei enthält dabei alle Textstrings, welche übersetzt werden sollen und dient dem Übersetzer als Vorlage. Dieser übersetzt alle Strings und speichert sie schließlich als eine PO-Datei. Aus einer PO-Datei kompiliert man dann eine MO-Datei, welche die übersetzten Strings in binärer Form PHP zur Verfügung stellt.

Zahlreiche Freeware-Programme helfen bei dieser Arbeit. Wir werden an dieser Stelle mit dem Programm PoEdit[82] arbeiten, welches kostenlos ist. In der PRO-Version gibt es gerade für WordPress-Übersetzer noch einige interessante Features, welche wir hier allerdings nicht weiter verwenden werden.

Einen Katalog anlegen

Im ersten Schritt müssen wir einen neuen Katalog anlegen und unsere Plugin-Dateien nach übersetzbaren Strings durchsuchen lassen. Dazu gehen wir auf *Datei > Neuer Katalog...* und füllen zunächst ein paar Angaben aus.

Achten Sie besonders auf den Reiter „Schlüsselwörter aus Quelltexten". Hier müssen alle WordPress internen Funktionen, welche Sie zur Übersetzung benutzen, angegeben werden:[83]

- `__`
- `_e`
- `_x:1,2c`
- `_ex:1,2c`
- `_n:1,2`
- `_nx:4c,1,2`

---

[82] http://poedit.net/
[83] Die Pro-Version enthält diese Schlüssel schon als Voreinstellung.

Internationalisierung

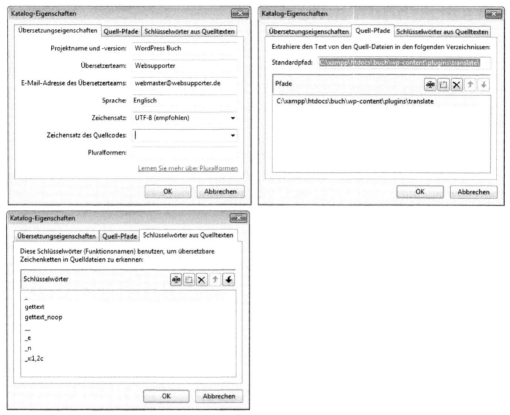

Abbildung 33: Einen Übersetzungskatalog anlegen

Wenn ein Befehl mehr als nur den zu übersetzenden String übergibt, muss dies PoEdit erklärt werden. _n:1,2 gibt an, dass der erste und zweite Parameter ein zu übersetzender String ist. 2c hingegen gibt an, dass der zweite Parameter ein Kommentar darstellt.

Nachdem man PoEdit mit diesen Informationen gefüttert hat, kann man mit Hilfe des „Aktualisieren"-Buttons das Programm nach zu übersetzenden Strings suchen lassen. PoEdit erzeugt nun eine PO-Datei, sowie eine MO-Datei, welche die Übersetzungen einmal im Klartext und einmal kompiliert enthalten.

Internationalisierung

Abbildung 34: Eine Liste der zu übersetzenden Strings

Wenn Sie Javascripte mit den Methoden aus wp.i18n übersetzen, so sollten Sie für jedes einzelne Script eine eigene Übersetzungsdatei anlegen. Diese Dateien werden nämlich später direkt über den Browser ausgegeben. Deshalb sollten wir sie so klein wie möglich halten.

Benennung der Übersetzungsdateien

Der Übersetzer kann sich nun diese vorgefertigte PO-Datei nehmen und übersetzen. Über den Dateinamen muss er allerdings verdeutlichen, um welche Sprache es sich handelt und auf welche Text-Domain sich die Übersetzungen beziehen.

Wenn unsere Text-Domain 'my-plugin' lautet, so wäre die deutsche PO-Datei *my-plugin-de_DE.po* und die deutsche MO-Datei *my-plugin-de_DE.mo*.

Diese Dateien müssen dann in dem Sprachverzeichnis, welches wir mit load_plugin_textdomain() angegeben haben, hinterlegt werden.

de_DE setzt sich dabei zum einen aus der Sprache 'de' für Deutsch und zum anderen für das Gebiet 'DE' für Deutschland zusammen. de_CH bezöge sich dann auf die deutsche Sprache in der Schweiz. Sprachen werden deshalb noch einmal Gebieten zugeordnet, da die gleiche Sprache dennoch unterschiedliche Begriffe in verschiedenen Regionen kennt. Denken Sie an den "Erdapfel" oder die Unterschiede zwischen amerikanischem und britischem Englisch, beziehungsweise zwischen 'en_US' und 'en_GB'.

Besonderheiten für Javascript Übersetzungen

Bei Javascript Übersetzungen mit Hilfe von wp.i18n müssen Sie nun noch einige Besonderheiten beachten. Wie schon erwähnt sollten Sie für jede Javascript-Datei eine eigene Übersetzungsdatei anfertigen. Dies ist deshalb sinnvoll, weil Sie daraus spezielle JSON-Dateien erstellen müssen. Letztlich wird dieses Objekt komplett an den Browser übertragen, so dass Sie es so klein wie möglich halten möchten. Wenn Sie die Datei übersetzt zurückerhalten, müssen Sie diese PO-Datei in eine JSON-Datei des JED-Formats[84] umwandeln. Dafür gibt es ein Werkzeug, welches Sie über npm installieren können: po2json.[85] Folgen Sie den Installationsanleitungen und transformieren Sie jede PO-Datei für Javascript in eine JED-Datei: Nehmen wir unser Beispiel von oben. Unsere Text-Domain war '20-translate'. Wir haben nun eine deutsche Übersetzung für die Javascript-Datei mit dem Handle 'uebersetzbar'. Die entsprechende PO-Datei können wir nun mit Hilfe von po2json nach JED umwandeln.

```
./node_modules/.bin/po2json language/20-translate-de_DE.po
    language/20-translate-de_DE-uebersetzbar.json -f jed
```

Die JED-Datei muss dabei neben der Text-Domain und dem Sprachcode auch das Handle des Javascripts im Dateinamen haben! Erst jetzt kann WordPress die Datei entdecken und zugänglich machen.

Die Übersetzungsfunktionen in wp.i18n haben einige Vorteile. Sie ermöglichen eine schönere Schreibweise und ein einfaches Handling der Pluralformen-Übersetzung. Allerdings kommen Sie mit einigem Aufwand. Sie müssen die Dateien einzeln erstellen. Dies kann zu Mehr-Aufwand für die Übersetzer führen, wenn Sie in Ihren Java- und PHP-Scripten identische Strings haben. Oder Sie müssen nachträglich dafür sorgen, die JED-Datei entsprechend klein zu halten. In manchen Fällen ist es deshalb sicherlich sinnvoll statt mit den wp.i18n Methoden mit wp_localize_scipt() zu arbeiten.

---

84. http://messageformat.github.io/Jed/
85. https://github.com/mikeedwards/po2json

Die REST API und Ajax Requests

In diesem Kapitel wollen wir uns der WordPress REST API zuwenden und wie man Ajax Anfragen an WordPress stellen kann. State of the Art ist dabei, die REST API entsprechend der eigenen Bedürfnisse anzupassen. Trotzdem werden wir uns auch mit den Möglichkeiten der alten Schnittstelle bekannt machen, da auch diese Schnittstelle von vielen Plugins oder Themes verwendet wird und gerade im Fall von Legacy-Projekten sollten Sie auch diese Schnittstelle kennen.

An dieser Stelle wollen wir uns nicht zu lange mit der allgemeinen Definition einer REST API aufhalten. Für unsere Zwecke genügt es zu wissen, dass eine REST API eine über HTTP erreichbare Schnittstelle darstellt, über welche andere Programme auf die Informationen eines Systems zugreifen und diese ändern können. In diesem Kapitel werden Sie also lernen, wie Sie solche Programme entwickeln können. Der beste Zugang zur WordPress REST API ist sicherlich ein Praktischer. Öffnen Sie in Ihrem Browser doch einfach einmal folgende URL: https://de.wordpress.org/wp-json/wp/v2/posts

Abbildung 35: Die WordPress REST API

Was Sie zurückerhalten ist ein JSON-Objekt, welches die letzten zehn veröffentlichten Beiträge des deutschsprachigen WordPress Blogs enthält. Testen Sie dies doch einmal mit Ihrer eigenen WordPress Installation und geben Sie http://example.com/wp-json/wp/v2/posts ein; Willkommen in der WordPress REST API.

Mit Hilfe dieser Schnittstelle können Sie nun also von außerhalb auf die WordPress Daten in maschinenlesbarer Form zugreifen. Das erweitert die Anwendungsmöglichkeiten von WordPress enorm. Prinzipiell könnten wir WordPress nun nur noch zur Datenverwaltung nutzen und die Ausgabe in anderen Anwendungen, zum Beispiel in mobilen Apps, bewerkstelligen.

Wir werden in diesem Kapitel nicht die komplette REST API von WordPress besprechen, sondern exemplarisch durch die Funktionsweise durchführen und uns einen Überblick verschaffen. Weiterführende Informationen erhalten Sie unter https://developer.wordpress.org/rest-api/.

Um uns ein näheres Verständnis der Architektur zu verschaffen, ist es zunächst einmal notwendig, zwischen der Infrastruktur und den konkreten Endpoints zu unterscheiden. Neben der Authentifizierungsmethode stellt die Infrastruktur vor allem die Möglichkeit bereit, eigene Endpoints zu definieren, um über diese Daten zugänglich zu machen. Im nächsten Abschnitt werden wir genau dies tun. Darüber hinaus stellt WordPress für Inhalte und Benutzer schon Endpunkte zur Verfügung, mit denen wir uns im zweiten Abschnitt näher beschäftigen werden.

Tipp: Es kann etwas mühsam werden, ständig POST- oder DELETE-Requests zu schreiben. Zum Testen von Anfragen lohnt es sich deshalb, ein kleines Tool zu verwenden: Postman (https://www.getpostman.com/). Während ein normaler Browser standardmäßig erstmal nur GET-Anfragen durchführt, können Sie mit dieser App bequem zwischen den verschiedenen Typen wählen.

Eigene Endpoints definieren

Zunächst klären wir kurz, was Routes und Endpoints in einer REST API eigentlich sind. Endpoints sind Funktionalitäten, welche die API zur Verfügung stellt und eine Route ist der Weg, der zu diesem Endpoint führt.

example.com/wp-json/wp/v2/posts/1 ist die Route zu dem Post mit der ID 1. Führt man einen GET-Request auf diese Route aus, so wird die API die Daten von Post 1 zurückgeben. Führt man einen PUT- oder POST-Request aus, so werden diese Daten mit den mitgelieferten Daten aktualisiert, sofern man sich korrekt authentifiziert hat. Ein DELETE-Request würde den Beitrag hingegen löschen.

Eine Übersicht über sämtliche Routen und Endpoints, welche in einer WordPress Installation existieren, erhält man über http://example.com/wp-json. Dies ist sozusagen der Index aller Routen.

In unserem Beispiel möchten wir nun eine Route definieren, welche uns schnell Daten über die beliebtesten Beiträge zurückgibt. Sagen wir unsere Kundin hat eine ganze Reihe von Blogs. Auf all diesen Blogs möchte sie nun die beliebtesten Beiträge ihres Hauptblogs in einem Widget ausgeben lassen.

Statt nun selbst ein Besucherstatistik-Plugin schreiben zu müssen, nehmen wir das beliebte Plugin Statify (https://wordpress.org/plugins/statify) [86] als Grundlage, so dass wir uns in unserem Plugin auf den Endpoint konzentrieren können. Im ersten Schritt definieren wir also unseren Endpoint, den wir im zweiten Schritt mit einem Client-Plugin aufrufen werden. Dieses Client-Plugin wird dann das Widget zur Verfügung stellen. Das Plugin mit dem Endpoint wird auf dem Hauptblog laufen, während das Client-Plugin auf den restlichen Seiten aktiv sein wird.

```php
<?php
add_action( 'rest_api_init', 'statify_register_rest_route' );
function statify_register_rest_route() {
  if ( ! class_exists( Statify_Dashboard::class ) ) {
    return;
  }
  register_rest_route(
    'statify/v1',
    'popular',
    array(
      array(
        'methods'  => 'GET',
        'callback' => 'statify_rest_callback',
      ),
    )
  );
}
```

---

86. Wir verwenden hier die Version 1.6.0. Der Code des Plugins mag sich in neueren Versionen natürlich ändern.

```php
function statify_rest_callback() {
  if ( ! class_exists( Statify_Dashboard::class ) ) {
    return;
  }

  $popular = [];
  $stats   = Statify_Dashboard::get_stats();
  if ( ! $stats ) {
    return rest_ensure_response( $popular );
  }
  $popular = array_map(
    function ( $item ) {

      $post_id = url_to_postid( $item['url'] );
      if ( ! $post_id || 'post' !== get_post_type( $post_id ) ) {
        return false;
      }

      return [
        'title'     => get_the_title( $post_id ),
        'permalink' => get_permalink( $post_id ),
        'count'     => (int) $item['count'],
      ];
    }, $stats['target']
  );
  $popular = array_filter( $popular,
    function ( $item ) {
      return is_array( $item );
    }
  );

  return rest_ensure_response( $popular );
}
```

plugins/21-simple-restapi-endpoint/endpoint.php

Um eine Route und einen Endpoint zu definieren haken wir uns in die Aktion 'rest_api_init' ein. Da wir uns darauf verlassen, dass ein zweites Plugin aktiv ist – nämlich Statify – prüfen wir, bevor wir die Route definieren, zunächst, ob die entsprechende Klasse von Statify auch existiert. Wenn dem so ist verwenden wir register_rest_route() um unsere Route mit dem Endpoint zu definieren.

An register_rest_route() können bis zu vier Parameter übergeben werden: Der erste Parameter ist der sogenannte Namespace, also der Namensraum, welchen Sie verwenden möchte. Wir verwenden als Namensraum 'statify/v1'. Es wird empfohlen, Namensräume zu versionieren. Sollte man in einer späteren Version des Plugins wichtige Änderungen vornehmen, so kann man eine neue

Version der REST API veröffentlichen und diese parallel zu vorherigen Versionen betreiben. Da eine REST API dafür gedacht ist, Drittparteien einen Zugang zu verschaffen, sollten die Routen und Endpunkte relativ verlässlich arbeiten. Indem man eine alte Version parallel weiter betreibt gewährleistet man dies.

Der zweite Parameter ist die konkrete Route, die man registrieren möchte: In unserem Fall 'popular'. Aus diesen beiden Parametern ergibt sich die URL, unter der wir unseren API-Endpoint erreichen können: http://example.com/wp-json/statify/v1/popular/

In unserem Beispiel verwenden wir einen relativ simplen Endpoint. Er besteht lediglich aus einem eindeutigen String. Ein Endpoint kann jedoch auch reguläre Ausdrücke verwenden. Unter http://example.com/wp-json/wp/v2 sehen Sie, welche Routen es standardmäßig für WordPress gibt. Sie sehen unter anderem '/wp/v2/posts', wobei 'wp/v2/' den Namensraum angibt und 'posts' die spezielle Route. Neben dieser Route finden Sie allerdings auch '/wp/v2/posts/(?P<id>[\d]+)'. Während die erste Route die URL http://example.com/wp-json/wp/v2/posts ergibt (welche wir uns einleitend schon angesehen haben), ergibt die zweite beispielsweise http://example.com/wp-json/wp/v2/posts/1. Was sie hier zurückerhalten ist der Beitrag mit der ID 1. http://example.com/wp-json/wp/v2/posts/2 würde den Beitrag mit der ID 2 zurückgeben.

Der dritte Parameter übergibt einen Array von Argumenten. Hier definieren wir im Prinzip unseren Endpoint, beziehungsweise unsere Endpoints. Der vierte – optionale – Parameter ist ein Boolean, der festlegt, ob die Route – für den Fall dass sie schon existiert – überschrieben werden soll. Der Standard ist hier false. Sollte die Route also schon existieren, würde diese nicht überschrieben.

Wenden wir uns nun aber den Argumente zu, mit deren Hilfe wir den Endpoint definieren: Wie Sie sehen handelt es sich um einen multidimensionalen Array. Jeder Array definiert dabei einen einzelnen Endpoint. In unserem Fall haben wir nur für GET einen Endpoint hinterlegt:

```
array(
    array(
        'methods'  => 'GET',
        'callback' => 'statify_rest_callback',
    ),
)
```

Zentral ist hier neben der Definition der Request-Methode der Callback. Hier geben wir die Funktion an, welche aufgerufen wird, sobald der Endpoint aufgerufen wird. In unserem Fall `statify_rest_callback()`. Da es sich hierbei um einen multidimensionalen Array handelt, könnten Sie diesen natürlich auch um weitere Endpoints erweitern, wie in diesem Beispiel:

```
register_rest_route(
  'statify/v1',
  'popular',
  array(
    array(
      'methods'  => 'GET',
      'callback' => 'statify_rest_get_callback',
    ),
    array(
      'methods'  => array( 'POST', 'PUT' ),
      'callback' => 'statify_rest_post_callback',
    ),
    array(
      'methods'  => 'DELETE',
      'callback' => 'statify_rest_delete_callback',
    ),
  )
);
```

Wie Sie sehen ist der `'methods'`-Paramter optional auch ein Array, so dass Sie mehrere Methoden in einem Callback abhandeln können. Doch kehren wir zurück zu unserem Beispiel und schauen uns nun schnell die Callback-Funktion etwas genauer an. Anschließend schrauben wir die Komplexität etwas in die Höhe.

Auch in `statify_rest_callback()` prüfen wir zunächst, ob Statify auch wirklich aktiv ist. Wenn dem so ist holen wir uns die Statistiken mit Hilfe von `Statify_Dashboard::get_stats()`. Diese Methode gibt uns entweder `null` oder einen Array zurück. `$stats['target']` enthält eine Liste von URLs. Wir mappen den Array und möchten für jeden Eintrag aus dem Target-Array einen Array bestehend aus `'title'` `'permalink'` und `'count'`, wobei Count die Anzahl der Aufrufe darstellt. Mit Hilfe von `url_to_postid()` können wir aus einer URL die ID des Beitrags erfahren. Wir prüfen also, ob es sich bei der URL um einen Beitrag handelt und wenn dem so ist geben wir den entsprechenden Array zurück. Nachdem wir nun unseren $popular-Array generiert haben filtern wir im nächsten Schritt noch alle Einträge aus, bei denen wir keinen Beitrag gefunden haben und geben unseren Array schließlich mit Hilfe von rest_ensure_response() zurück. Diese Funktion dient nur dazu, sicherzustellen, dass ein Response auch im korrekten Format übergeben wird, nämlich als WP_REST_Response, wobei uns hier die Einzelheiten nicht näher interessieren müssen.

Wenn Sie nun auf Ihrer Installation Statify und unser Plugin aktivieren können Sie unter http://example.com/wp-json/statify/v1/popular die JSON-Ausgabe sehen.

Das Client Plugin

Nachdem wir unseren Endpoint definiert haben, wenden wir uns dem Client Plugin zu, welches die Daten auf den Satellitenblogs ausspielen soll.

Dazu registrieren wir ein Widget. Mit Hilfe von wp_remote_get() greifen wir uns die Daten ab und spielen diese nun schlicht aus. Mehr zu den hier verwendeten HTTP-Funktionen erfahren Sie auf Seite 378.

```php
<?php
add_action( 'widgets_init', 'ppc_init' );
function ppc_init() {
  register_widget('PopularPostsWidget');
}

class PopularPostsWidget extends WP_Widget {
  public function __construct() {
    parent::__construct(
      'popular-posts-client',
      'Popular Posts Client',
      [
        'description' => 'This widget displays the popular posts',
      ]
    );
  }

  public function widget( $args, $instance ) {
    $response = wp_remote_get(
      $instance['url'] . '/wp-json/statify/v1/popular'
    );
    if ( 200 !== wp_remote_retrieve_response_code($response) ) {
      return;
    }
    $data = json_decode( wp_remote_retrieve_body( $response ) );
    echo $args['before_widget'];
    echo $args['before_title'];
    echo 'Popular Posts';
    echo $args['after_title'];
```

```php
    echo '<ol>';
    foreach( $data as $item ) {
      echo '<li>';
      echo '<a href="' . esc_url( $item->permalink ) . '">';
      echo esc_html( $item->title ).' ('.(int) $item->count.')';
      echo '</a>';
      echo '</li>';
    }
    echo '</ol>';
    echo $args['after_widget'];
  }

  function update( $new_instance, $old_instance ){
    $instance = $old_instance;
    $instance['url'] = sanitize_text_field($new_instance['url']);
    return $instance;
  }

  public function form($instance) {
    $instance = wp_parse_args($instance, [
      'url' => 'https://example.com',
    ]);
    ?>
    <p>
      <label
        for="<?php echo $this->get_field_id( 'url' )?>">
        URL:
      </label>
    </p>
    <input
      id="<?php echo $this->get_field_id( 'url' ); ?>"
      name="<?php echo $this->get_field_name( 'url' ); ?>"
      value="<?php echo esc_attr( $instance['url'] ); ?>">
    <?php
  }
}
```
plugins/21-restapi-client/widget.php

Argumente an einen Endpoint übergeben

Wie versprochen wollen wir nun die Komplexität unseres Beispiels erhöhen. Derzeit geben wir in unserem Callback nur Beiträge (Posts) aus, da wir prüfen ob der Typ eines Posts auch 'post' ist, bevor wir ihn in unseren $popular-Array übergeben. Wir wollen nun einen Parameter übergeben, mit dem wir selbst den Posttypen bestimmen können.

```php
<?php
```

```
register_rest_route(
  'statify/v1',
  'popular',
  array(
    array(
      'methods'  => 'GET',
      'callback' => 'statify_rest_callback',
      'args'     => array(
        'post_type' => array(
          'validate_callback' => 'statify_validate_post_type',
        ),
))));
```

plugins/21-extended-restapi-endpoint/register.php

Dazu erweitern wir den Argumentenarray für unseren Endpoint. Im GET-Endpoint haben wir nun einen weiteren 'args'-Array. Dieser enthält sämtliche Parameter, welche unser Callback erwartet. In unserem Fall erwarten wir einen 'post_type'-Parameter. Für jedes dieser Argumente können wir nun eine Funktion angeben, welche die einkommenden Daten validiert. Unser Validierungscallback heißt statify_validate_post_type().

```php
<?php
function statify_validate_post_type( $param, $request ) {
    return null !== get_post_type_object( $param );
}
```

plugins/21-extended-restapi-endpoint/validate.php

Dieser Callback prüft, ob die einkommenden Daten auch valide sind. In unserem Fall sind die Daten valide, wenn get_post_type_object() nicht null zurückgibt. Wie Sie sehen werden an den Callback zwei Parameter übergeben: $param und $request. $param enthält den Parameter, den wir prüfen möchten. $request enthält Informationen über die aktuelle Anfrage. So könnten wir die Ergebnisse je nach Anfrage prüfen, was in unserem Fall allerdings nicht nötig ist.

Im letzten Schritt erweitern wir nun noch unseren Endpoint-Callback:

```php
<?php
function statify_rest_callback( $request ) {
  if ( ! class_exists( Statify_Dashboard::class ) ) {
    return;
  }
```

```php
    $popular = [];
    $stats   = Statify_Dashboard::get_stats();
    if ( ! $stats ) {
        return rest_ensure_response( $popular );
    }
    $popular = array_map(
        function ( $item ) use ($request) {

            $post_id = url_to_postid( $item['url'] );
            if (
              ! $post_id
              || $request['post_type'] !== get_post_type( $post_id )
            ) {
                return false;
            }


            return [
                'title' => get_the_title( $post_id ),
                'permalink' => get_permalink( $post_id ),
                'count' => (int) $item['count'],
            ];
        }, $stats['target']
    );
    $popular = array_filter( $popular,
        function ( $item ) {
            return is_array( $item );
        }
    );

    return rest_ensure_response( $popular );
}
```

plugins/21-extended-restapi-endpoint/endpoint.php

Wie Sie sehen erhält unser Callback den aktuellen Request als Parameter. $request['post_type'] enthält dabei das Posttype-Argument, welches vorher validiert wurde. In unserer Abfrage nach dem korrekten Posttype nutzen wir nun anstelle von 'post' $request['post_type'].

Öffnen Sie nun einmal http://example.com/wp-json/statify/popular?post_type=post. Sie erhalten nun die Ausgabe für alle Beiträge auf der Seite. http://example.com/wp-json/statify/popular?post_type=page gibt nun die beliebtesten Seiten der Installation zurück.

Doch was passiert, wenn Sie eine fehlerhafte Eingabe machen?

http://example.com/wp-json/statify/popular?post_type=evil-request' wird nun mit dem HTTP Status 400 und folgender JSON-Ausgabe antworten:

```
{
    "code":"rest_invalid_param",
    "message":"Invalid parameter(s): post_type",
    "data":{
        "status":400,
        "params":{
            "post_type":"Invalid parameter."
        }
    }
}
```

Sollte Ihr Validierungscallback false zurückgeben, so wird der Endpoint-Callback gar nicht mehr aufgerufen, sondern die Anfrage schon vorher gestoppt. Wenn Sie also Ihre erwarteten Argumente sorgfältig registrieren und validieren, so können Sie davon ausgehen, dass diese in Ihrem Endpoint valide sind.

Nun sind wir aber Ästheten, weshalb wir eine letzte Erweiterung vornehmen, nämlich die Definition des Endpoints selbst. Wir möchten, dass der Posttype schon im Endpoint übergeben ist und wir eine schöne URL ohne GET-Parameter nutzen können:

```
register_rest_route(
  'statify/v1',
  'popular/(?P<post_type>[\w]+)',
  array(
    array(
      'methods'  => 'GET',
      'callback' => 'statify_rest_callback',
      'args'     => array(
        'post_type' => array(
          'validate_callback' => 'statify_validate_post_type',
        )
      )
    ),
  )
);
```

Wie Sie sehen haben wir unsere Endpoint-Definition um einen regulären Ausdruck erweitert. Mit http://example.com/wp-json/statify/popular/post erhalten Sie nun die Ausgabe, welche Sie zuvor über http://example.com/wp-json/statify/popular?post_type=post erhalten haben.

Authentifizierung

Doch über eine REST API soll man nicht nur Daten auslesen können; je nach Anwendungsfall soll man auch in der Lage sein, sie zu ändern. Nun soll dies natürlich nicht einfach so möglich sein, sondern zunächst eine Authentifizierung stattfinden.

Normalerweise prüfen wir mit `current_user_can()`, ob ein eingeloggter Benutzer die Berechtigung hat, eine bestimmte Aktion durchzuführen. Dazu muss der Benutzer allerdings eingeloggt sein. Auf der normalen WordPress Oberfläche erfolgt dies über einen Cookie, der im Browser gesetzt wird und den Benutzer identifiziert.

Doch, wie loggt man einen Benutzer über die REST API ein, so dass wir `current_user_can()` auch in unserer REST API nutzen können? WordPress hält dazu derzeit eine einzige Methode bereit, die sogenannte Cookie-Authentifizierung. Diese ist nützlich, wenn Sie die REST API für Browser-Anwendungen auf der WordPress-Installation selbst benutzen, wenn Sie also beispielsweise im WordPress Dashboard eine kleine Javascript-Anwendung realisieren, die mit der REST API kommuniziert um Daten zu manipulieren.

Wenn Sie jedoch von außerhalb der Seite Zugriff erhalten möchten, sieht die Sache etwas anders aus. WordPress stellt bisher keine Methode bereit, einen Nutzer anderweitig zu authentifizieren. Wenn also unser Client-Plugin aus dem Beispiel über die REST API Daten ändern wollte, so wäre dies derzeit nicht möglich. Es gibt einige Plugins, welche diese Lücke schließen und unter https://developer.wordpress.org/rest-api/using-the-rest-api/authentication/ vorgestellt werden.

Wenn Sie daran interessiert sind, wie man ein solches Plugin schreiben kann, sollten Sie sich das Plugin „Basic Auth" ansehen (https://github.com/WP-API/Basic-Auth). Dieses ist nicht für den Produktiveinsatz gedacht, aber lehrreich in Hinsicht darauf, wie ein Login über die REST API funktionieren kann.

Wir werden uns hier auf die Cookie-Authentifizierung beschränken, da diese nativ von WordPress unterstützt wird. Wichtig ist vor allem, dass man nach erfolgter Authentifizierung von WordPress ganz normal als Benutzer anerkannt ist. Das heißt Befehle wie `current_user_can()` können wie gewohnt eingesetzt werden.

Wie funktioniert nun die sogenannte Cookie-Authentifizierung. Für die REST API besteht diese aus zwei Komponenten, zum einen den Cookie, den ein Benutzer erhält, wenn er eingeloggt wird und zum anderen aus einem Nonce, welches an die REST API im Header der Anfrage übergeben werden muss. Beide Informationen zusammen ermöglichen es, einen Benutzer in der REST API einzuloggen.

Interessanterweise hat Statify derzeit wohl keine „Lösche alle Einträge"-Funktion. Unsere Kundin beauftragt uns deshalb damit, diese Funktion über die REST API hinzuzufügen. Erweitern wir deshalb unser Beispielplugin um einen weiteren Endpoint, welcher die Daten aus Statify löscht:

```php
<?php
add_action('rest_api_init', 'statify_register_delete_rest_route');
function statify_register_delete_rest_route() {
    if ( ! class_exists( Statify_Dashboard::class ) ) {
        return;
    }

    register_rest_route(
        'statify/v1',
        'delete',
        array(
            array(
                'methods'  => 'DELETE',
                'callback' => 'statify_delete_rest_callback',
            ),
        )
    );
}

function statify_delete_rest_callback() {
    if ( ! current_user_can( 'manage_options' ) ) {
        return new WP_Error(
            'not_authorized',
            'You are not allowed to delete entries.',
            array( 'status' => 401 )
        );
    }
```

```
    global $wpdb;
    $sql    = 'truncate ' . $wpdb->statify;
    $result = $wpdb->query( $sql );

    if ( false === $result ) {
        return rest_ensure_response(
            array(
                'success' => false,
            )
        );
    }

    return rest_ensure_response(
        array(
            'success' => true,
        )
    );
}
```
plugins/21-authorized-restapi-endpoint/endpoint.php

Im Wesentlichen registrieren wir hier einen DELETE-Endpoint, der über http://example.com/wp-json/statify/v1/delete mit einem DELETE-Request aufgerufen werden kann. Sie könnten natürlich auch die POST- oder GET-Methode verwenden.

Interessanter ist unser Callback. Zunächst fragen wir ab, ob der aktuelle Benutzer die Fähigkeit 'manage_options' besitzt. Ist dies nicht der Fall, so geben wir einen WP_Error zurück. Dieser wird von der WordPress Infrastruktur erkannt und entsprechend in ein JSON-Objekt übersetzt. Der erste Parameter ist der Fehlercode und der zweite eine Fehlermeldung. Mit dem dritten Parameter, einem Array, können Sie den HTTP-Statuscode übergeben, mit welchem der Server antworten soll.

Nur wenn der aktuelle Benutzer die Fähigkeit besitzt führen wir die TRUNCATE-SQL-Abfrage durch und löschen die Einträge in der Datenbank.

Damit haben wir nun ein Beispiel vor uns, wie ein Callback aussehen kann, der Aktionen nur für autorisierte Benutzer zulässt. Natürlich wollen wir unserer Kundin nun noch eine Möglichkeit geben, diesen REST-Endpoint auch erfolgreich anzusteuern und bereiten dafür einen Button vor, der die API über

Javascript aufruft.

```php
<?php
add_action( 'wp_enqueue_scripts', 'statify_rest_api_scripts' );
add_action( 'admin_enqueue_scripts', 'statify_rest_api_scripts' );
function statify_rest_api_scripts() {
    if ( ! current_user_can( 'manage_options' ) ) {
        return;
    }
    wp_enqueue_script(
        'statify-rest-delete',
        plugins_url( 'assets/js/script.js', __FILE__ ),
        array( 'jquery' )
    );

    wp_localize_script(
        'statify-rest-delete',
        'StatifyRest',
        array(
            'route' => esc_url_raw(
                rest_url( 'statify/v1/delete' )
            ),
            'nonce' => wp_create_nonce( 'wp_rest' ),
        )
    );
}

add_action( 'admin_bar_menu', 'statify_add_delete_button', 80 );
function statify_add_delete_button( $wp_admin_bar ) {
    if ( ! current_user_can( 'manage_options' ) ) {
        return;
    }
    $wp_admin_bar->add_menu(
        array(
            'id'    => 'statify-delete',
            'title' => 'Delete',
            'href'  => '#',
        )
    );
}
```
plugins/21-authorized-restapi-endpoint/scripts.php

Zunächst registrieren wir das Script, wie wir es schon kennen. Zusätzlich nutzen wir `wp_localize_script()`, um einige Variablen zu übergeben. Dazu zählt die Route. Wir nutzen `rest_url()`, um die komplette URL zu unserer Route zu erhalten. Diese URL werden wir später im Script verwenden. Darüber hinaus nutzen wir `wp_create_nonce()` um das Nonce für die Cookie-Authentifizierung zu generieren. Dabei müssen wir `'wp_rest'` übergeben, damit das korrekte Nonce erstellt wird.

Den Button wollen wir in der Adminbar anzeigen. Dazu haken wir uns in `'admin_bar_menu'`. Diese Action wird ausgeführt bevor die Adminbar gerendert wird. An unsere Funktion `statify_add_delete_button()` wird dabei das Adminbar-Objekt übergeben. `add_menu()` fügt einen weiteren Menüpunkt hinzu. Mit Hilfe der Priorität im Actionhook können wir die Position innerhalb des Menüs bestimmen.

Wenden wir uns somit dem Javascript zu: Das Linkelement in der Adminbar erreichen wir über `'#wp-admin-bar-statify-delete a'`. Wird nun auf dieses Element geklickt, so führen wir einen Ajax-Request auf die Route aus. Die Methode, welche wir dabei wählen ist `DELETE`. Wichtig ist `beforeSend()`. Hier setzen wir den Request Header `X-WP-Nonce` mit dem Nonce, welches wir erstellt haben als Wert. Sie sehen also, das Nonce muss im Header unter dem Schlüssel `X-WP-Nonce` an den Server geschickt werden. Dieses Nonce zusammen mit dem Cookie des Nutzers führt dazu, den Nutzer zu authentifizieren. Mit einem Klick auf den Link führen Sie also einen authentifizierten `DELETE`-Request durch. Sollte ein Fehler auftreten, so wird dieser mit `fail()` abgefangen. Dort sehen Sie, wie Sie die Fehlermeldung abfangen und ausgeben könnten.

```javascript
jQuery(document).ready(
    function () {
        "use strict";

        jQuery('#wp-admin-bar-statify-delete a').click(
            function (event) {
                event.preventDefault();
                jQuery.ajax({
                    url: StatifyRest.route,
                    method: 'DELETE',
                    beforeSend: function (xhr) {
                        xhr.setRequestHeader(
                            'X-WP-Nonce',
                            StatifyRest.nonce
                        );
                    }
                }).done(function (response) {
                    if (response.success) {
                        alert('Statify data deleted.');
                        return;
                    }
                    alert('An error occurred.');
```

```
                }).fail(function (xhr) {
                    var response = JSON.parse(xhr.responseText);
                    alert(response.message);
                });
            }
        );
    }
);
```
plugins/21-authorized-restapi-endpoint/assets/js/script.js

Die WordPress Endpoints

Nachdem wir uns mit der Infrastruktur vertraut gemacht haben, ist es an der Zeit, einen Blick auf die Endpoints zu werfen, welche WordPress von sich aus schon mitliefert. In der folgenden Tabelle erhalten Sie eine Übersicht. Die ausführbaren Aktionen sind C für Erstellen (create), R für Lesen (retrieve oder read), U für Aktualisieren (update) und D für Löschen (delete).

Route	Beschreibung	Ausführbare Aktionen
wp/v2/posts	Gibt die Beiträge einer Installation zurück.	CRUD
wp/v2/pages	Gibt die Seiten einer Installation zurück.	CRUD
wp/v2/media	Gibt die Medienbibliothek einer Installation zurück.	CRUD
wp/v2/types	Gibt die registrierten Posttypen einer Seite zurück, die über die REST API erreichbar sind.	R
wp/v2/statuses	Gibt die über die REST API erreichbaren Poststatus zurück. Für nicht authentifizierte Benutzer ist dies standardmäßig nur der Poststatus "publish". Wenn Sie einen authorisierten Request starten erhalten Sie auch die anderen Status zurück.	R
wp/v2/taxonomies	Die über die REST API erreichbaren Taxonomien.	R
wp/v2/categories	Gibt die verwendeten Kategorien zurück.	CRUD

Route	Beschreibung	Ausführbare Aktionen
`wp/v2/tags`	Gibt die verwendeten Schlagwörter zurück.	CRUD
`wp/v2/users`	Gibt öffentlich zugängliche Informationen zu den registrierten Benutzern zurück.	CRUD
`wp/v2/comments`	Gibt die Kommentare auf einer Seite zurück.	CRUD
`wp/v2/settings`	Gibt eine Liste von Einstellungen der Seite zurück.	RU

Wir werden an dieser Stelle nicht alle Endpoints besprechen. Schon diese kleine Tabelle zeigt, wie umfangreich eine solche Besprechung würde. Im Gegensatz dazu wollen wir uns anhand kleiner Beispiele einen Eindruck der generellen Funktionsweise verschaffen. Zusammen mit der API Referenz (https://developer.wordpress.org/rest-api/reference/) sollten wir dann in der Lage sein, auch die anderen Endpoints zu verwenden.

Daten auslesen

Einleitend hatten wir uns schon einmal die `wp/v2/posts`-Anfrage angesehen. Öffnen wir diese Anfrage noch einmal mit Postman und sehen uns das Ergebnis näher an. Was wir erhalten ist ein JSON-Objekt; etwas genauer einen Array der zehn letzten Beiträge. Jeder Beitrag ist wiederum ein JSON-Objekt. Dieses Objekt enthält folgende Werte:

Wert	Bedeutung
`id`	Die ID des Beitrags.
`date`	Das Veröffentlichungsdatum des Beitrags.
`date_gmt`	Das Veröffentlichungsdatum des Beitrags in der Greenwich Mean Time.
`guid.rendered`	Die GUID.
`modified`	Das Datum der letzten Bearbeitung.
`modified_gmt`	Das Datum der letzten Bearbeitung in der Greenwich Mean Time.

Wert	Bedeutung
slug	Der Slug des Beitrags.
status	Der Poststatus des Beitrags.
type	Der Posttyp des Beitrags.
link	Der Link zum Beitrag.
title.rendered	Der „gerenderte" Beitragstitel.
content.rendered	Der „gerenderte" Inhalt des Beitrags.
excerpt.rendered	Der „gerenderte" Auszug des Beitrags.
author	Die Benutzer-ID des Autoren.
featured_media	Die Medien-ID des Beitragsbildes.
comment_status	Der Kommentierstatus des Beitrags.
ping	Der Pingstatus des Beitrags (S. 69).
template	Das Template eines Beitrags.
format	Das Beitragsformat.
meta	Ein Array von benutzerdefinierten Feldern, welche über die REST API zugänglich sind.
categories	Ein Array der verwendeten Kategorie-IDs.
tags	Ein Array der verwendeten Schlagwort-IDs.
_links	Verweise auf weitere REST-Routen, unter denen verbundene Ressourcen abgerufen werden können.

Gerenderte Werte und der Abfragekontext

Sie sehen, dass Sie schon einen sehr umfassenden Einblick in einen Beitrag erhalten. Mit diesen Daten können Sie den Beitrag eigentlich schon komplett rendern und darstellen. Und *rendern* ist hier das Stichwort. Sie haben sicherlich die *.rendered-Werte bemerkt. Was hat es mit diesen auf sich? Sie wissen, dass der Inhalt eines Beitrags beispielsweise Shortcodes enthalten kann. Wenn Sie diesen im klassischen Editor betrachten, sehen Sie den Shortcode, im Frontend hingegen sehen Sie den Shortcode gerendert. Die *.rendered-Werte enthalten sozusagen immer die Frontend-Ansicht, wie der Besucher einer Seite diese sehen würde, also nachdem er durch sämtliche Filter wie 'the_content' gegangen ist.

Wenn Sie die REST-API nun aber nutzen wollten, um einen Beitrag zu bearbeiten und nicht, um ihn anzuzeigen, möchten Sie lieber den [gallery]-Shortcode haben als die gerenderte Galerie. Dazu gibt es den context-Parameter, welchen Sie bei Ihrer Anfrage mitgeben können. Dieser kann drei unterschiedliche Werte enthalten: view (Standard), edit und embed. view enthält alle Daten die notwendig sind, einen Beitrag anzusehen. embed wird ein gekürztes Objekt zurückgeben mit sämtlichen Informationen, die notwendig sind, um einen Beitrag einzubetten und edit schließlich enthält sämtliche Daten, die notwendig sind, um einen Beitrag auch zu bearbeiten.

Wenn Sie also http://example.com/wp-json/wp/v2/posts?context=embed aufrufen, erhalten Sie die Beiträge zurück, um diese einzubetten. Rufen Sie http://example.com/wp-json/wp/v2/posts?context=edit auf, so werden Sie feststellen, dass Sie einen authentifizierten Aufruf benötigen, um diese Daten einsehen zu können. Für Testzwecke eignet es sich, das Basic-Auth-Plugin zu installieren[87]. Wenn Sie dieses installiert und aktiviert haben, können Sie nun in Postman unter dem Tab „Authorization" „Basic Auth" auswählen. Geben Sie Ihren Benutzernamen und Ihr Passwort an und drücken Sie „Update Request". Postman erstellt nun den Basic-Auth-Header. Wenn Sie nun erneut auf „Send" drücken, erhalten Sie die Beiträge im edit-Kontext zurück.

---

87. https://github.com/WP-API/Basic-Auth

Sämtliche `*.rendered`-Werte haben nun auch einen `*.raw`-Wert:


```
},
"content": {
    "raw": "[gallery ids=\"120,118,115,113\"]",
    "rendered": "<div id='gallery-1' class='gallery galleryid-121 gallery-columns-3 gallery-size-thumbnail'><figure class
        ='gallery-item'>\n\t\t\t<div class='gallery-icon '>\n\t\t\t\t<a href='http://localhost/buch-scripts/?attachment_id
        =120'></a>\n\t\t\t</div></figure><figure class='gallery-item'>\n\t\t\t<div class='gallery-icon '>\n\t\t\t\t<a href
        ='http://localhost/buch-scripts/expedita-illo-culpa-tenetur/attachment/118/'></a>\n\t\t\t</div></figure><figure class
        ='gallery-item'>\n\t\t\t<div class='gallery-icon '>\n\t\t\t\t<a href='http://localhost/buch-scripts/?attachment_id
        =115'></a>\n\t\t\t</div></figure><figure class='gallery-item'>\n\t\t\t<div class='gallery-icon '>\n\t\t\t\t<a href
        ='http://localhost/buch-scripts/quia-excepturi-quia-sint-doloribus-doloremque-et/attachment/113/'></a>\n\t\t\t</div
        ></figure>\n\t\t</div>\n\n",
    "protected": false
},
"excerpt": {
    "raw": "",
```


Abbildung 36: Die REST API Ausgabe im `edit`-Kontext

_links und _embed

Werfen wir nun einen Blick auf das `_links`-Objekt. Dies enthält verlinkte Ressourcen. `self` verweist auf das Objekt selbst. Unter der URL in `href` werden Sie also auf das Objekt selber stoßen. `collection` enthält einen Array von Kollektionen zu welchen das Objekt gehört. `about` enthält einen Array zu Ressourcen, die etwas *über* das Objekt erzählen, beispielsweise über den Posttypen des Objekts. `author` enthält einen Array mit den Autoren des Beitrags. Neben `href` sehen Sie hier auch den Wert `embeddable`, doch dazu gleich mehr. `replies` enthält einen Link zu dem REST API Endpoint unter dem man die Kommentare zu einem Beitrag findet. `version-history` leitet uns zu den Revisionen. `wp:attachment` führt uns zur REST API Kollektion für die angehängten Mediendaten. `wp:term` gibt uns die Kollektionen für die jeweils verwendeten Terme zurück. `taxonomy` ist die jeweilige Taxonomie und unter `href` findet sich die URL zur Ressource.

Mit Hilfe der `_links` können wir also weitere Anfragen ausführen, um beispielsweise mehr über den Autoren zu erfahren. Wenn wir also beispielsweise den kompletten Beitrag rendern möchten und irgendwo den Namen des Autoren erwähnen möchten (was ja relativ nahe liegt), so könnten wir eine zweite Anfrage starten, um das User-Objekt des Autoren zu erhalten. Um die Schlagwörter auszulesen, unter denen ein Beitrag verschlagwortet wurde, müssten wir erneut eine Anfrage starten, ebenso für die Kategorien. Auch, um das Beitragsbild anzuzeigen.

Um also einen Beitrag zu rendern, wie man ihn standardmäßig auf der Seite findet, müssten Sie einige Anfragen starten, da es sich hier um verschiedene Ressourcen handelt. Doch, es gibt eine Abkürzung. Alle Ressourcen die als embeddable gekennzeichnet wurden kann man in der gleichen Anfrage mitladen, indem man den Parameter _embed übergibt.

Öffnen Sie in Postman nun http://example.com/wp-json/wp/v2/posts?_embed. Sie sehen, Sie erhalten den gleichen Array, doch jedes Beitragsobjekt hat einen weiteren Wert: _embedded. Hier sind die als embeddable gekennzeichneten Ressourcen nun schon integriert und Sie können auf deren Informationen zugreifen ohne weitere Anfragen zu starten.

Pagination

Von Kollektionen wie wp/v2/posts/, wp/v2/pages/ oder wp/v2/users/ erhalten Sie jeweils 10 Objekte zurück. Die REST API wäre also sehr limitiert, wenn Sie jeweils nur 10 Objekte zurückgeben könnte. Mit dem Parameter per_page können Sie diesen Wert selbst bestimmen, doch hier gibt es eine Begrenzung auf maximal 100 Objekte pro Anfrage.

Schauen wir uns aber einmal den Antwort-Header von http://example.com/wp-json/wp/v2/posts näher an, so sehen wir dort zwei Werte: x-wp-total und x-wp-totalpages. x-wp-total gibt an, wie viele Beiträge für unsere Anfrage tatsächlich zur Verfügung stehen. Dieser Wert ist identisch mit $wp_query->found_posts. x-wp-totalpages gibt uns an, wie viele „Seiten" der Kollektion es gibt. Bisher waren wir stets auf Seite 1 - aber wie Sie sich denken können - es gibt, je nach Ergebnis, mehr als eine Seite. Mit dem Paramter page können Sie die Seite wechseln, http://example.com/wp-json/wp/v2/posts?page=2 gibt Ihnen so die zweite Seite der Kollektion zurück.

Weitere Parameter

Gehen wir nun einen Schritt zurück und öffnen einmal http://example.com/wp-json/wp/v2/. Hier erhalten wir einen Überblick über sämtliche Routen, die WordPress zur Verfügung stellt. Erinnern Sie sich an die erwarteten Argumenten, welche Sie mit register_rest_route() registrieren? Vergleichen Sie dies einmal mit routes./wp/v2/posts/endpoints[0].args. Sie sehen dort, dass für den GET-Endpoint neben den schon besprochenen Parametern wie context oder page viele weitere Parameter übergeben werden können, so beispielsweise author, mit dem Sie nur Beiträge bestimmter Autoren zurückgeben, oder sticky, mit dem Sie nur Beiträge zurückerhalten, welche als 'sticky' markiert wurden (S. 185).

Diese Übersicht erhalten Sie nicht nur für wp/v2/posts, sondern für sämtliche Routen, die in WordPress registriert wurden. Auch für unsere statify-Routen können Sie unter example.com/wp-json/statify/v1/ diese Definitionen sehen.

Für unser Statify-Server-Plugin hatten wir den Parameter post_type registriert. Allerdings sehen Sie, wie wenig aussagekräftig /wp-json/statify/v1/ im Gegensatz zu /wp-json/wp/v2/ ist.

Doch auch wir können aussagekräfte Parameterbeschreibungen hinzufügen:

```
register_rest_route(
  'statify/v1',
  'popular',
  array(
    array(
      'methods'  => 'GET',
      'callback' => 'statify_rest_callback',
      'args'     => array(
        'post_type' => array(
          'validate_callback' => 'statify_validate_post_type',
          'required' => true,
          'description' => 'The Posttype.',
          'type' => 'string',
        ),
      ),
    ),
  )
);
```

An dieser Stelle sollten Sie Ihr Augenmerk auch auf die Werte required und type werfen. Ist ein Parameter required und er wird nicht übergeben, so wird unser Endpoint-Callback nicht aufgerufen werden, sondern die REST API schon vorher einen Fehler mit dem Code rest_missing_callback_param zurückgeben.

Der type kann string, integer, object, array, enum oder auch boolean sein. Auch hier wird WordPress eine Prüfung vornehmen. Wenn Sie hier beispielsweise integer angeben und es wird kein Integer übergeben, so wird die REST API den Fehlercode `rest_invalid_param` zurückgeben und ihr Endpoint-Callback nie aufgerufen werden.

Sollten Sie den `type` `array` wählen, so müssen Sie auch angeben, von welchem Typ die jeweiligen Array-Elemente sein sollen:

```
register_rest_route(
    'statify/v1',
    'popular',
    array(
        array(
            'methods'  => 'GET',
            'callback' => 'statify_rest_callback',
            'args'     => array(
                'post_type' => array(
                    'validate_callback' => 'statify_validate_post_type',
                    'required' => true,
                    'description' => 'The Posttypes.',
                    'type' => 'array',
                    'items' => array(
                        'type' => 'string',
                    ),
                ),
            ),
        ),
    )
);
```

Um einen Array an die API zu übergeben gibt es zwei Wege:

- http://example.com/wp-json/statify/v1/?post_type[]=post&post_type[]=page
- http://example.com/wp-json/statify/v1/?post_type=post,page

Sie können also entweder eine kommaseparierte Liste oder aber mehrere Parameter mit eckigen Klammern übergeben.

`enum` verwenden Sie, wenn Sie eine feste Liste von Parameter-Werten haben, die Gültigkeit besitzen. Es handelt sich hierbei also um eine Whitelist. Unser Beispiel oben wäre also auch gut als enum-Typ realisierbar:

```
register_rest_route(
  'statify/v1',
  'popular',
  array(
    array(
      'methods'  => 'GET',
      'callback' => 'statify_rest_callback',
      'args'     => array(
        'post_type' => array(
          'required' => true,
          'description' => 'The Posttype.',
          'type' => 'enum',
          'enum' => array(
            'post',
            'page',
          ),
        ),
      ),
    ),
  )
);
```

Wie Sie sehen ist nun ein eigener Validierungscallback nicht mehr notwendig. Sollte der übergebene Wert nicht in der Liste enthalten sein, wird WordPress die Anfrage automatisch abfangen. Für den type boolean sind folgende Übergabewerte zulässig: 0, 1 false und true. Sie könnten also wp-json/api/?booean=true oder wp-json/api/?boolean=1 übergeben.

Daten schreiben

Wir haben nun also schon einen recht guten Überblick, wie man Daten mit Hilfe der REST API auslesen kann. Wenden wir uns nun der Frage zu, wie man Daten aktualisieren kann.

Einen neuen Beitrag erstellen

Um einen Beitrag zu erstellen müssen wir einen autorisierten POST-Request an wp/v2/posts richten. Darüber hinaus müssen wir die Inhalte übermitteln. Wir nutzen wieder das Basic Auth Plugin und autorisieren uns mit unserem Benutzernamen und Passwort, wie wir es für den edit-Context (S. 346) getan haben.

Klicken Sie nun in Postman auf den Body-Tab und wählen Sie die Radiobox „raw" aus. Im Selectfeld wählen Sie statt „Text" „JSON". In dem Textfeld darunter können wir nun ein JSON-Objekt eintragen. Wir werden nun einen Beitrag erstellen indem wir folgenden Eintrag machen:

```
{
  "title":"REST API Test",
  "content":"Dieser Beitrag wurde über die REST API erstellt."
}
```

Klicken Sie auf Senden. Als Antwort sollten Sie nun ein Beitrags-Objekt erhalten mit sämtlichen Daten, unter anderem der ID des neuen Beitrags.

Einen Beitrag aktualisieren

Der Poststatus des Beitrags ist derzeit „draft". Wir wollen diesen nun publizieren. Angenommen, die ID Ihres neuen Beitrags wäre 124, so können wir nun einen autorisierten POST-Request an http://example.com/wp-json/wp/v2/posts/124 senden, um den Beitrag zu aktualisieren. Wir senden nun folgendes JSON-Objekt:

```
{
  "status":"publish"
}
```

Ihr Beitrag ist nun publiziert! Statt eines JSON-Objekts im Body der Anfrage können Sie die Werte auch als GET-Parameter übergeben. http://example.com/wp-json/wp/v2/posts/124?title=Neuer Titel wird so beispielsweise den Titel ändern. Der Weg über ein JSON-Objekt ist allerdings der deutlich sauberere Weg.

Welche Werte in ihrem JSON-Objekt oder als GET-Parameter verwendet werden können erfahren Sie in der API Referenz: https://developer.wordpress.org/rest-api/reference/posts/. Auch die Parameter für die anderen Endpoints können Sie so in Erfahrung bringen.

Daten löschen

Nachdem uns dieser Beitrag nun doch nicht so gut gefällt, werden wir ihn mit Hilfe eines autorisierten DELETE-Requests auf http://example.com/wp-json/wp/v2/posts/124 einfach löschen. Damit landet er zunächst im Papierkorb. Mit Hilfe des Parameters force können wir ihn dagegen gleich komplett löschen: http://example.com/wp-json/wp/v2/posts/124?force=1

Im Wesentlichen wiederholen sich diese Schritte in sämtlichen Routen von wp/v2. Natürlich hat jeder Endpoint nochmal seine eigenen Paramter, die Sie jedoch schnell entweder über https://developer.wordpress.org/rest-api/reference/ oder über http://example.com/wp-json/wp/v2 in Erfahrung bringen können.

Die WordPress Endpoints erweitern
Benutzerdefinierte Posttypen zugänglich machen

Auf Seite 159 haben wir uns mit der Erstellung eigener Posttypen beschäftigt. Mit Hilfe einiger weniger Argumente kann man über `register_post_type()` einen benutzerdefinierten Posttyp auch über die REST API zugänglich machen:

```php
<?php
add_action( 'init', 'registriere_meinen_posttype' );
function registriere_meinen_posttype(){
    $args = array(
        'label'        => 'Produkte',
        'public'       => true,
        'show_in_rest' => true,
    );
    register_post_type( 'products', $args );
}
```
plugins/21-register-posttype-with-restapi/register.php

Setzen Sie den Wert `'show_in_rest'` auf `true` und die Beiträge dieses Posttypen werden über die REST API zugänglich. Die Produkte könnten Sie nun unter http://example.com/wp-json/wp/v2/products abrufen. Mit dem Wert `'rest_base'` könnten Sie den `products`-Teil der URL abändern. `'rest_base' => 'produkte'` würde die Produkte dann unter http://example.com/wp-json/wp/v2/produkte zugänglich machen.

Benutzerdefinierte Taxonomien zugänglich machen

Wir folgen hier im Wesentlichen dem gleichen Weg wie für `register_post_type()`. Auf Seite 148 haben wir uns mit der Erstellung eigener Taxonomien beschäftigt. Um diese nun wieder über die REST API zugänglich zu machen können wir erneut `'show_in_rest'` benutzen:

```php
<?php
add_action( 'init', 'registriere_meine_taxonomie' );
function registriere_meine_taxonomie() {
    $args = array(
        'label'        => 'Regionen',
        'show_in_rest' => true,
        'rest_base'    => 'location',
    );
    register_taxonomy( 'region', 'post', $args );
}
```
plugins/21-register-taxonomy-with-restapi/register.php

Unsere Regionen-Taxonomie würde nun unter http://example.com/wp-json/wp/v2/location verfügbar.

Benutzerdefinierte Felder zugänglich machen

Sie erinnern sich an den leeren meta-Array in den Beitrags-Objekten? Hier würden Metaangaben abgelegt, sofern diese über die REST API zugänglich gemacht werden sollen. Nehmen wir unseren kleinen Hitcounter, den wir auf Seite 129 geschrieben haben. Wir wollen diesen Wert nun als Meta-Wert auch über die REST API zugänglich machen. Dafür gibt es register_meta()

```php
<?php
$args = array(
    'type' => 'integer',
    'description' => 'The number of hits.',
    'single' => true,
    'show_in_rest' => true,
);
register_meta( 'post', 'hits', $args );
```

plugins/21-register-meta-with-restapi/register.php

An register_meta() übergeben wir drei Parameter, den Objekttypen, für den wir den Wert registrieren. Metadaten gibt es für Benutzer, Kommentare, Terme und Posts. Der Objekttyp kann daher 'user', 'comment', 'term' oder 'post' sein. Der zweite Parameter ist der Schlüssel des Metawerts, bei uns 'hits'. Als letztes übergeben wir noch einen Argumentenarray. Mögliche Parameter sind hier:

Parameter	Bedeutung
object_subtype	Es gibt Metadaten für Posts, Benutzer, Terme und Kommentare. Für Posts gibt es aber verschiedene Typen, nämlich die Posttypen wie beispielsweise 'page'. Mit 'object_subtype' kann man einen Metawert für einen bestimmten Subtypen wie Posttypen oder Taxonomien registrieren.
sanitize_callback	Ein Callback, der die Daten vor dem Speichern reinigt.
auth_callback	Ein Callback, der prüft, ob ein bestimmter Nutzer die Berechtigung hat, den Wert zu ändern.

Parameter	Bedeutung
`type`	Der Typ des Werts, wie wir ihn auch schon aus dem Parameter-Schema der REST API kennengelernt haben.
`description`	Ein Beschreibungstext, der über die REST API öffentlich wird.
`single`	Ein Boolean, der dem `$single`-Parameter von `get_post_meta()` entspricht.
`show_in_rest`	Ob der Wert über die REST API zugänglich sein soll (`true`) oder nicht (`false`, Standardwert).

Wenn Sie sich nun die Ausgabe Ihrer Beiträge in der REST API ansehen, sehen Sie, dass aus dem leeren `meta`-Array nun ein Objekt geworden ist, welches den Schlüssel `hits` und dessen aktuellen Wert enthält.

Einen Metawert aktualisieren

Hier verhält es sich eigentlich nicht anders als mit allen anderen Werten auch. Wenn Sie einen autorisierten `POST`-Request auf einen Beitrag machen und beispielsweise folgendes JSON-Objekt im Body der Anfrage mitschicken, so wird der Wert entsprechend aktualisiert:

```
{
   "meta":{
     "hits":25
   }
}
```

Weitere Felder registrieren

Wenn es sich nicht um Metadaten handelt gibt es noch eine weitere Möglichkeit, die Ausgabe einer REST API Antwort zu erweitern: `register_rest_field()`. Drei Parameter werden an `register_rest_field()` übergeben:
1. Der Objekttyp. Hierbei kann es sich um einen String oder um einen Array handeln. Objekttypen können `post`, `comment`, `term` und so weiter sein.
2. Der neue Feldschlüssel.
3. Ein Argumentenarray

```php
<?php
add_action( 'rest_api_init', 'registriere_ein_weiteres_feld' );
function registriere_ein_weiteres_feld() {
  register_rest_field(
    'post',
    'neues_feld',
    array(
      'get_callback' => 'neues_feld_get_callback',
      'update_callback' => 'neues_feld_update_callback',
      'schema' => array(
        'description' => 'Ein neues Feld',
        'type' => 'string',
      )
    )
  );
}

function neues_feld_get_callback( $data ) {
  return (string) get_post_meta( $data['id'], 'neues-feld', true );
}

function neues_feld_update_callback( $value, $post ) {
  update_post_meta( $post->ID, 'neues-feld', $value );
  return true;
}
```

21/register_rest_field.php

Der Argumentenarray enthält den Callback für den jeweiligen GET-Endpoint ('get_callback'), sowie die Callback für den jeweiligen POST-Endpoint ('update_callback'). Außerdem übergeben wir das Schema des Werts, wie wir es schon von der Registrierung der Parameter weiter oben gelernt haben (schema).

In unserem Beispiel erweitern wir also die wp/v2/posts/-Route. Würden wir im ersten Parameter page übergeben, so würden wir die wp/v2/pages/-Route erweitern. Der neue Feldschlüssel ist 'neues_feld'.

Für unsere Callbacks greifen wir dann doch schnell auf get_post_meta() und update_post_meta() zurück. Allerdings sehen Sie hier schon, dass Sie nun tatsächlich frei sind, welche Datenquelle Sie nutzen möchten und wie Sie diese gegebenenfalls zunächst transformieren möchten.

Die alte Schnittstelle für Ajax Anfragen: admin-ajax.php

Auch die alte Schnittstelle ist noch rege im Gebrauch und Sie sollten sie kennen. In diesem Abschnitt entwickeln wir deshalb ein Beispiel-Widget, welches alle paar Sekunden den aktuellsten Beitrag des Blogs abfragt und in einem Widget darstellt.

Die PHP-Schnittstelle

Zunächst müssen Sie wissen, an welche Schnittstelle Ajax-Requests geschickt werden müssen. Dies ist normalerweise *wp-admin/admin-ajax.php*. Wie Sie aus dieser Adresse schließen können, war die Ajax-Schnittstelle bei ihrer Einführung vor allem für den Admin-Bereich gedacht. Heute nutzt man sie auch für Anfragen aus dem Frontend. Da sich diese Schnittstelle jedoch je nach WordPress-Konfiguration auch an anderer Stelle befinden kann, sollten Sie die Adresse in Ihren Scripten nicht „hard coden", sondern dies – mit Hilfe von `admin_url('admin-ajax.php')` – WordPress überlassen. Dabei müssen Sie diese URL letztlich einem Javascript zugänglich machen. Dazu bieten sich zwei Wege an. Entweder, Sie gehen über einen WordPress Action Hook und schreiben die URL in eine Javascript-Variable, oder Sie gehen über die Ihnen aus dem Übersetzungs-Kapitel bekannte Funktion `wp_localize_script()`.

1. Möglichkeit: Die URL in eine Variable schreiben

```
<?php
add_action( 'wp_head', 'ajax_url_registrieren' );
function ajax_url_registrieren(){
    $url = admin_url('admin-ajax.php');
    ?>
    <script>
        var ajaxURL = '<?php echo $url; ?>';
    </script>
    <?php
}
```

2. Möglichkeit: wp_localize_script()

```php
<?php
function plugin_scripts(){
        wp_enqueue_script( 'my-script', 'dateipfad.js' );
        $url = admin_url('admin-ajax.php');
        $ajaxObjekt = array( 'ajaxURL' => $url );
        wp_localize_script(
                'my-script',
                'ajaxObjekt',
                $ajaxObjekt
        );
}
add_action( 'wp_enqueue_scripts', 'plugin_scripts' );
```

Die WordPress-Action Hooks

Wir können Javascript nun unsere PHP-Schnittstelle mitteilen und wenden uns jetzt der Server-Seite zu. WordPress bietet zwei Action Hooks an, mit Hilfe derer Sie Ihre PHP-Scripte für die Verwendung via Ajax registrieren: `'wp_ajax_{ihr-bezeichner}'` und `'wp_ajax_nopriv_{ihr-bezeichner}'`. Nehmen wir dazu ein simples Beispiel. Wir möchten ein Widget programmieren, in welchem alle paar Sekunden gefragt wird, ob auf der Seite ein neuer Artikel erschienen ist. Wenn dies der Fall ist, soll der neue Artikel angezeigt werden. Dafür überlegen wir uns einen neuen Bezeichner, der später von Javascript an unsere PHP-Schnittstelle mit Hilfe von $_GET geschickt wird. Anhand dieses Bezeichners wird unsere Schnittstelle die entsprechende Funktion ausführen. In unserem Beispiel wird unser Bezeichner `'get-latest-post'` heißen. Wir definieren nun also unsere Action Hooks:

```php
<?php
add_action('wp_ajax_get-latest-post', 'ajax_latestpost');
add_action('wp_ajax_nopriv_get-latest-post', 'ajax_latestpost');
function ajax_latestpost(){

}
```

Wie Sie sehen definieren wir eine Funktion `ajax_latestpost()`, welche in zwei unterschiedliche Action Hooks eingebunden wird: `'wp_ajax_get-latest-post'` und `'wp_ajax_nopriv_get-latest-post'`. Wie schon kurz angemerkt, wurde das Ajax-Konzept in WordPress als Konzept für den Admin-Bereich eingeführt. `'wp_ajax_get-latest-post'` ist daher der Action Hook für eingeloggte User, während `'wp_ajax_nopriv_get-latest-post'` für nicht eingeloggte Besucher ausgeführt wird.

Die Ausgabe des letzten veröffentlichten Beitrags werden wir in einer extra Funktion organisieren. Den Grund dafür werden Sie gleich sehen:

```php
<?php
add_action( 'wp_ajax_get-latest-post', 'ajax_latestpost' );
add_action( 'wp_ajax_nopriv_get-latest-post', 'ajax_latestpost' );
function ajax_latestpost(){
  the_latest_post( $_GET['date'] );
  die();
}

function the_latest_post( $time = false){
  $args = array(
    'post_type' => 'post',
    'post_status' => 'publish',
    'posts_per_page' => 1,
    'orderby' => 'date',
    'order' => 'DESC',
    'ignore_sticky_posts' => true
  );
  if( ! $time )
    $time = get_gmt_from_date( date( 'Y-m-d h:i:s', time() ) );

  $query = new WP_Query( $args );
  if( $query->have_posts() ):
    while( $query->have_posts() ):
      $query->the_post();
      $veroeffentlicht = strtotime( get_post_time( 'r', true ) );
      $currentDate = strtotime( $time );
      $interval = $currentDate - $veroeffentlicht;
      if( $interval <= 60 )
        $int_string = 'Vor einer Minute veröffentlicht';
      elseif( $interval <= 5*60 )
        $int_string = 'Vor fünf Minuten veröffentlicht';
      else
        $int_string = '';
      ?>
      <p><?php echo $int_string; ?></p>
      <h3>
        <a href="<?php the_permalink(); ?>">
          <?php the_title(); ?>
        </a>
      </h3>
      <?php the_excerpt(); ?>
```

```php
        <a href="<?php the_permalink(); ?>">weiterlesen</a>
    <?php
    endwhile;
 endif;
 wp_reset_query();
}
```
plugins/21-admin-ajax/latest-posts.php

Wenn nun also ein Ajax-Request ausgeführt wird und dieser in der $_GET['action']-Variable den Wert 'get-latest-post' hat, so wird unsere Funktion ajax_latestpost() ausgeführt werden. Die einzige Aufgabe dieser Funktion ist es, mit Hilfe der von uns definierten Funktion the_latest_post() den aktuellsten Beitrag zu ermitteln und auszugeben. Danach brechen wir die Ausführung mit die() ab. Unsere über Ajax aufgerufene Funktion muss am Ende immer mit die() abgebrochen werden, da WordPress sonst zur Ausgabe noch eine 0 anhängt. Dies wird besonders lästig, wenn es sich bei unseren Ausgaben um JSON-Objekte oder um XML-Ausgaben handelt, die damit ungültig werden!

An die Funktion the_latest_post() übergeben wir eine in $_GET befindliche Datumsangabe, aus welcher später ermittelt wird, wie neu der Beitrag ist. Als erstes wird ein neuer WordPress Loop konstruiert, welcher unseren neusten veröffentlichten Artikel enthält. Mit get_post_time() erhalten wir das Veröffentlichungsdatum im RFC 2822-Format (da wir als ersten Parameter 'r' übergeben). [88] Mit dem zweiten Parameter auf true erhalten wir die GMT-Zeit. Später wird unser Javascript die aktuelle GMT-Zeit vom Browser zum Server übertragen und daraus erzeugen wir schließlich die Zeitdifferenz. Wie man sieht, wenn keine Uhrzeit an die Funktion übergeben wird, so wird diese durch die Server-Zeit ermittelt. Eigentlich macht dies mehr Sinn für den Zweck unseres Plugins, wir wollen hier allerdings demonstrieren, wie man Daten auch an den Server übermittelt, um mit diesen zu arbeiten.

Betrachten wir nun unser Widget:

```php
<?php
add_action( 'widgets_init', 'latest_post_widget' );
function latest_post_widget(){
    register_widget( 'LatestPost_Widget' );
}
```

---

88. Weitere Informationen zu dieser Funktion erhalten Sie unter http://codex.wordpress.org/Template_Tags/get_post_time

```php
class LatestPost_Widget extends WP_Widget {
    function __construct() {
        parent::__construct(
            'latest-post',
            'LatestPost Widget',
            array(
                'description' => 'Lädt den aktuellsten Post.'
            )
        );
    }
    function widget( $args, $instance ) {
        echo $args['before_widget'];

        if ( ! empty( $instance['title'] ) ) {
            echo $args['before_title'] .
                apply_filters(
                    'widget_title',
                    $instance['title']
                ) . $args['after_title'];
        }
        ?>
        <div id="latest-post-wrapper">
            <?php the_latest_post(); ?>
        </div>
        <?php
        echo $args['after_widget'];
    }
    function update( $new_instance, $old_instance ) {
        $instance = $old_instance;
        $instance['title'] = $new_instance['title'];
        return $instance;
    }

    function form( $instance ) {
        $defaults = array( 'title' => 'Titel' );
        $instance = wp_parse_args( (array) $instance, $defaults );
        ?>
        <p>
            <label
                for="<?php echo $this->get_field_id( 'title' )?>">
                Titel:
            </label>
        </p>

        <input id="<?php echo $this->get_field_id( 'title' ); ?>"
            name="<?php echo $this->get_field_name( 'title' ); ?>"
            value="<?php echo $instance['title']; ?>" />
        <?php
    }
}
```

plugins/21-admin-ajax/widget.php

Auch hier führen wir die Funktion `the_latest_post()` aus. Dies tun wir, damit von Anfang an in dem Widget der letzte Artikel zu sehen ist.

Das Script

Am Ende unserer PHP-Arbeiten fehlt nun nur noch, unsere Scripte zu registrieren:

```php
<?php
function latestposts_scripts(){
    wp_enqueue_script(
        'latest-post-script',
        plugins_url( 'assets/js/script.js', __FILE__ ),
        array( 'jquery' )
    );

    $latestPostObjekt = array(
        'ajaxURL' => admin_url('admin-ajax.php')
    );

    wp_localize_script(
        'latest-post-script',
        'latestPostObjekt',
        $latestPostObjekt
    );
}
add_action( 'wp_enqueue_scripts', 'latestposts_scripts' );
```
plugins/21-admin-ajax/enqueue.php

Wir registrieren also eine Datei namens *script.js*, welche in Abhängigkeit zu jQuery steht und das Handle `'latest-post-script'` erhält. Danach erstellen wir einen Array, in welchem unsere Ajax-URL übertragen wird und nutzen `wp_localize_script()`, um diesen Array als Objekt für Javascript zugänglich zu machen. Nun ist es an der Zeit, uns unser Javascript näher anzuschauen:

```javascript
jQuery( document ).ready( function(){
    if( jQuery( '#latest-post-wrapper' ).length == 0 )
        return false;

    window.setInterval( function(){
        var GMT = new Date().toUTCString();
        jQuery.get(
            latestPostObjekt.ajaxURL,
            {
                action:'get-latest-post',
                date:GMT
```

```
            },
            function( response ){
                jQuery( '#latest-post-wrapper' ).html( response );
            }
        );
    }, 5000 );
});
```
plugins/21-admin-ajax/assets/js/script.js

Zunächst wird geprüft, ob der Container, in welchen wir den neusten Beitrag laden wollen, überhaupt vorhanden ist, das heißt, ob unser Widget sichtbar ist. In diesem befindet sich ein `div#latest-post-wrapper`. Sollte dieses im DOM nicht gefunden werden, wird das Script abgebrochen, da wir nicht alle paar Sekunden den Server belasten werden, ohne dass der neuste Beitrag irgendwo angezeigt werden kann.

Ist er allerdings vorhanden, erzeugen wir mit `window.setInterval()` eine Routine, welche sich alle fünf Sekunden wiederholen soll. In dieser ermitteln wir zunächst die aktuelle GMT-Zeit und nutzen anschließend `jQuery.get()` um unsere Daten an WordPress zu schicken. Als erstes erklären wir `jQuery.get()`, an welche URL er die Daten zu schicken hat. Wie zuvor in WordPress festgelegt, findet Javascript diese Adresse in dem Objekt `latestPostObjekt.ajaxURL`. Im zweiten Schritt erzeugen wir ein Objekt mit den Daten, welche übertragen werden sollen:

```
{
    action:'get-latest-post',
    date:GMT
}
```

Hierbei ist vor allem der `'action'`-Schlüssel von Bedeutung. Über diesen schicken wir den Bezeichner unter dem wir unsere Funktion `ajax_latestpost()` eingehakt haben. Dank dieses Schlüssels weiß WordPress, dass die Action Hooks `'wp_ajax_get-latest-post'` und `'wp_ajax_nopriv_get-latest-post'` ausgeführt werden müssen. Über den `'date'`-Schlüssel übergeben wir die Datumsangabe, welche wir zuvor erzeugt haben.

Anschließend laden wir einfach den HTML-Code, welchen wir vom Server zurückbekommen in unseren Container.

Weitere Konzepte

WordPress Cronjobs

Bei Cronjobs (oder Crons) handelt es sich um ein Konzept aus der UNIX-Umgebung. Dabei werden sozusagen in einer Art Kalender Aufgaben definiert, welche der Rechner zu einem bestimmten (eventuell, sich wiederholenden) Zeitpunkt auszuführen hat. Das kann das Erstellen von Backups, das Löschen veralteter Dateien und anderes sein.

WordPress liefert ein internes „Cron"-System mit, welches unter anderem dafür zuständig ist, zu prüfen ob Themes, Plugins oder die laufende WordPress-Version veraltet sind. Auch WordPress Entwickler können über dieses System eigene Cronjobs definieren und ausführen lassen.

Bevor wir uns jedoch als Entwickler in dieses System einhaken, sollten wir noch versuchen zu verstehen, wie WordPress Crons funktionieren, da es hier häufig zu Missverständnissen kommt. So sollen WordPress Crons zwar in regelmäßigen Abständen ausgeführt werden, doch die Ausführung eines Cronjobs hängt davon ab, ob ein Besucher die Seite besucht. Sagen wir, Sie haben einen Cronjob definiert, welcher jede Stunde ausgeführt werden soll. Wenn jedoch innerhalb einer Stunde kein Besucher auf die Seite kommt, so wird das WordPress-System nicht aktiviert und damit auch das Cron-System nicht aktiviert. Dies ist der zentrale Unterschied zwischen normalen Cronjobs, die man in einer UNIX-Umgebung definiert und WordPress-Crons. Wenn Sie also sichergehen müssen, dass eine regelmäßige Ausführung des Crons stattfindet, sollten Sie einige Vorkehrungen treffen.

Sicherstellen, dass der WordPress Cron regelmäßig ausgeführt wird

Legen Sie auf Ihrem Server einen tatsächlichen UNIX-Cronjob an, welcher beispielsweise mittels wget die *wp-cron.php* Ihrer Installation ausführt. In unserer Beispieldefinition lassen wir die Datei *wp-cron.php* alle 15 Minuten ausführen:

```
*/15 * * * * wget -q -O - http://abc.de/wp-cron.php?doing_wp_cron
```

Mit Hilfe von wget erzeugen Sie einen HTTP-Request auf diese Datei. Dabei müssen Sie natürlich `'example.com'` durch Ihre Domain ersetzen. Im Wesentlichen erledigen Sie damit die Arbeit, welche die Funktion `wp_cron()` im Action Hook `'init'` ausführt. Aus diesem Grund sollten wir WordPress erläutern, dass die WordPress interne Ausführung des WP Crons nicht mehr benötigt wird. Dazu fügen wir folgende Zeile in die Datei *wp-config.php* ein:

```
define( 'DISABLE_WP_CRON', true );
```

Bei der Ausführung von `wp_cron()` wird geprüft, ob die Konstante `DISABLE_WP_CRON` existiert und wahr ist. Wenn dem so ist wird die Ausführung abgebrochen.

Mit diesen zwei simplen Schritten haben wir aus dem WordPress Cron-System einen richtigen Cronjob gemacht und können nun innerhalb des WordPress-Systems wiederkehrende Aufgaben erledigen und dabei auf die WordPress eigenen Funktionen zurückgreifen.

Einen Cronjob anlegen

Mit `wp_schedule_event()` werden Cronjobs angelegt. Dabei wird ein Action Hook benannt, der in regelmäßigen Intervallen ausgeführt werden soll. Da Cronjobs in der `wp_options`-Datenbank unter dem Eintrag `'cron'` hinterlegt werden, sollte `wp_schedule_event()` nicht in einem normalen Action Hook ausgeführt werden, sondern bei der Aktivierung des Plugins ausgeführt werden. Würden Sie diese Funktion beispielsweise in der `'init'`-Aktion ausführen, würden Sie mit jedem Page Load einen neuen Cron anlegen. Zugleich ist es ratsam mit der Deaktivierung des eigenen Plugins auch den eigenen Cronjob wieder zu löschen. Deshalb sollte unser Minimalscript wie folgt aussehen:

```php
<?php
register_activation_hook( __FILE__, 'plugin_activate' );
function plugin_activate() {
  wp_schedule_event( time(), 'hourly', 'xy_plugin_cronjob' );
}

register_deactivation_hook( __FILE__, 'plugin_deactivate' );
function plugin_deactivate() {
  wp_clear_scheduled_hook( 'xy_plugin_cronjob' );
}
```

```
add_action( 'xy_plugin_cronjob', 'mein_cronjob' );
function mein_cronjob(){}
```

Wir nutzen `register_activation_hook()`[89], um unseren Cronjob während der Aktivierung des Plugins zu registrieren. Dazu müssen wir als ersten Parameter den Pfad zur Root-Datei unseres Plugins hinterlegen. Wenn wir `register_activation_hook()` in der Root-Datei ausführen, können wir dies einfach mit `__FILE__` machen.

Die Registrierung des Cronjobs erfolgt nun mit Hilfe von `wp_schedule_event()`. Dazu übergeben wir als ersten Parameter den Timestamp der ersten gewünschten Ausführung. Der Timestamp sollte dabei die GMT-Zeit nutzen und nicht die lokale Serverzeit. Dazu nutzen wir `time()`, welches den aktuellen GMT-Timestamp zurückgibt.

Der zweite Parameter gibt an, in welchem Intervall sich der Cronjob wiederholen soll. Folgende Möglichkeiten werden Ihnen hier von WordPress vorgegeben:

Bezeichner	Wiederholungsrate
hourly	Der Cronjob wird jede Stunde ausgeführt.
twicedaily	Der Cronjob wird zweimal am Tag ausgeführt.
daily	Der Cronjob wird täglich einmal ausgeführt.

Als dritten Parameter übergeben Sie einen Action Hook, welcher ausgeführt werden soll. In unserem Beispiel nennen wir den Action Hook `'xy_plugin_cronjob'`. Sie sind in der Benennung dieses Hooks natürlich frei. Wichtig ist, dass Sie Ihre Funktion, welche ausgeführt werden soll, mit Hilfe von `add_action()` genau an diesen Action Hook binden. In einem vierten Parameter können Sie optional einen Array aus Argumenten definieren, welcher an den Cronjob übertragen werden soll. Ein kleines Beispiel:

```
<?php
register_activation_hook( __FILE__, 'plugin_activate' );
function plugin_activate() {
   wp_schedule_event(
```

---

[89]. Diesen Befehl kennen Sie schon aus dem Abschnitt „Eigene Rollen anlegen".

```
      time(),
      'hourly',
      'plugin_cronjob',
      array( 'arg1', 'arg2' )
   );
}

add_action( 'plugin_cronjob', 'mein_cronjob', 10, 2 );
function mein_cronjob( $argument_1, $argument_2 ){
   if( $argument_1 == 'arg1' && $argument_2 == 'arg2' ){
      /** Code **/
   }
}
```

Wie Sie sehen werden die einzelnen Array-Elemente, welche wir über `wp_schedule_event()` übergeben, als einzelne Parameter übergeben. Wir müssen deshalb unseren Action Hook entsprechend erweitern. In `add_action()` geben wir als dritten Parameter die Priorität unseres Hooks an und im vierten Parameter, wie viele Argumente wir erwarten. Da wir zwei Elemente übergeben, erwarten wir zwei Parameter.

Mit dem `register_deactivation_hook()` registrieren wir eine Funktion, welche den Cronjob bei der Deaktivierung unseres Plugins löscht. Auch hier übergeben wir als erstes den Pfad zu unserer Root-Datei und anschließend den Namen der Funktion, welche ausgeführt werden soll.

Um den Job zu löschen, verwenden wir `wp_clear_scheduled_hook()`. An diese Funktion übergeben wir als ersten Parameter den Namen unseres Action Hooks. Sollten wir an unseren Cronjob Argumente übergeben, so müssen wir im zweiten Parameter von `wp_clear_scheduled_hook()` diese Argumente erneut übergeben. Um den Cronjob unseres zweiten Beispiels zu löschen müssten wir also wie folgt vorgehen:

```
<?php
register_deactivation_hook( __FILE__, 'plugin_deactivate' );
function plugin_deactivate() {
   wp_clear_scheduled_hook(
      'plugin_cronjob',
      array( 'arg1', 'arg2' )
   );
}
```

Ein einmaliges Ereignis registrieren

Bisher haben wir nur Cronjobs anlegen können, welche sich wiederholen. Vielleicht möchten wir aber auch ein einmaliges Ereignis registrieren. WordPress bietet uns dazu die Funktion `wp_schedule_single_event()`. Im ersten Parameter übergeben wir, zu welchem Zeitpunkt wir das Ereignis ausführen möchten. Dabei handelt es sich um einen Timestamp im GMT-Format. Im zweiten Parameter definieren wir den auszuführenden Action Hook und in einem dritten – optionalen – Parameter können wir an diesen Hook Argumente übergeben.

Beispielplugin: Erinnerungsmail verschicken

```php
<?php
add_action( 'user_register', 'erinnerung_schedule' );
function erinnerung_schedule( $user_id ){
    $in_drei_tagen = 60 * 60 * 24 * 3 + time();
    wp_schedule_single_event(
        $in_drei_tagen,
        'erinnerung_cron',
        array( $user_id )
    );
}

add_action( 'erinnerung_cron', 'erinnerung_cron_exec' );
function erinnerung_cron_exec( $user_id ){
    $args = array(
        'post_type' => 'kleinanzeigen',
        'author'    => $user_id
    );
    $query = new WP_Query( $args );

    if( $query->have_posts() )
        return;

    $user = get_user_by( 'id', $user_id );
    $mail = file_get_contents(
        dirname( __FILE__ ) . '/mail.txt'
    );
    $mail = preg_replace(
        '^#username#^',
        $user->first_name,
        $mail
    );
    $betreff = 'Brauchst Du Hilfe?';

    wp_mail( $user->data->email, $betreff, $mail );
}
```

plugins/22-erinnerungsmail/event.php

Im ersten Schritt haken wir uns in den Action Hook `'user_register'` ein, welcher ausgeführt wird, sobald sich ein Benutzer erfolgreich registriert hat. An unsere Funktion `erinnerung_schedule()` wird dabei die ID des neuen Benutzers übergeben. Wir berechnen, welcher Timestamp in drei Tagen aktuell sein wird und übergeben diesen an `wp_schedule_single_event()`. Als zweiten Parameter übergeben wir den Namen des auszuführenden Action Hooks und als dritten übergeben wir als Argument die ID des Benutzers, damit wir uns in drei Tagen auch daran erinnern, wer sich eigentlich angemeldet hat.

Im zweiten Schritt erstellen wir unseren Action Hook und erhalten dort die ID des Benutzers. Ziel ist es, eine Erinnerungsmail an all jene Benutzer zu schreiben, welche noch keine Kleinanzeigen verfasst haben. Gehen wir also davon aus, dass Kleinanzeigen den Posttyp `'kleinanzeige'` haben und der Autor jeweils der Benutzer ist. Wir erstellen also einen `WP_Query`, welcher nach Kleinanzeigen unseres Benutzers sucht. Findet er Beiträge des Benutzers brechen wir das Script ab, da unser neuer User offensichtlich keine Hilfe braucht.

Finden wir hingegen keine Beiträge des Benutzers, holen wir uns mittels `get_user_by()` das komplette WP User Objekt des Benutzers. Das Script öffnet nun eine *mail.txt*, welche sich im selben Verzeichnis wie unser Script befindet. Dabei handelt es sich um unsere Mailtext-Vorlage und wir laden den Text in die Variable `$mail`. In unserer Vorlage befindet sich der Platzhalter `#username#`, den wir mit Hilfe von `preg_replace()` durch den Vornamen des Benutzers ersetzen.

Schließlich verschicken wir die Mail mit der WordPress eigenen Funktion `wp_mail()` an die Email-Adresse des Benutzers. `wp_mail()` benötigt dabei mindestens drei Parameter: Eine Empfänger-Adresse, eine Betreffzeile und den Mailtext. Darüber hinaus kann man in einem vierten Parameter den Mail-Header bestimmen. Das Vorgehen ist dabei identisch mit dem Vorgehen bei der PHP Funktion `mail()`. Im letzten Parameter kann man optional Dateien anhängen. Dazu übergibt man entweder einen String, welche den Pfad zur Datei enthält oder einen Array aus Strings, um mehrere Dateien anzuhängen.

Weitere hilfreiche Funktionen und Filter

Mit Hilfe von `wp_next_scheduled( $hook, $args )` kann man erfahren, wann ein bestimmter Cronjob das nächste Mal ausgeführt wird. Dazu übergibt man im ersten Parameter den Action Hook. In einem zweiten kann man – falls solche bei der Registrierung des Crons übergeben wurden – die Argumente übergeben. Zurück erhält man den Timestamp der nächsten Ausführung. Sollte der Cronjob nicht existieren, wird `false` zurückgegeben.

Falls Sie ein anderes Intervall als `'hourly'`, `'twicedaily'` oder `'daily'` benötigen, können Sie ein solches mit Hilfe des Filters `'cron_schedules'` registrieren. In unserem Beispiel erzeugen wir das Intervall `'weekly'`:

```php
<?php
add_filter( 'cron_schedules', 'wiederhole_woechentlich' );
function wiederhole_woechentlich( $schedules ) {
        $sekunden_pro_woche = 60*60*24*7;
        $schedules['weekly'] = array(
                'interval'      => $sekunden_pro_woche,
                'display'       => __( 'Once per week' )
        );
        return $schedules;
}
```

Die verfügbaren Intervalle werden als Array übergeben, welchen wir nun um ein weiteres Element erweitern. Der Array-Schlüssel enthält dabei den Bezeichner, welchen wir in `wp_schedule_event()` nutzen. Das neue Element ist selbst ein Array, welches die Schlüssel `'interval'` und `'display'` enthält. `'interval'` enthält das Intervall in Sekunden und `'display'` den Klarnamen des Intervalls.

Objektorientierte Programmierung in WordPress

Objektorientierte Programmierung wird auch in PHP immer populärer und es finden sich tatsächlich eine ganze Reihe von Vorteilen, weshalb Entwickler lieber mit Objekten und Klassen arbeiten. Doch bisher haben wir diese Möglichkeit in WordPress noch überhaupt nicht ausgelotet. Wenn Sie Ihr Plugin in einer eigenständigen Klasse entwickeln möchten, so bricht sich nach der Lektüre dieses Buches das Problem auf folgende zwei Fragen herunter: Wie rufe ich mit `add_filter()` und `add_action()` Funktionen innerhalb einer Klasse auf? Wie rufe ich Funktionen innerhalb einer Klasse auf, wenn ich an eine WordPress-Funktion den Namen einer Callback-Funktion übergebe?

In diesem Abschnitt soll deshalb schnell ein Plugin entwickelt werden, welches demonstriert, wie Sie auch objektorientiert vorgehen können. Wir wollen an jeden Beitrag eine kleine Box mit biographischen Angaben über den Autoren anhängen. Normalerweise würden wir dabei wir folgt vorgehen:

```php
<?php
/**
 * Plugin Name: Autorenbio in Beitraegen
 **/
add_action( 'wp_head', 'abb_styles' );
function abb_styles(){
  wp_enqueue_style(
    'abb-style',
    plugins_url( 'style.css', __FILE__ )
  );
}
add_filter( 'the_content', 'abb_content' );
function abb_content( $content ){
  if( ! is_single() )
    return $content;

  if( 'post' != get_post_type( get_the_ID() ) )
    return $content;

  $autorenbio = '<div class="abb-wrapper">';
  $autorenbio .= '<h3>' . get_the_author() . '</h3>';
  $autorenbio .= get_the_author_meta( 'description' );
  $autorenbio .= '</div>';

  return $content . $autorenbio;
}
```

Versuchen wir nun, dieses Plugin objektorientiert zu erstellen:

```php
<?php
/**
 * Plugin Name: Autorenbio in Beitraegen
 **/
class Autorenbio{

  public function init(){
    add_action(
      'wp_head',
      array( $this, 'abb_styles' )
    );
```

```php
    add_filter(
      'the_content',
      array( $this, 'abb_content' )
    );
  }
  public function abb_styles(){
    wp_enqueue_style(
      'abb-style',
      plugins_url( 'style.css', __FILE__ )
    );
  }
  public function abb_content( $content ){
    if( ! is_single() )
      return $content;

    if( 'post' != get_post_type( get_the_ID() ) )
      return $content;

    $autorenbio = '<div class="abb-wrapper">';
    $autorenbio .= '<h3>' . get_the_author() . '</h3>';
    $autorenbio .= get_the_author_meta( 'description' );
    $autorenbio .= '</div>';

    return $content . $autorenbio;
  }
}
(new Autorenbio())->init();
```

Wir erstellen hier nun eine neue Klasse `Autorenbio()`, welche unser gesamtes Plugin enthält. Interessant ist vor allem die `init()`-Methode, in welcher wir unsere Filter registrieren. Normalerweise übergeben wir als zweiten Parameter von `add_filter()` oder `add_action()` schlicht den Namen der Funktion, welche ausgeführt werden soll. Da sich diese Funktion jedoch innerhalb einer Klasse befindet, müssen wir anders vorgehen. Es wird ein Array übergeben, wobei das erste Element mit `$this` eine Referenz auf unsere Klasse enthält und erst das zweite Element den Namen der Methode bereitstellt. Mit `add_filter( 'the_content', array( $this, 'abb_content' ) )` erklären wir WordPress also, dass die Funktion für diesen Filter unter `Autorenbio::abb_content()` gefunden wird. Das Einzige was zu erledigen bleibt ist, unsere Klasse mit Hilfe von `new Autorenbio();` aufzurufen und zu initialisieren. Bedenken Sie allerdings, dass Methoden, welche Sie über `add_filter()` oder `add_action()` einbinden möchten `public` sein müssen.

Wenn Sie sich außerhalb einer Klasse einhaken müssen, können Sie wie folgt vorgehen:

```php
<?php
$autorenbio = new Autorenbio();
add_filter('the_content', array($autorenbio, 'abb_content'));
```

Ganz ähnlich arbeiten Sie auch bei Callback-Funktionen. Nehmen wir beispielsweise die Funktion add_meta_box(). Auch hier können Sie statt einfach den Namen der Funktion zu übergeben einen Array übergeben, bei dem das erste Element die Klasse enthält und das zweite Element dann den Namen der Funktion:

```php
<?php
class NewMetaBox{
  public function __construct()
  {
  }

  public function init() {
    add_action(
      'add_meta_boxes',
      array( $this, 'add_meta_boxes' )
    );
  }

  public function add_meta_boxes(){
    add_meta_box(
      'ID',
      'Titel',
      array( $this, 'metabox_render' ),
      'post'
    );
  }

  public function metabox_render( $post ){
    ?>
    HI
    <?php
  }
}
(new newMetaBox())->init();
```

Walk the tree: Die Walker Klasse

Ihnen ist vielleicht schon aufgefallen, dass einige Befehle in ihren Argumenten-Arrays die Möglichkeit bereithalten, eine eigene Walker-Klasse zu definieren. Nur, um was es sich dabei handelt, wurde bisher nicht weiter erörtert. `wp_list_comments()`, `wp_list_categories()` und `wp_nav_menu()` sind solche Befehle. Bei all diesen Befehlen geht es darum, Elemente, welche in einer hierarchischen Beziehung zueinanderstehen, geordnet auszugeben. Es gibt Kommentare und Antworten auf Kommentare, Kategorien und Unterkategorien, Menüpunkte und Unterpunkte. WordPress nutzt eine eigene Klasse, den „Walker", um die Hierarchien zu durchlaufen und den HTML-Code entsprechend auszugeben. Die Walker Klasse ist dabei eine abstrakte Klasse, welche durch andere Klassen erweitert werden muss, um tatsächlich eine HTML-Ausgabe zu produzieren. So wird als Standard-Einstellung die Klasse `Walker_Nav_Menu` genutzt, um die Ausgabe des Menüs in `wp_nav_menu()` zu realisieren. In unserem Beispielcode ersetzen wir nun die `Walker_Nav_Menu` durch unsere eigene Walker-Klasse:

```php
<?php
wp_nav_menu(
        array( 'walker' => new Walker_The_Menu() )
);
```

Doch bevor wir uns daran machen sollten wir erst einmal verstehen, wie der Walker vorgeht.

walk() und display_element()

Der Walker wird über die Funktion `walk($elements, $max_depth, $args)` gestartet. Zunächst wird ein eindimensionaler Array aus Objekten übergeben, welche in irgendeiner Form von hierarchischer Beziehung zueinanderstehen. Bei einem Menü wären dies die einzelnen Menüpunkte. Über den zweiten Parameter übergeben wir, bis zu welcher maximalen Tiefe der Walker laufen soll. Mit dem Wert 0 wird die Tiefe dabei nicht begrenzt. Mit einem dritten, optionalen, Parameter können wir Argumente an die folgenden Funktionen übergeben.

In einem ersten Schritt separiert diese Funktion dabei die Toplevel-Elemente von den Unterlementen und beginnt über `display_element()` sämtliche Toplevel-Elemente auszugeben. `display_element()` dient der eigentlichen HTML-Ausgabe. Dazu ruft diese Funktion nacheinander `start_el()`, `start_lvl()`, `end_lvl()` und `end_el()` auf.

Die Walker-Klasse ist – wie schon erwähnt – eine abstrakte Klasse, weshalb in dieser die letzten vier Funktionen leer gelassen werden. Es ist nun Aufgabe der spezifischen Klassen, wie beispielsweise der `Walker_Nav_Menu`, in diesen vier Funktionen die eigentliche HTML-Ausgabe vorzunehmen.

start_el()

Diese Funktion dient der Darstellung des aktuellen Elements. Die `Walker_Nav_Menu` produziert in dieser Funktion im Wesentlichen folgenden HTML-Output: `<li><a>Menütitel</a>`

Sie öffnet also das `<li>`-Element des aktuellen Menüelements und erzeugt den Link, sowie den Linktext. Das Listenelement wird jedoch noch nicht geschlossen.

An `start_el()` werden fünf Parameter übergeben: Der bisher existierende Output, welcher referenziert übergeben wird, das aktuelle Element, die aktuelle Hierarchietiefe, die an `walk()` übergebenen Argumente, sowie eine ID.

start_lvl()

Gibt es zu dem aktuellen Element Kinderelemente, so ruft WordPress im nächsten Schritt die Funktion `start_lvl()` auf. Die Menü-Klasse wird hier mit Hilfe von `<ul>` eine Unterliste eröffnen. Im Falle von Kinderelementen wird die `display_element()` jedes dieser Kinder durchlaufen und für diese ebenfalls `display_element()` aufrufen. Wir beginnen hier also einen rekursiven Aufruf, der letztlich die ganze Magie produziert. Übergeben wird an `start_lvl()` der aktuelle Output, welcher referenziert übergeben wird, die aktuelle Hierarchietiefe sowie die schon erwähnten Argumente, welche eventuell an `walk()` übergeben wurden.

end_lvl()

Sind nun auch sämtliche Kinder von `display_elements()` durchlaufen worden wird `end_lvl()` aufgerufen. Die Menü-Klasse schließt hier das `<ul>`-Element der Unterliste ab. Übergeben werden hierbei die gleichen Parameter wie bei `start_lvl()`.

end_el()

Und schließlich muss noch das eigentliche Element mit Hilfe von `end_el()` abgeschlossen werden. Übergeben werden hierbei die gleichen Parameter wie beim Start des Elements durch `start_el()`.

Beispiel: Unser eigener Menüwalker

Doch am Besten veranschaulichen wir uns die Funktion einfach, indem wir einen eigenen Menüwalker entwickeln. Normalerweise wird ein Menü durch die Klasse `Walker_Nav_Menu` als unsortierte, verschachtelte Liste erzeugt. Wir möchten nun in die Menükonstruktion eingreifen und statt `<ul>`-Elementen `<div>`-Elemente verwenden:

```php
<?php
class Walker_The_Menu extends Walker
{
    public $db_fields = array(
        'parent' => 'menu_item_parent',
        'id'     => 'db_id',
    );
    public function start_el(&$output, $item)
    {
        $output .= '<div>';
        $output .= '<a href="' . $item->url . '">';
        $output .= $item->title;
        $output .= '</a>';
    }
    public function end_el(&$output, $item)
    {
        $output .= '</div>';
    }
    public function start_lvl(&$output)
    {
        $output .= '<div class="sub-menu"
```

```
        style="margin-left:10px"
>';
    }
    public function end_lvl(&$output)
    {
        $output .= '</div>';
    }
}
add_filter('wp_nav_menu_args', 'show_menu');
function show_menu($args)
{
    $args['walker'] = new Walker_The_Menu();

    return $args;
}
```

plugins/22-walk-the-menu/code.php

In einem ersten Schritt muss der Walker Klasse dabei zunächst erklärt werden, wo die IDs der einzelnen Elemente zu finden sind und wo sie die ID des Elternelements findet. Menüelemente sind erweiterte Post Objekte. Die ID findet sich über `$item->db_id` und das Eltern-Element über `$item->menu_item_parent`. Deshalb übergeben wir `$db_fields` diese Informationen und ermöglichen es somit der Walker Klasse, die Elemente entsprechend anzuordnen. Danach definieren wir `start_el()` und öffnen unser `<div>`, in welches wir den Link und Linktext platzieren. Mit `end_el()` schließen wir dieses `<div>`-Element wieder. Sollte ein Menüpunkt Unterpunkte besitzen wird `start_lvl()` gestartet, welches ein `div.sub-menu` öffnet und 10 Pixel einrückt. Mit `end_lvl()` schließen wir dann auch dieses `<div>`. Das war auch schon der komplette Aufwand um eine eigene Walker-Klasse zu erstellen. Ein recht komplexer Vorgang, nämlich die hierarchische Darstellung von Elementen, wird mit Hilfe dieser Klasse zu einem Kinderspiel.

Im Anschluss an unsere Klasse klinken wir uns in den `'wp_nav_menu_args'`-Filter ein, um dort jedes Mal wenn ein Menü erstellt wird unseren Menüwalker einzusetzen. Während wir normalerweise immer nur den Namen einer Callback-Funktion oder ähnliches übergeben, müssen wir hier tatsächlich eine neue Instanz unseres Walkers übergeben.

Mit dem Web kommunizieren: Die HTTP-API

Wenn wir mit unsere Plugin einen HTTP-Request absetzen müssen und dieses Plugin gegebenenfalls auf tausenden unterschiedlichen Servern läuft, haben wir eventuell ein Problem: Auf dem einen Server ist CURL nicht installiert, der nächste hat in der *php.ini* die Einstellung 'allow_url_fopen' auf 'off' gesetzt und so weiter. Sollen wir nun für einen reibungslosen Ablauf alle diese verschiedenen Möglichkeiten durchdeklinieren und je nach Servereinstellung über einen anderen Weg unseren HTTP-Request absetzen?

WordPress bewahrt uns davor und stellt eine HTTP-API bereit, welche einfacher nicht organisiert sein könnte! Die beiden zentralen Funktionen sind dabei wp_remote_get() und wp_remote_post(). Erstere Funktion verwenden Sie für normale GET-Anfragen, letztere für POST-Anfragen. Eine simple GET-Abfrage wäre demnach:

```php
<?php
$response = wp_remote_get( 'https://example.com/' );
```

Sie erhalten entweder ein WP Error Objekt, falls die Anfrage fehlgeschlagen ist oder aber einen Array zurück.

```php
<?php
if( is_wp_error( $response ) )
        echo 'Anfrage konnte nicht ausgeführt werden.';
elseif( $response['response']['code'] == 200 )
        echo $response['body'];
else
        print_r( $response['headers'] );
```

Mit wp_remote_post() können Sie einen POST-Request absetzen. Dazu übergeben Sie zunächst die URL und in einem zweiten Parameter einen Argumenten-Array, den Sie ganz ähnlich auch mit wp_remote_get() übergeben können:

Parameter	Bedeutung
method	Die HTTP-Methode. wp_remote_post() hat hier standardmäßig 'POST', wp_remote_get() 'GET'.

Parameter	Bedeutung
timeout	Die Wartezeit in Sekunden. Standard: 5.
redirection	Anzahl der Redirects, bevor der Versuch abgebrochen wird. Standard: 5
httpversion	Die HTTP-Version. Standard: 1.0
headers	Array für den Request-Header
cookies	Array für Cookies
user-agent	Der User Agent.
blocking	Setzt man diesen Wert auf false wird das PHP-Script weiter ausgeführt, auch wenn noch auf die Antwort vom Remote-Server gewartet wird.
compress	Die Daten aus 'body' werden mit true komprimiert übertragen.
decompress	Komprimierte Daten werden nach dem Empfang dekomprimiert, wenn dieser Wert auf true gesetzt ist.
sslverify	Prüft mit true, ob ein eventuelles SSL-Zertifikat gültig ist, bevor Daten verschickt werden und bricht die Übertragung ab, wenn das Zertifikat ungültig ist.
body	Der Body, welcher verschickt wird. Siehe unten.

Wenn Sie mit wp_remote_post() einen POST-Request absetzen möchten, so übertragen Sie die POST-Variablen als Array über den 'body'-Parameter:

```php
<?php
$response = wp_remote_post(
        'http://example.com',
        array(
                'body' => array(
                        'foo' => 'bar'
                )
        )
);
```

Mit `wp_remote_head()` setzen Sie einen HEAD-Request ab.

```php
<?php
$response = wp_remote_post(
        'http://example.com',
        array(
                'body' => array(
                        'foo' => 'bar'
                )
        )
);

$body = wp_remote_retrieve_body( $response );
$headers = wp_remote_retrieve_headers( $response );
$date = wp_remote_retrieve_header( $response, 'date' );
$response_code = wp_remote_retrieve_response_code( $response );
$response_message = wp_remote_retrieve_response_message($response);
echo 'Date: ' . $date . '<br /><pre>';
print_r( $headers );
echo '</pre>';
echo 'Response: ' . $response_message . '(' . $response_code . ')';
echo $body;
```

An `wp_remote_retrieve_body()` können Sie die erhaltenen Daten leiten, um nur den Antwort-Body zu erhalten. `wp_remote_retrieve_headers()` gibt die Antwort-Header zurück. `wp_remote_retrieve_header()` gibt einen im zweiten Parameter spezifizierten Header zurück. `wp_remote_retrieve_response_code()` gibt den Response Code und `wp_remote_retrieve_response_message()` die Response Message zurück.

Rewrite Rules und Endpoints

Eine neue Rewrite Regel anlegen

WordPress ist mit einer mächtigen Rewrite Rule API ausgestattet. Jeder Administrator kennt diese, wenn er im Admin unter Einstellungen > Permalinks seine Permalink-Struktur organisiert. Wie können Sie sich diese API zunutze machen?

Sagen wir, Sie möchten ausgehende Links maskieren. Jeder Ihrer Beiträge hat einen bestimmten ausgehenden Link der in dem benutzerdefinierten Feld 'externer-link' hinterlegt ist. Am Ende eines Beitrags möchten Sie diesen Link ausgeben. Aus bestimmten Gründen soll dieser zum einen auf nofollow gesetzt und zum anderen nicht als ausgehenden Link gekennzeichnet sein. Statt also http://example.com/?ref=123 soll dieser Link auf Ihrem Blog http://mein-blog.de/ext/post-name/ lauten.

Was Sie benötigen ist eine neue Rewrite Rule, welche beim Aufruf der letzteren URL auf die im benutzerdefinierten Feld hinterlegte weiterleitet: add_rewrite_rule(). Werfen wir zunächst einen Blick auf die *.htaccess*-Datei, wie sie WordPress erstellt:

```
# BEGIN WordPress
<IfModule mod_rewrite.c>
RewriteEngine On
RewriteBase /
RewriteRule ^index\.php$ - [L]
RewriteCond %{REQUEST_FILENAME} !-f
RewriteCond %{REQUEST_FILENAME} !-d
RewriteRule . /index.php [L]
</IfModule>
# END WordPress
```

Wie Sie sehen werden sämtliche Anfragen, sofern keine entsprechende Datei oder kein entsprechendes Verzeichnis vorliegt an die *index.php* weitergeleitet. Die interne Rewrite API verarbeitet nun die eingehenden Aufrufe und startet die entsprechenden Prozesse, um zum Beispiel einen Beitrag anzuzeigen. Um sich an diesem Punkt einzuhaken und WordPress zu erläutern, dass mit einem bestimmten URL-Typ nun der eigene Prozess aufgerufen werden soll, muss man mit Hilfe von add_rewrite_rule() zunächst diesen URL-Typen bestimmen. In einem zweiten Schritt müssen wir WordPress erläutern, wie zu verfahren ist, wenn dieser URL-Typ aufgerufen wird. Dabei soll die *index.php* aufgerufen werden, damit wir weiterhin in unserem WordPress-System bleiben (Wir könnten allerdings auch auf eine andere Datei umleiten und so aus dem WordPress-System aussteigen). Allerdings werden wir einen neuen Parameter an diese *index.php* übergeben, welcher später als neue öffentliche Query Variable dienen soll. Doch sehen wir uns den ersten Teil unseres Plugins einfach an:

```php
<?php
/**
 * Plugin Name: Ausgehende Links maskieren
 **/
add_action( 'init', 'ext_init' );
function ext_init(){
    add_rewrite_rule(
        'ext/([^/]+)/?$',
        'index.php?ext=$matches[1]',
        'top'
    );

    add_rewrite_tag('%ext%','([^/]*)');
}
```
plugins/22-rewrite-rules/init.php

Wenn Sie etwas vertraut sind mit dem Apache Modul „mod_rewrite", so werden Sie die erste Zeile verstehen. Die URL-Struktur, welche wir bestimmen, lautet `'ext/([^/]+)/?$'`. Dies bedeutet, dass jede URL, die mit *ext/* beginnt zu unserer URL-Struktur gehört. So zum Beispiel diese URL:

http://example.com/ext/hallo-welt/

Mit Hilfe des Platzhalters (`[^/]+`) erhalten wir nun den `'hallo-welt'`-Teil der URL zurück und können ihn im zweiten Parameter von `add_rewrite_rule()` wiederverwenden. Dort erklären wir, dass wir, sollte eine solche URL aufgerufen werden, die *index.php* „starten" möchten und an diese den GET-Parameter `'ext'` übergeben. Dabei ist der Inhalt von `$_GET['ext']` in `$matches[1]` zu finden, was unserem ersten Platzhalter entspricht. `$_GET['ext']` wäre demnach in unserem Beispiel `'hallo-welt'`. Im letzten Parameter bestimmen wir mit `'top'` noch, dass diese URL-Struktur vor den Standard-Strukturen geprüft werden soll. Trifft unsere Regel zu, wird diese ausgeführt, auch wenn eventuell eine andere Rewrite-Regel aus dem WordPress-System ebenfalls zutreffen würde. Mit `'bottom'` würden zunächst die Standard-Regeln von WordPress durchlaufen und erst im Anschluss, falls keine der Standard-Regeln zuträfe, unsere geprüft.

Alles, was wir bisher unternommen haben ist, unsere URL-Struktur zu registrieren und Informationen mittels eines `'ext'`-Parameters an WordPress zu senden. Im nächsten Schritt müssen wir nun sicherstellen, dass WordPress diesen GET-Parameter auch kennt. Dazu dient uns `add_rewrite_tag()`. An diese

Funktion übergeben wir unseren Parameter, wobei dieser von Prozentzeichen eingerahmt sein muss: `'%ext%'`. Im Anschluss übergeben wir, welche Werte wir dort erwarten. Diese sind `'([^/]*)'`. Sie sehen, dass ist natürlich identisch mit dem Platzhalter aus unserer Rewrite-Regel.

Im Wesentlichen registrieren wir so eine neue öffentliche Variable, welche wir später mit `get_query_var()` abrufen können:

```php
<?php
add_action( 'template_redirect', 'ext_redirect', 0 );
function ext_redirect(){
  $ext_query = get_query_var( 'ext' );
  if( ! empty( $ext_query ) ){
    $args = array(
      'name' => $ext_query
    );
    $query = new WP_Query( $args );
    if( $query->have_posts() ){
      while( $query->have_posts() ){
        $query->the_post();
        $link = get_post_meta(get_the_ID(), 'externer-link', true);
        if( ! empty( $link ) ){
          wp_redirect( $link, 301 );
          die();
        }
      }
    }
  }
}
```
plugins/22-rewrite-rules/template-redirect.php

Dazu klinken wir uns nun in die `'template_redirect'`-Aktion ein und fragen dort ab, ob über `$_GET['ext']` eine Information übergeben wurde. Wir erwarten dabei den Slug eines Posts und sollten wir über `$_GET['ext']` Informationen erhalten, laden wir uns den Post, suchen den Link und leiten den Besucher mit `wp_redirect()` um. Alles, was uns nun fehlt, ist die Darstellung des Links am Ende des Beitrags:

```php
<?php
add_filter( 'the_content', 'ext_add_link' );
function ext_add_link( $content ){
    global $post;
    $link = get_post_meta( get_the_ID(), 'externer-link', true );
    if( ! empty( $link ) ){
```

```
        $link = '<a href="';
        $link .= get_bloginfo('url').'/ext/'.$post->post_name.'/"';
        $link .= 'rel="nofollow">';
        $link .= 'Linktext';
        $link .= '</a>';
        $content .= $link;
    }
    return $content;
}
```

plugins/22-rewrite-rules/the-content.php

Wenn Sie dieses Plugin nun aktivieren und ausprobieren möchten, werden Sie sehen: Die Rewrite Rule funktioniert nicht! Doch, das tut sie, um sie allerdings wirkungsvoll zu aktivieren, müssen Sie in Einstellungen > Permalinks einfach einmal den „Änderungen übernehmen"-Knopf drücken. Erst danach werden die entsprechenden Datenbank-Einträge aktualisiert. Wenn Sie nun ein Plugin schreiben, welches neue Rewrite-Regeln einführt, so wäre es natürlich fantastisch, diese würden gleich mit der Aktivierung des Plugins funktionstüchtig. Die Funktion `flush_rewrite_rules()` übernimmt dabei diese Aufgabe. Haken Sie diese Funktion beim aktivieren und deaktivieren Ihres Plugins ein:

```php
<?php
$file = __DIR__ . '/index.php';
function ext_activate() {
    ext_init();
    flush_rewrite_rules();
}
register_activation_hook( $file, 'ext_activate' );
function ext_deactivate() {
    flush_rewrite_rules();
}
register_deactivation_hook( $file, 'ext_deactivate' );
```

plugins/22-rewrite-rules/activate.php

Sie sehen, dass wir bei der Aktivierung des Plugins vor der Verwendung von `flush_rewrite_rules()` zunächst unsere `ext_init()` ausführen, denn natürlich müssen wir unsere Rewrite-Regeln erst einmal definieren, bevor diese mit `flush_rewrite_rules()` wirksam aktiviert werden können.

Einen neuen Endpoint anlegen

Endpoints erlauben es uns, die normalen WordPress-URLs zu erweitern. Sagen wir, Sie möchten Ihre Blogbeiträge im JSON Format für andere zugänglich machen. Um beispielsweise den Beitrag http://example.com/hallo-welt/ als JSON-Ausgabe zu erhalten, soll man einfach http://example.com/hallo-welt/output/json/ eingeben müssen. Für einen solchen Verwendungszweck sind die WordPress Endpoints gedacht und mit `add_rewrite_endpoint()` können Sie diese an die verschiedenen URLs von WordPress anhängen:

In unserem Beispielplugin möchten wir nun folgendes erreichen. Über http://example.com/?s=suchbegriff kann man einen WordPress-Blog normalerweise durchsuchen. Wir wollen mit http://example.com/?s=suchbegriff&output=json eine JSON-Ausgabe der Ergebnisse erreichen. Diese Ausgabe soll die Titel und die Links zu den JSON-Ausgaben der einzelnen Beiträge enthalten. Wir müssen also eine neue öffentliche Query-Variable registrieren und mit `add_rewrite_endpoint()` für unsere Blogbeiträge einen Endpoint erzeugen:

```php
<?php
/**
 * Plugin Name: Eine Beitrags-API
 **/
add_filter( 'query_vars', 'mba_query_vars', 0 );
function mba_query_vars( $vars ){
  $vars[] = 'output';
  return $vars;
}
add_action( 'init', 'mba_rewrite' );
function mba_rewrite(){
  add_rewrite_endpoint( 'output', EP_PERMALINK );
}
add_action( 'template_redirect', 'mba_redirect', 0 );
function mba_redirect(){
  $json = get_query_var( 'output' );
  if( 'json' != $json )
    return;

  if( ! is_search() && ! is_single() )
    return;

  mba_output();
  exit;
}
```

```php
function mba_output(){
  global $wp_query;
  $response = (object) array(
    'status' => 404,
    'msg' => 'Not found',
    'type' => 'overview',
    'posts' => array()
  );
  if( is_single() ){
    $response->type = 'single';
  } else {
    $response->type = 'overview';
  }
  if( $wp_query->found_posts > 0 ){
    $posts = array();
    foreach( $wp_query->posts as $key => $val ){
      $post = array();
      $post['ID'] = $val->ID;
      $post['title'] = get_the_title( $val->ID );
      if( is_single() )
        $post['content'] = apply_filters(
          'the_content',
          $val->post_content
        );
      if( is_single() && has_post_thumbnail( $val->ID ) )
        $post['image'] = wp_get_attachment_image_src(
          get_post_thumbnail_id( $val->ID )
        );

      if( ! is_single() )
        $post['link'] = get_permalink( $val->ID ) . 'output/json/';
      else
        $post['link'] = get_permalink( $val->ID );
      $posts[] = $post;
    }
    $response->status = 200;
    $response->msg = 'found';
    $response->posts = $posts;
  }
  header('content-type: application/json; charset=utf-8');
  echo json_encode( $response );
}
```

plugins/22-rewrite-endpoint/index.php

Eine neue Query-Variable registrieren wir schlicht, indem wir uns in den 'parse_query'-Filter einhaken und den übergebenen Query-Variablen unsere eigene 'output' hinzufügen.

Mit `add_rewrite_endpoint()` bestimmen wir im Action Hook `'init'` unseren neuen Endpunkt. Auch den nennen wir im ersten Parameter `'output'`. Im zweiten Parameter bestimmen wir, an welche URLs dieser Endpunkt angehängt werden kann. Mit der Konstanten `EP_PERMALINK` können wir ihn an einen Permalink anhängen. Weitere URLs an welche wir den Endpunkt anhängen können sind:

Konstante	URL
EP_NONE	keine URL
EP_PERMALINK	Permalink-URLs
EP_ATTACHMENT	Anhang URLs
EP_DATE	Datum URLs
EP_YEAR	Jahres-URLs
EP_MONTH	Monats-URLs
EP_DAY	Tages-URLs
EP_ROOT	Startseite
EP_COMMENTS	Kommentar URL
EP_SEARCH	Such URL
EP_CATEGORIES	Kategorien URLs
EP_TAGS	Schlagwort URLs
EP_AUTHORS	Autoren URLs
EP_PAGES	Seiten URLs
EP_ALL_ARCHVIES	Alle Archiv URLs
EP_ALL	Alle URLs

Sie können einen Endpunkt auch an verschiedene URLs anbinden, indem Sie etwa folgendes schreiben:

```php
<?php
add_endpoint( 'output', EP_PAGES | EP_PERMALINK );
```

Im nächsten Schritt klinken wir uns wieder in den `'template_redirect'`-Hook ein und prüfen, ob unsere Query-Variable genutzt wurde. Ist dies der Fall und die Variable enthält `'json'`, so führen wir nun unsere JSON-Ausgabe durch und schon haben Sie eine API-Schnittstelle programmiert, mit welcher andere Programme auf Ihren Blog zugreifen und diesen durchsuchen können! Bedenken Sie allerdings, für diesen Verwendungszweck gibt es ja schon die REST API von WordPress.